AF558622

MICKEY TRESCOTT

Das NÄHRSTOFFDICHTE AUTOIMMUN-*Kochbuch*

MICKEY TRESCOTT

Das NÄHRSTOFFDICHTE AUTOIMMUN-*Kochbuch*

125

HEILENDE PALEO-REZEPTE
bei HASHIMOTO, M. CROHN, RHEUMA
und WEITEREN AUTOIMMUN-ERKRANKUNGEN

IMPRESSUM

Mickey Trescott

Das nährstoffdichte Autoimmun-Kochbuch
125 heilende Paleo-Rezepte bei Hashimoto, M. Crohn,
Rheuma und weiteren Autoimmun- Erkrankungen

1. deutsche Auflage 2020
2. deutsche Auflage 2024
ISBN: 978-3-96257-165-8
© 2020, Narayana Verlag GmbH
Satz: Linda Brummack
Coverlayout: © Adelle Dittman (www.dittmandesign.com)
Cover Satz: Narayana Verlag

Titel der Originalausgabe:
The Nutrient-Dense Kitchen
125 autoimmune paleo recipes for deep healing and vibrant health
© 2019 by Mickey Trescott

Herausgeber: The Nutrient-Dense Kitchen ist Trescott LLC in McMinnville, Oregon.
Vertriebspartner in den Vereinigten Staaten ist Chelsea Green Publishing.

Übersetzung aus dem Englischen: Carla Gröppel-Wegener
Fotografie: Charlotte Dupont (www.charlottedupontphoto.com)
Layout: Adelle Dittman (www.dittmandesign.com)
Lektorat Lisa Gordanier (www.hiddenhandediting.com)

Herausgeber:
Unimedica im Narayana Verlag GmbH,
Blumenplatz 2, D-79400 Kandern
Tel.: +49 7626 974 970–0
E-Mail: info@unimedica.de
www.unimedica.de

Die Erwähnung bestimmter Unternehmen oder Behörden in diesem Buch bedeutet nicht, dass der Autor oder der Verlag diese billigen oder unterstützen. Ebenso wenig unterstützen die genannten Unternehmen, Organisationen oder Behörden dieses Buch, den Autor oder den Verlag. Die in diesem Buch angegebenen Internetadressen und Telefonnummern waren bei Redaktionsschluss zutreffend.

Alle Rechte vorbehalten. Der Nachdruck, auch auszugsweise, ist ohne die schriftliche Genehmigung des Verlags in keiner Form und keiner Verfahrensweise – weder elektronisch noch mechanisch, sei es durch Fotokopie, Aufnahmen oder etwaige andere Arten der Speicherung und Abrufung von Daten – gestattet.

Sofern eingetragene Warenzeichen, Handelsnamen und Gebrauchsnamen verwendet werden, gelten die entsprechenden Schutzbestimmungen (auch wenn diese nicht als solche gekennzeichnet sind).

Die Empfehlungen in diesem Buch wurden von Autor und Verlag nach bestem Wissen erarbeitet und überprüft. Dennoch kann eine Garantie nicht übernommen werden. Weder der Autor noch der Verlag können für eventuelle Nachteile oder Schäden, die aus den im Buch gegebenen Hinweisen resultieren, eine Haftung übernehmen.

Für Nani —
von der ich lernte, dass
eine mit Liebe zubereitete
Mahlzeit zusammenhält.

INHALT

EINFÜHRUNG

Jedes Jahr arbeiten 45 Millionen Amerikaner eifrig daran, ihre Ernährung umzustellen – und wahrscheinlich gehören Sie dazu. Die Ernährungsumstellung soll beim Abnehmen helfen, chronische Leiden heilen und zukünftige Erkrankungen verhindern. Diese Veränderungen wirken sich unter Umständen zwar unglaublich effektiv auf die Gesundheit aus, an einem mangelt es aber den meisten Diäten: an Nährstoffdichte.

Der Begriff Nährstoffdichte bezieht sich auf die Menge an Nährstoffen, die ein Lebensmittel im Verhältnis zu der Energie (den Kalorien) enthält, mit der es uns versorgt. Es wird Sie vielleicht überraschen zu erfahren, wie schwer es im Rahmen unserer modernen Ernährung ist, an Nährstoffe zu kommen. Unser Ernährungssystem ist mit nährstoffarmen, kalorienreichen Lebensmitteln überflutet, die uns zwar satt machen, gleichzeitig aber nicht wirklich nahrhaft sind. Der menschliche Körper braucht Nährstoffe, um Struktur zu bieten und optimal zu funktionieren. Ohne Nährstoffe können wir nicht gedeihen. Wenn man darüber nachdenkt, überrascht es nicht, dass chronische Leiden sich wie eine Epidemie ausbreiten, während die Lebensmittelqualität nachlässt.

Die Tatsache, dass im Autoimmunprotokoll die Nährstoffdichte berücksichtigt wird, ist einer der Hauptgründe dafür, dass es bei der Heilung von Menschen mit Autoimmunerkrankungen so wirkungsvoll ist. Über die Jahre, in denen ich unterrichtet habe, wie das Protokoll umzusetzen ist, ist mir jedoch aufgefallen, dass es die Tendenz gibt, sich ausschließlich auf die Eliminierung bestimmter Lebensmittel zu konzentrieren – zu Recht, denn das macht einen Großteil der Ernährungsumstellung aus. Sobald die Trigger-Lebensmittel (also die Lebensmittel, die Beschwerden auslösen) jedoch eliminiert sind, hängt die Geschwindigkeit, in der der Körper heilen kann, direkt von der Menge an Nährstoffen ab, die zur Verfügung stehen, um diesen Heilungsprozess zu fördern. Diejenigen, die das Konzept der Nährstoffdichte als Herzstück ihrer Ernährungsphilosophie ansehen, sind besonders erfolgreich.

Was, wenn man keine heilende Diät wie das Autoimmunprotokoll einhält? Ganz einfach: Eine ausreichende Nährstoffversorgung ist wichtig für alle Menschen, zu jedem Zeitpunkt des Lebens. Schwangere müssen optimal mit Nährstoffen versorgt sein, damit in ihnen gesunde Babys heranwachsen. Eltern müssen ihren Kindern eine nährstoffreiche Ernährung bieten, damit sie robuste, starke Körper bekommen. Selbst ansonsten gesunde Erwachsene müssen sich auf die Nährstoffdichte konzentrieren, um die Funktionsfähigkeit des Körpers aufrechtzuerhalten und zukünftige Erkrankungen zu verhindern. In anderen Worten: Jeder, der das volle Potenzial seines Lebens ausnutzen möchte, sollte über die Nährstoffdichte nachdenken.

Im ersten Teil dieses Buches wird im Detail besprochen, wie man zum »Nutrivor« wird. Sie werden mehr über die wichtigen Nährstoffe und deren Funktionen im Körper erfahren. Ressourcen wie die Tabelle zu Nährstoffquellen auf Seite 20 werden Ihnen dabei helfen zu identifizieren, welche Lebensmittel besonders gute Lieferanten für einen bestimmten Nährstoff sind. Sie werden außerdem erfahren, welche Lebensmittel vorzuziehen sind, welche Rolle die Einnahme von Nahrungsergänzungsmitteln spielt und wie Nährstoffe tiefgreifende Heilung fördern. Wenn das Autoimmunprotokoll neu für Sie ist, finden Sie in Kapitel 2 Details zu dieser wirkungsvollen ernährungsspezifischen Intervention.

Alles, was Sie über das Protokoll wissen müssen, wird erläutert – inklusive einer Liste von erlaubten Lebensmitteln (Seite 36), einer Liste mit verbotenen Lebensmitteln (Seite 38) und dem Wiedereinführungsprotokoll (Seite 40). Dann gehe ich darauf ein, wie man hochwertige und nährstoffdichte Lebensmittel am günstigsten beziehen kann. Es geht nicht nur darum zu wissen, welche Lebensmittel man wählen sollte, sondern auch darum, wo man sie am besten kauft und wie man seine Küche auf die Zubereitung einstellt.

Sobald man über das Wie und das Warum Bescheid weiß und ein paar brauchbare Kniffe für die Vor- und Zubereitung dieser Lebensmittel kennt, ist man bereit für den praktischen, leckeren Teil – meine Rezeptsammlung! Alle Rezepte sind mit der strengsten Phase des Autoimmunprotokolls konform und beinhalten Zutaten mit hoher Nährstoffdichte, sodass Sie Ihren Körper mit jedem Bissen nähren werden. Und die ernährungswissenschaftlichen Informationen enden nicht mit den ersten Kapiteln, da ich in den Rezepten selbst Informationen und Details zur Nährstoffdichte präsentiere, sodass man weiter lernt, während man sich durch dieses Buch kocht.

Bei der Entwicklung dieser Rezepte hatte ich Praktikabilität und Zugänglichkeit im Blick. Beim Kochen die Nährstoffdichte zu beachten, heißt nicht, dass man schwer zu findende oder teure Lebensmittel braucht oder jede wache Minute damit verbringen muss, für sich und seine Familie zu kochen. Rezepte wie Helles Hähnchen-»Chili«, Lachs mit krosser Haut und Frühlingsgemüse sowie Schweinekoteletts aus der Pfanne mit stückiger Koriander-Salsa werden mit Zutaten zubereitet, die es in jedem Lebensmittelgeschäft gibt. Sie schmecken auch Leuten, die vollwertigen Lebensmitteln gegenüber skeptisch sind und sind in weniger als einer Stunde auf dem Tisch. Für diejenigen, die einen Schritt weiter gehen möchten, habe ich Rezepte und Modifikationen markiert, die Low-FODMAP (Eine Tabelle kann in deutsch über diesen Link abgerufen werden: www.fodmaps.de/fodmap-liste/; Anm. d. Verlags.), kokosfreier und Low-Carb-Ernährung entsprechen (siehe Tabelle auf Seite 339). Entsprechend markiert sind auch Rezepte, bei denen es sich um Eintöpfe handelt, in denen der Schnellkochtopf zum Einsatz kommt oder deren Zubereitung weniger als 45 Minuten dauert, sodass man die Rezepte zum optimalen Zeitmanagement schnell findet.

Die meisten von uns essen drei Mahlzeiten am Tag. Statt jede Mahlzeit als Stressquelle zu betrachten, sollten Sie versuchen, jede Mahlzeit als Gelegenheit zu sehen, Ihrem Körper die Nährstoffe zuzuführen, die er benötigt, um dynamisch und gesund zu bleiben. Wird das Essen als positiv, heilend und lebensspendend bewertet, bietet das die Möglichkeit, auf wirkungsvolle und wundervolle Art und Weise mit dem eigenen Körper zu interagieren. Es ist an der Zeit, es sich schmecken zu lassen!

Viel Spaß beim Kochen,

Mickey

MEINE GESCHICHTE

Ich kann mich noch gut an den Moment erinnern, in dem mir klar wurde, dass die Umstellung meiner Ernährung für mich die einzige Möglichkeit war, gesund zu werden.

Ich war 26 Jahre alt und vor Kurzem waren bei mir sowohl Hashimoto Thyroiditis als auch Zöliakie diagnostiziert worden. Das vorherige Jahr war ein sich endlos wiederholender Zyklus von Arztbesuchen gewesen, bei denen keiner der Ärzte wirklich zugehört oder weitere Tests angeordnet hatte. Alle sagten mir, dass ich die Symptome, die ich beschrieb, nicht wirklich erlebte (sie existierten »nur in meinem Kopf«) und boten mir Antidepressiva an. Meine Symptome wurden schlimmer – was mit Haarausfall, Kribbeln in den Extremitäten und Schlafproblemen begonnen hatte, verwandelte sich in überwältigende Müdigkeit, lähmende Angstzustände und Schlaflosigkeit. Als Nächstes kamen Gleichgewichtsstörungen, Schwindelgefühl und Nervenschmerzen. Den Tag zu überstehen, nahm alle meine mentale und körperliche Energie in Anspruch und ich trank regelmäßig sechs Becher Kaffee, um durchzuhalten. Ich kämpfte weiter für eine Diagnose und sechs Ärzte später fand ich eine Medizinerin, die bereit war, meine Antikörper zu testen. Als sie mir die Ergebnisse mitteilte, war ich nicht überrascht. Natürlich – ich hatte Hashimoto und Zöliakie!

Das ist der Zeitpunkt meiner Geschichte, an dem ich erwartet hätte, dass man mir Behandlung und Beratung anbieten würde. Stattdessen kam dieser Schocker: »Sie haben zwar anormale Antikörper, Ihre Schilddrüsenwerte sind aber normal und Sie brauchen keine Behandlung. Ich empfehle Ihnen zurzeit nur, sich glutenfrei zu ernähren.« Nach diesem Arzttermin fühlte ich mich geschlagen und frustriert. Als wären alle meine Bemühungen umsonst gewesen.

Die »abwarten und sehen, was passiert«-Herangehensweise tat mir nicht gut. Im Laufe der nächsten paar Monate kamen neue Symptome hinzu und ich musste mehrmals in die Notaufnahme. Meine Gelenkschmerzen und die Erschöpfung waren so extrem, dass ich es kaum aus dem Bett schaffte, was letztendlich zum Verlust meines Jobs führte. Ich fing an zu lallen und verlor das Gefühl in meiner linken Körperhälfte – auch im Gesicht. Alle diese Symptome führten mich zurück zu den Ärzten und Spezialisten, die mich alle als Hypochonderin abstempelten und mir weiterhin sagten, sie könnten nichts tun, bis mehr Zeit vergangen war.

Das bringt mich zu dem Zeitpunkt, zu dem ich beschloss, meine Heilung selbst in die Hand zu nehmen. Ich hatte gerade meinen ersten Bissen Fleisch seit Jahren gegessen: Lammhackfleisch mit Gemüse – zubereitet von meinem Mann, weil mich Anblick und Geruch von Fleisch abstießen. Vorher hatte ich mich fast 10 Jahre lang strikt vegan ernährt und dass ich jetzt mit dem Verzehr von Fleisch experimentierte, war einer meiner verzweifelten Versuche, gesund zu werden. Ich erwartete, dass es mir nach diesem Essen schlecht gehen würde. Stattdessen fühlte ich eine angenehme Wärme, und als ich in den Spiegel schaute, hatten meine Wangen Farbe bekommen. Es war das erste Mal seit Monaten des Leidens, dass ich eine Verbesserung meiner Symptome wahrnahm, so klein sie auch war.

Mein Körper gab mir einen Hinweis auf die Rolle, die Nährstoffe auf meinem Weg zur Gesundheit spielen würden – auch, wenn ich es nicht recht glauben wollte (denn ich war mir damals sicher, dass meine vegane Ernährung gesund wäre). Mir war bewusst, dass ich wichtige Nährstoffe nicht zu mir nahm. Dieser Mangel konnte auch mit der aggressiven Einnahme von Nahrungsergänzungsmitteln nicht ausgeglichen werden. Ich hatte sogar rohen Veganismus und verschiedene Entgiftungskuren ausprobiert, um die Dinge unter Kontrolle zu bekommen. Der Erfolg bleib aber aus. Die positiven Auswirkungen, die ich nach dieser Fleisch-Mahlzeit spürte, zeigten mir, dass mein Körper nach bestimmten Nährstoffen verlangte, um den Heilungsprozess in der Tiefe anzuregen. Das brachte mich dazu, mich weiter über Nährstoffdichte und den Einfluss der Ernährung auf Autoimmunerkrankungen zu informieren.

Sobald ich von dem Konzept der Elimination (Verzicht auf bestimmte Lebensmittel) und Wiedereinführung gehört hatte, beschloss ich, es mit dem Autoimmunprotokoll zu versuchen. Damit setzte über die folgenden Jahre ein langsamer, aber produktiver Heilungsprozess ein.

Ich fand eine sachkundige naturkundliche Ärztin, mit deren Hilfe ich einige grundlegende Probleme identifizieren und mit funktioneller Medizin behandeln konnte. Sie bestätigte, dass meine Laborwerte nicht in Ordnung waren und dass meine Schilddrüse behandelt werden müsste. Meine Genesung verlief teilweise schmerzhaft langsam, dank einer Kombination von Veränderungen meiner Ernährung, meines Lebenswandels und meiner medizinischen Behandlung ging es aber konstant in die richtige Richtung. Nach drei Jahren konnte ich feiern, dass ich den Gesundheitszustand von vor meiner Erkrankung erreicht hatte. Mit jedem seitdem vergangenen Jahr habe ich das Verschwinden kleiner Symptome bemerkt, von denen ich vergessen hatte, dass sie ein Teil meiner Erfahrung waren. Heute fühle ich mich so gesund, wie ich es seit meinen Teenager-Tagen nicht mehr war.

Für mich bot das Autoimmunprotokoll einen transformativen Rahmen, um die einzigartige und ideale Ernährung für meinen persönlichen Heilungsprozess zu finden. Über die Jahre konnte ich viele Lebensmittel wieder in meine Ernährung aufnehmen und ich habe den Wechsel vom tiefgehenden Heilungsprozess zur lebenslangen Instandhaltung vollzogen. Jetzt konzentriere ich mich darauf, den wiedererlangten guten Gesundheitszustand aufrechtzuerhalten und diese Gesundheit zu nutzen, andere zu informieren, zu befähigen und zu inspirieren, es mir gleichzutun. Ich bin täglich mit Dank erfüllt, dass ich die Möglichkeit hatte, meine Gesundheit zu transformieren, und ich hoffe, dass das Teilen meiner Geschichte Sie dazu inspiriert, an Ihrer eigenen Genesung zu arbeiten.

Kapitel 1

NÄHRSTOFFDICHTE

Es wird zwar oft übersehen, aber Nährstoffdichte ist ohne Frage die wirkungsvollste Komponente jeder Ernährungsform. Ob man sich nun in der strengen Phase einer Eliminationsdiät wie dem Autoimmunprotokoll befindet oder einfach versucht, sich gesund zu ernähren, um Erkrankungen in der Zukunft zu verhindern: Eine Herangehensweise, in der die Nährstoffdichte im Zentrum steht, wird den Weg zu tiefgehender Heilung und strahlender Gesundheit ebnen. In diesem Kapitel erkläre ich, wie einige der wichtigsten Nährstoffe funktionieren, und ich nenne Ressourcen, die Ihnen dabei helfen sollen, dieses Wissen auf Ihre eigene, personalisierte Ernährung anzuwenden.

Nut·tri·vor ('nu tri vôr) //
eine Person, die den Verzehr nährstoffdichter, hochwertiger, saisonaler Lebensmittel priorisiert.

Das Konzept des Essens wie ein Nutrivor transzendiert jede andere Diät oder Ernährungsphilosophie. Ganz gleich, wo Sie sich auf dem Ernährungsspektrum verorten, Sie sollten sich folgende Frage stellen: Nehme ich erstens über meine Ernährung ausreichend Nährstoffe zu mir, um gesund zu sein und um zukünftige Erkrankungen zu verhindern, und unterstützt meine Ernährung zweitens eine tiefgehende Heilung oder hilft sie mir, meine Wellness-Ziele zu erreichen?

Ein Nutrivor stellt weitere Fragen, wenn er oder sie entscheidet, welche Lebensmittel Teil seiner/ihrer Ernährung sein sollen. Zunächst wird die Nährstoffdichte in Betracht gezogen. Wie viele unterschiedliche Nährstoffe bietet ein Lebensmittel, seien es Mikronährstoffe, essenzielle Fettsäuren, sekundäre Pflanzenstoffe oder Ballaststoffe, und in welchen Mengen? Als Nächstes spielt die Qualität eine Rolle. Wie wurde das Lebensmittel angebaut bzw. gehalten, und wie wirkt sich diese Methode auf den Nährstoffgehalt aus? Drittens: Saisonalität. Wurde das Lebensmittel auf dem Höhepunkt der Saison geerntet und hat somit das beste Nährstoffprofil? Und schließlich viertens: Abwechslung. Ist ein Lebensmittel ungewöhnlich oder bringt es einen Nährstoffgehalt auf den Tisch, der einzigartig oder schwer zu finden ist?

Wie Sie sehen, wählen Nutrivoren ihre Lebensmittel nicht einfach nach einem binären System aus, das auf gut oder schlecht, gesund oder ungesund basiert. Sie machen sich Gedanken zu tiefergehenden Fragen, woher das Lebensmittel stammt und wie es sie auf ihrem einzigartigen Weg zu Genesung unterstützen kann. Nutrivoren nehmen sich Zeit zu überlegen, welche nährstoffreichen Lebensmittel auf ihrem Teller landen werden, um andere neutrale oder nährstoffarme Lebensmittel davon zu verdrängen oder zu ersetzen.

Lassen Sie uns die vier oben erwähnten Kategorien gleich mal genauer anschauen.

NÄHRSTOFFDICHTE

Der Begriff Nährstoffdichte bezieht sich auf die Menge an Mikronährstoffen, die in einem Lebensmittel enthalten sind, im Bezug zu der Energie, die dieses Lebensmittel liefert. (Mehr zu Mikronährstoffen später in diesem Kapitel. Jetzt ist nur wichtig zu wissen, dass es sich dabei um kleine, aber unglaublich essenzielle Komponenten unserer Ernährung handelt.) Sie steht im Kontrast zur Energiedichte eines Lebensmittels. Schauen wir uns zum Beispiel Hähnchenbrust an, die häufig als Proteinquelle als Teil eines Salates verzehrt wird. Im Rahmen einer Mahlzeit erfüllt diese Wahl zwar die Proteinbedürfnisse, bietet aber kaum Vitamine und Mineralstoffe.

Öffnet man eine Dose Sardinen und packt sie auf den gleichen Salat, sodass sie auf dem Teller den gleichen Platz einnehmen, liefern sie die gleiche Menge an Proteinen. Aber jetzt kommt's: Die Sardinen sind nicht nur köstlich, sie liefern im Vergleich zur Hähnchenbrust auch die vierfache Menge des empfohlenen Tagesbedarfs an Vitamin B12, 100 % Vitamin D und Selen sowie beeindruckende 1,8 g Omega-3-Fettsäuren – alles Nährstoffe, an die wir über unsere Ernährung nur schwer kommen. Darüber hinaus sind Sardinen eine gute Quelle für die B-Vitamine Riboflavin, Pantothensäure und Pyridoxin. In der Tabelle rechts finden Sie einen Vergleich der in 110 g Hähnchenbrust und in 110 g Sardinen enthaltenen Nährstoffe – überzeugen Sie sich selbst.

Wie Sie in der Tabelle erkennen können, ist mit Blick auf die darin enthaltenen Mikronährstoffe eine Wahl deutlich besser als die andere. Das soll jetzt nicht heißen, dass Sie keine Hähnchenbrust mehr essen dürfen. Es soll Ihnen nur dabei helfen zu verstehen, warum es einem nicht unbedingt hilft, die gesundheitlichen Ziele zu erreichen, wenn man Lebensmittel vorzieht, die weiter unten auf dem Nährstoffspektrum verortet sind – selbst, wenn sie in den Rahmen einer gesunden Ernährung passen.

Bei der Ernährung auf Nährstoffdichte zu achten heißt, einen Blick für die Lebensmittel zu haben, die »viel für wenig« zu bieten haben. Diese Lebensmittel konstant in die Ernährung zu integrieren, macht es viel einfacher, all die Bedürfnisse abzudecken, die für die tiefgehende Genesung und die Gesundheit wichtig sind. Um die Lebensmittel mit den höchsten Werten auf dem Nährstoffdichtespektrum leicht identifizieren zu können, werfen Sie einen Blick auf die Tabelle auf Seite 20.

Nährstoffvergleich Hähnchenbrust vs. Sardinen

	110 g Hähnchenbrust	**110 g Sardinen**
Kalzium	14,7 mg	433,2 mg
Eisen	1,0 mg	3,3 mg
Magnesium	24,9 mg	44,2 mg
Phosphor	176,9 mg	555,7 mg
Kalium	201,8 mg	450,2 mg
Selen	24,7 mcg	59,8 mcg
Zink	1,1 mg	1,5 mg
B3 (Niacin)	8,9 mg	5,9 mg
B5 (Pantothensäure)	0,6 mg	0,7 mg
B6 (Pyridoxin)	0,3 mg	0,2 mg
B12 (Cobalamin)	0,2 ug	10,1 ug
Folsäure	3,4 ug	11,3 ug
Vitamin A	93,0 IU	122,5 IU
Vitamin D	5,7 IU	218,9 IU
Vitamin E	0,3 mg	2,3 mg
Vitamin K	0,2 mcg	2,9 mcg
Omega-3-Fettsäuren	0,1 g	1,8 g
Omega-6-Fettsäuren	1,6 g	4,0 g

Überschrittener RDA
75 % RDA
100 % RDA
50 % RDA

Quelle: cronometer.com

QUALITÄT

Die Qualität eines Lebensmittels hat großen Einfluss auf dessen Nährstoffdichte. Der Großteil der Nährstoffdaten, auf die wir heute Zugriff haben, basiert auf Studien mit Lebensmitteln aus konventionellem Anbau/konventioneller Haltung. Aber es werden auch Forschungsergebnisse zu den Auswirkungen veröffentlicht, die verschiedene Anbau-/Haltungsmethoden auf den Nährstoffgehalt haben.

Obst und Gemüse

Zunächst stellt sich die Frage, ob Obst und Gemüse aus Bio- oder aus konventionellem Anbau vorzuziehen ist. Beim Anbau von Bio-Obst und -Gemüse werden keine chemischen Pestizide und keine Gentechnik eingesetzt. Eine im Jahr 2014 im *British Journal of Nutrition* veröffentlichte Meta-Analyse zeigte, dass Obst und Gemüse aus Bio-Anbau deutlich höhere Werte an Vitaminen, Mineralstoffen und Antioxidantien aufweisen. In einigen Fällen war der Gehalt an Antioxidantien 50 % höher. Wie kann das sein? Die Wissenschaftler vermuten, dass ohne die Verwendung chemischer Pestizide und Herbizide angebaute Pflanzen die Produktion von Verbindungen ankurbeln, die sie gegen Krankheiten, Ungeziefer und andere Umweltfaktoren schützen. Das führt wiederum dazu, dass sie einen höheren Gehalt an Antioxidantien haben (dank der sekundären Pflanzenstoffe, über die wir später in diesem Kapitel mehr lernen). Wenn man Bio-Produkte kauft, ist man nicht nur weniger Chemikalien und gentechnisch veränderten Lebensmitteln ausgesetzt, sondern kommt auch in den Genuss eines höheren Nährstoffgehalts – vor allem im Hinblick auf sekundäre Pflanzenstoffe.

Dann ist da die Frage nach der Gesundheit des Erdbodens und wie Wachstumsbedingungen den Nährstoffgehalt beeinflussen. Jahrzehnte des modernen industriellen Landbaus haben unserer Erde die Nährstoffe entzogen. Das bedeutet wiederum, dass Pflanzen daraus deutlich weniger Nährstoffe aufnehmen können, als das früher der Fall war. Eine im Jahr 2004 im *Journal of the American College of Nutrition* veröffentlichte Studie zeigte einen ständigen Rückgang des Nährstoffgehalts von dreiundvierzig Gemüsesorten zwischen 1950 und 1999. Die Wissenschaftler fanden beim Testen des modernen Gemüses im Vergleich zum Nährstoffgehalt 50 Jahre zuvor deutlich niedrigere Werte von Proteinen, Kalzium, Phosphor, Riboflavin, Eisen und Vitamin C. Diese Ergebnisse sind wahrscheinlich zum Teil auf die Züchtung zurückzuführen, da in der modernen Landwirtschaft der Fokus auf Größe, hohen Erträgen und Schädlingsresistenz liegt, nicht auf dem Nährwert. Wir wissen allerdings auch, dass ausgelaugte Erdböden und Überproduktion bedeuten, dass die Pflanzen weniger Nährstoffe abbekommen, sodass auch wir beim Verzehr der entsprechenden Erzeugnisse weniger Nährstoffe aufnehmen. Obst oder Gemüse von einem Produzenten zu kaufen, dem fruchtbarer Erdboden wichtig ist, bedeutet für uns den wahrscheinlich bestmöglichen Nährwert.

Tierische Produkte

Die Frage der Qualität stellt sich nicht nur bei Obst und Gemüse. Das mögliche Nährstoffspektrum von Fleisch und Geflügel sowie Fisch und Meeresfrüchten ist noch größer. In einem Rückblick auf dreißig Jahre Forschung zu diesem Thema, der im Jahr 2010 im *Nutrition Journal* veröffentlich wurde, kam man zu dem Schluss, dass Rindfleisch von Tieren aus Weidehaltung ein besseres Verhältnis von Omega-6- zu Omega-3-Fettsäuren bietet, sowie einen höheren Gehalt konjugierter Linolsäuren. Es hat außerdem höhere Werte der Vorläuferstoffe der Vitamine A und E und enthält mehr Antioxidantien. Bei der Rinderhaltung die artgerechte Ernährung sicherzustellen (Weidegras) bedeutet nicht nur einen besseren Gesundheitszustand für das Vieh, sondern auch bessere Nährstoffversorgung beim Fleischkonsum für uns.

Ganz ähnlich wurde in einer aktuellen Studie aus dem Jahr 2017 von der Singing Prairie Farm in Missouri der Nährstoffgehalt von Schweinefleisch aus drei Gruppen verglichen: Tiere aus konventioneller Haltung, Tiere die 50 % weniger Getreide gefüttert bekamen, und Tiere, denen kein Getreide gefüttert wurde. Beim Schweinefleisch aus konventioneller Haltung lag das Verhältnis von Omega-6- zu Omega-3-Fettsäuren bei 29:1, bei Fleisch von Tieren, denen kein Getreide gefüttert wurde, war das Verhältnis 5:1. Mehr über die Bedeutung des Verhältnisses von

Omega-6- zu Omega-3-Fettsäuren später in diesem Kapitel im Rahmen der Ausführungen zu Fett. Auf jeden Fall deuten diese Werte stark darauf hin, dass die Frage, wie Tiere gehalten und gefüttert werden, einen deutlichen Einfluss auf den Nährstoffgehalt des Fleisches hat, das wir schließlich essen. Es spielt keine Rolle, über welche Spezies wir sprechen. Für eine gute Ernährung ist nicht nur wichtig, was wir essen, sondern auch, was das, was wir essen, isst.

Weitere Überlegungen

Wie ein Lebensmittel verarbeitet und gelagert wird, wirkt sich ebenfalls auf die Nährstoffdichte aus. Bei der industriellen Verarbeitung von Lebensmitteln gehen Nährstoffe verloren. Aus diesem Grund sind Nahrungsergänzungsmittel heutzutage so weit verbreitet. Indem man möglichst vollwertige, unverarbeitete oder nur minimal verarbeitete Lebensmittel wählt, geht man sicher, dass man die maximale Menge der möglichen Nährstoffe abbekommt. Das spielt besonders bei Fett und Öl eine Rolle, die von Licht und Hitze schnell zersetzt werden. Wie man am besten an besonders hochwertige Lebensmittel kommt, besprechen wir in Kapitel 3.

SAISONALITÄT

Die Nährstoffdichte von Obst oder Gemüse hängt davon ab, wie weit die Erzeugnisse in ihrer ursprünglichen Wachstumssaison reifen können und wie lange die Transportwege bis zum Verkauf sind. Es ist ein Wunder der Moderne, dass Obst- und Gemüsesorten mit kurzer Saison (z. B. Spargel, Blaubeeren, Tomaten und Mandarinen) das ganze Jahr über im Supermarkt erhältlich sind. Aber lassen Sie sich nicht täuschen: Diese Erzeugnisse haben außerhalb der Saison weder den gleichen Nährstoffgehalt noch den gleichen Geschmack.

Einige Nährstoffe (z. B. Vitamin C) sind recht empfindlich und werden leicht zersetzt. In einer Studie wurde der Vitamin-C-Gehalt von im Frühling und im Herbst gekauftem Brokkoli verglichen. Die Vitamin-C-Werte von saisonalem Brokkoli (im Herbst) waren doppelt so hoch wie die des im Frühling gekauften Brokkolis, der zunächst über eine große Distanz transportiert werden musste oder unter suboptimalen Bedingungen angebaut wurde. In der modernen Landwirtschaft hat man ein paar raffinierte Tricks, um die Erzeugnisse das ganze Jahr über anbieten zu können, z. B. den Transport über lange Distanzen (oft um die halbe Welt!) und den Einsatz von Chemikalien oder Gas zum Reifen von zu früh geernteten Früchten, damit man den Verderb während des Transports verhindert. Unreif geerntete Früchte haben nicht die Möglichkeit, Nährstoffe aus der Pflanze zu ziehen, von der sie stammen. Wenn man regionale und saisonale Erzeugnisse kauft – am besten von einem Bauernhof in der Nähe – sorgt man dafür, dass es ziemlich unwahrscheinlich ist, dass die Erzeugnisse über große Distanzen transportiert oder einem chemischen Reifungsprozess unterzogen wurden.

Zusätzlich zu dem hohen Gehalt an Mikronährstoffen enthalten Obst und Gemüse außerdem sekundäre Pflanzenstoffe. Das sind Verbindungen, die von den Pflanzen zum Schutz vor bestimmten Umwelteinflüssen geschaffen werden. Im Laufe des Lebenszyklus einer Pflanze ist sie unterschiedlichen Stressfaktoren wie Wetteranomalitäten (etwa einer Hitzewelle oder einem frühen Frost), Dürre, Ungeziefer oder Fäule ausgesetzt. Es mag kontraintuitiv erscheinen, aber diese Stressoren stimulieren die Pflanzen besonders stark zu wachsen und die höchstmögliche Menge an sekundären Pflanzenstoffen zu entwickeln (zum Selbstschutz). Diese sekundären Pflanzenstoffe bieten wiederum einige großartige Gesundheitsvorteile für uns, auf die wir später in diesem Kapitel genauer eingehen werden.

ABWECHSLUNG

Wenn man immer wieder mal neue Lebensmittel ausprobiert und für Abwechslung sorgt, weitet man das Nährstoffspektrum aus, das man zu sich nimmt, seien es Mikronährstoffe wie Vitamine, Mineralstoffe und sekundäre Pflanzenstoffe oder eine andere Art Ballaststoffe. Weltweit gibt es geschätzt zwar 30 000 essbare Pflanzenspezies, wir Menschen kultivieren aber nur 150 von ihnen und davon machen nur 30 Spezies den Großteil unserer Ernährung aus. Man könnte sagen, wir haben noch nicht mal richtig angefangen, die Ressourcen pflanzlicher Lebensmittel zu nutzen, die uns unser Planet bietet.

Das Obst und Gemüse, das wir heutzutage auf unseren Tellern wiederfinden, ist in den meisten Fällen das Produkt von hunderten Jahren selektiver Züchtung und Kultivation (und seit Kurzem auch gentechnischer Veränderungen). Diese Pflanzen wurden ausgesucht und speziell gezüchtet, um hohe Erträge zu geben und schädlingsresistent zu sein. Geschmack und Nährwert blieben auf der Strecke. Viele ursprünglich wilde Pflanzen (z. B. Mais) wurden derart überzüchtet, um höhere Erträge zu erzielen und im Anbau unkomplizierter zu sein, dass sie ohne den Bauern nicht länger überlebensfähig sind.

Bei Wildpflanzen wurde im Vergleich zu Kulturpflanzen ein deutlich höherer Nährstoffgehalt nachgewiesen, vor allem von Vitamin-A-Präkursoren, Vitamin C, Omega-3-Fettsäuren und sekundären Pflanzenstoffen. Einige Wildpflanzen findet man zwar ab und an in den Regalen von Lebensmittelgeschäften (etwa Löwenzahnblätter, Portulak, Brunnenkresse, Brennnesseln und Pfifferlinge), es ist jedoch häufiger der Fall, dass sie selbst gesammelt werden. Es hört sich vielleicht nach einer seltenen Angewohnheit an, aber in verschiedenen Regionen im ganzen Land gibt es Experten für Wildpflanzen, die Unterricht im Identifizieren von Wildpflanzen geben und Sammelexpeditionen leiten. So bekommt man nicht nur extra Nährstoffe auf den Teller, man kommt auch mit Leuten aus der Umgebung in Kontakt, verbringt Zeit an der frischen Luft und erntet umsonst oder zu kleinem Preis gesunde Lebensmittel.

Es spricht nicht nur viel dafür, dass man für Abwechslung bei den pflanzlichen Lebensmitteln sorgt, die man zu sich nimmt, sondern auch, dass man Veränderungen bei der Wahl der Proteinquellen vornimmt. Hähnchenfleisch ist die bei Weitem vorherrschende Proteinquelle der Amerikaner. Wir essen doppelt so häufig Hähnchenfleisch wie Rind- und Schweinefleisch (die an nächster Stelle kommen). Fisch und Meeresfrüchte werden viel seltener gegessen (etwa zwanzigmal seltener als Hähnchenfleisch). Das ist eine verstörende Tatsache, da Hähnchenfleisch zu den nährstoffärmeren tierischen Proteinquellen gehört (es sei denn, man isst die Innereien!), Fisch und Meeresfrüchte von den verbreiteten tierischen Proteinquellen aber bei Weitem die höchste Nährstoffdichte haben.

Was rotes Fleisch angeht, ist Rindfleisch nicht die einzige Option. Lamm, Bison oder Wild (z. B. Elch und Damwild) werden seltener gegessen, sind aber exzellente rote Fleischsorten. Auch beim Geflügel gibt es mehr Auswahl als Hähnchen und Pute. Wie wäre es zum Beispiel mit Ente, Fasan oder Gans? Fisch und Meeresfrüchte bieten am meisten Möglichkeit zur Abwechslung, weil man nicht nur Dutzende verschiedene Arten Fisch probieren kann, sondern auch viele verschiedene Schalen- und Krustentiere sowie Algen und Meeresgemüse. Im Allgemeinen wird es fast jedem Menschen guttun, mehr Fisch und Meeresfrüchte zu verzehren. Informieren Sie sich, welche Sorten Fisch und Meeresfrüchte in Ihrer Gegend frisch und regional sind, und fangen Sie hier mit dem Probieren an. Selbst wenn Sie im Landesinneren wohnen, kann Ihnen der regionale Fischhändler sicher interessante und qualitativ hochwertige Fischsorten besorgen.

WAS SIND NÄHRSTOFFE?

Kurz gesagt liefern Nährstoffe die Rohmaterialien, die unsere Zellen benötigen, um zu funktionieren, um gedeihen und wachsen zu können. Sie bieten unserem Körper Struktur und Energie und sind essenziell fürs Leben: Ohne Nährstoffe können wir nicht existieren. Nährstoffe können in zwei Hauptkategorien eingeteilt werden:

1. Makronährstoffe – Substanzen, die in vergleichsweise großen Mengen benötigt werden, damit der menschliche Körper richtig arbeiten kann. Die drei Kategorien von Makronährstoffen – Proteine, Fette und Kohlenhydrate – kennen Sie sicher schon. Sie werden benötigt, um den Körper mit Energie und Struktur zu versorgen.

2. Mikronährstoffe – Substanzen, von denen im Vergleich zu Makronährstoffen deutlich kleinere Mengen benötigt werden, die aber dennoch essenziell für die optimale Körperfunktion sind. Zwei Kategorien von Mikronährstoffen, von denen Sie sicher schon gehört haben, sind Vitamine und Mineralstoffe. Diese Mikronährstoffe spielen eine unglaublich große Anzahl verschiedener Rollen in der menschlichen Physiologie.

Wir Menschen gedeihen, wenn wir über unsere Ernährung eine große Auswahl an Makronährstoffen (Fette, Proteine und Kohlenhydrate) aufnehmen. Ich möchte dies hier nicht im Detail besprechen, sondern mich auf einige der häufig übersehenen Mikronährstoffe konzentrieren (sekundäre Pflanzenstoffe, Fettsäuren und Ballaststoffe) und darauf, wie diese zur optimalen Gesundheit beitragen. Diese Nährstoffe können eine bereits gesunde Ernährung auf eine ganz neue Ebene heben.

Essenzielle und nicht-essenzielle Nährstoffe

Alle Nährstoffe, die der Körper nicht selbst synthetisieren kann, gelten als essenzielle Nährstoffe, während Nährstoffe, die der Körper aus anderen Substanzen formen kann, als nicht-essenziell gelten. Von den Nährstoffen, die wir in diesem Kapitel besprechen werden, zählen neun Aminosäuren, zwei Fettsäuren, dreizehn Vitamine und fünfzehn Mineralstoffe zu den essenziellen Nährstoffen. Es ist zu beachten, dass einige Nährstoffe zwar nicht als essenziell gelten, vom Körper häufig aber nicht effizient umgewandelt oder gebildet werden können. In einigen Fällen lohnt es sich, die betreffenden Nährstoffe über die Ernährung aufzunehmen, obwohl es nicht unbedingt notwendig ist.

Nährstoffmangel

Nährstoffmangel tritt ein, wenn der Körper nicht mit der ausreichenden Menge eines bestimmten Nährstoffes versorgt wird – entweder durch die unzureichende Aufnahme über die Ernährung oder wegen eines Problems bei der Absorption. Viele Menschen haben Probleme mit der Verdauung oder ein Leiden, das ihre Fähigkeit beeinflusst, Nährstoffe zu verdauen und zu absorbieren, einem größeren Anteil der Bevölkerung fehlt es aber von vornherein an der angemessenen Zufuhr von Nährstoffen über die Ernährung.

Eine Analyse der *National Health and Nutrition Examination Survey* aus dem Jahr 2011 zeigte, wie wenig Nährstoffe die meisten Menschen als Teil der Standard American Diet (der typischen amerikanischen Ernährung) zu sich nehmen. Die Wissenschaftler fanden heraus, dass 94 % der erwachsenen Bevölkerung nicht ausreichend mit Vitamin E versorgt sind, 61 % keine ausreichenden Mengen Magnesium aufnehmen und 51 % keine ausreichenden Mengen Vitamin A, 49 % bekommen nicht genügend Kalzium und 43 % nicht ausreichend Vitamin C. Über diese Zahlen hinaus herrscht Nährstoffmangel auch in Bezug auf Vitamin B6, Folsäure, Zink, Kupfer, Vitamin B12 und Eisen. Diese Forschungsergebnisse verdeutlichen, dass wir nicht unbedingt auf der Erfolgsspur sind, was die angemessene Nährstoffversorgung betrifft.

Ob es nun an der unzureichenden Versorgung über die Ernährung liegt, an Verdauungs- oder gesundheitlichen Problemen: Unzureichende Mengen eines Nährstoffs aufzunehmen oder zu absorbieren führt zu Nährstoffmangel. Abhängig vom Nährstoff kann sich dieser Mangel in körperlichen Symptomen manifestieren. In einigen Fällen treten schon zu Beginn des Nährstoffmangels Warnzeichen auf, z. B. Nachtblindheit oder Keratosis Pilaris bei einem Vitamin-A-Mangel. In anderen Fällen manifestiert sich der Mangel erst, wenn die Werte bereits sehr niedrig sind. Einige der typischen Symptome für Nährstoffmangel sind Müdigkeit, ein schwaches Immunsystem und

»Brain Fog« (ein vernebeltes Gefühl im Gehirn). Diese sind in der Bevölkerung weit verbreitet und sollten bald nach dem ersten Auftreten untersucht werden.

Einige typische Symptome von Nährstoffmangel:

Vitamin A – Nachtblindheit, geschwächtes Immunsystem und Rückgang der Gesundheit von Haaren, Nägeln, Augen und Haut

Vitamin D – Knochenschwund, Zahnprobleme und Krebs

Vitamin B6 – Muskelschwäche, Reizbarkeit, Erschöpfung

Vitamin B12 – Perniziöse Anämie, Schwäche, Erschöpfung, »Brain Fog«

Folsäure – Anämie, Erschöpfung, Reizbarkeit, Kopfschmerzen, Herzklopfen

Vitamin C – Geschwächtes Immunsystem, schlechte Wundheilung, Zahnfleischentzündungen

Kalzium – Probleme mit Knochen und Zähnen, spröde Finger-/Fußnägel, Muskelkrämpfe, Herzklopfen

Magnesium – Erschöpfung, Reizbarkeit, Muskelzittern, »Brain Fog«, Apathie, Muskelzucken

Jod – Kropf, Schilddrüsenunterfunktion, Erschöpfung, Gewichtszunahme

Eisen – Erschöpfung, fehlendes Durchhaltevermögen, Kopfschmerzen, Schwindel, geschwächtes Immunsystem, Haarausfall, »Brain Fog«

Zink – Vorzeitige Alterung, verlangsamtes Wachstum, Erschöpfung, geschwächtes Immunsystem, Hautentzündungen, Haarausfall, Verdauungsprobleme

Damit Nährstoffmangel erst gar nicht entsteht, muss man sicherstellen, dass man über die Ernährung die richtigen Nährstoffe in den richtigen Mengen aufnimmt und dass man keine Probleme mit deren Verdauung oder Absorption hat.

VITAMINE

Vitamine sind organische Substanzen, die unser Körper über die Ernährung aufnimmt und für Stoffwechselreaktionen und biochemische Reaktionen verwendet. Vitamine sind im Körper zwar nicht strukturgebend, aber sie fungieren als Coenzyme (kleine »Helfer«), die für richtiges Wachstum, Gesundheit, Verdauung und Immunabwehr essenziell sind.

FETTLÖSLICHE VITAMINE

Fettlösliche Vitamine unterscheiden sich insoweit von wasserlöslichen Vitaminen, dass sie am besten in der Gegenwart von Fetten und Ölen absorbiert und vom Körper leichter für die spätere Verwendung gespeichert werden können. Hier ist anzumerken, dass bei einer Überversorgung dieser Vitamine schneller ein toxisches Level erreicht wird, als es bei anderen Vitaminen der Fall sein kann. Allerdings ist es unwahrscheinlich, dieses toxische Level zu erreichen, wenn man keine Nahrungsergänzungsmittel zu sich nimmt. Die meisten Menschen essen zu wenig von den entsprechenden Lebensmitteln, um ausreichend mit diesen wichtigen Vitaminen versorgt zu sein.

Vitamin A – Das auch unter dem Namen Retinol bekannte Vitamin A war das erste Vitamin, das benannt wurde. Vitamin A ist an vielen wichtigen Körperfunktionen beteiligt – unter anderem: Sehkraft, Gewebeheilung, Knochenwachstum, gesunde Haut, antioxidative Effekte, Immunfunktion und Krebs-Suppression. Vitamin A kommt in tierischen Lebensmitteln vor, die höchsten Konzentrationen sind dabei jeweils in der Leber zu finden.

Vitamin D – Umgangssprachlich wird Vitamin D auch als »das Sonnenschein-Vitamin« bezeichnet. Vitamin D ist essenziell für viele Körperfunktionen, darunter die Regulierung des Kalzium-Stoffwechsels, der Knochenumbau, das Wachstum und ein gesundes Immunsystem. Es wird produziert, wenn die Haut der UV-Strahlung der Sonne ausgesetzt ist, kommt aber auch in Fisch und Meeresfrüchten sowie Innereien vor.

Vitamin E – Vitamin E, oder Tocopherol, ist ein Sammelbegriff für eine Familie fettlöslicher antioxidativer Verbindungen. Sie helfen dabei, den Körper vor der Bildung freier Radikale zu schützen und fördern außerdem die Gesundheit des Herz-Kreislauf-Systems. Kalt gepresste Öle wie Oliven- und Avocadoöl sowie Nüsse, Kerne und Samen, Blattgemüse und Fisch enthalten alle Vitamin E.

Vitamin K – Hierbei handelt es sich um eine Gruppe drei verwandter Vitamine: K1, K2 und K3. Die K-Vitamine haben wichtige Funktionen bei der Proteinsynthese und der Blutgerinnung und vor allem bei Vitamin K2 geht man davon aus, dass es eine wichtige Rolle für die Gesundheit von Knochen, Niere und Gehirn spielt – über seine positiven Auswirkungen auf das Herzkreislaufsystem hinaus. An Vitamin K1 kommt man gut über Blattgemüse, Vitamin K2 ist vor allem in Eiern, Butter, Leber und Natto (einem Produkt aus fermentierten Sojabohnen) zu finden.

WASSERLÖSLICHE VITAMINE

Wasserlösliche Vitamine werden vom Körper leicht abgegeben (nicht gespeichert), sodass man sie täglich über die Ernährung aufnehmen muss. Für viele dieser Vitamine ist das Risiko der Toxizität geringer, da der Körper eventuell über die Ernährung oder Nahrungsergänzungsmittel übermäßig aufgenommene Mengen einfach wieder ausscheidet.

B-Komplex-Vitamine

Vitamin B1 – Das auch als Thiamin bekannte B1 war das erste B-Vitamin, das identifiziert wurde. Vitamin B1 ist für verschiedene Körperfunktionen nötig, vom Energiestoffwechsel bis hin zur Nervenfunktion. Die besten Lieferanten sind Innereien (vor allem Nieren und Herz) sowie Schweinefleisch, Samen und Kerne, Fisch und Meeresfrüchte.

Vitamin B2 – Das auch Riboflavin genannte Vitamin B2 ist für seine intensive goldgelbe Farbe bekannt. Vitamin B2 ist unglaublich wichtig für die Energieproduktion, Zellatmung und die Beibehaltung gesunder Sehkraft, Haut, Nägel und Haare. Darüber hinaus ist es ein Cofaktor für die Funktionen der Vitamine B3 und B6 und es unterstützt die Funktion von Glutathion. Die höchsten Konzentrationen von Vitamin B2 sind in Innereien (z. B. Leber oder Niere) und fetthaltigem Fisch enthalten, in kleineren Mengen sind sie in Blattgemüse und Speisepilzen zu finden.

Vitamin B3 – Dieses auch als Niacin bekannte Vitamin gehört zu den stabilsten B-Vitaminen. Als Komponente zweier Enzyme, die an mehr als fünfzig Stoffwechselfunktionen unseres Körpers beteiligt sind, spielt es eine wichtige Rolle. Außerdem regt es den Kreislauf an und ist für die Gesundheit von Nerven- und Hormonsystem notwendig. Die höchsten Konzentrationen von Vitamin B3 sind in Leber und fetthaltigem Fisch vorhanden, kleinere Mengen in rotem Fleisch, Blattgemüse und Speisepilzen.

Vitamin B5 – ist auch als Pantothensäure bekannt und in allen lebendigen Zellen vorhanden. Vitamin B5 ist notwendig, um Stress entgegenzuwirken und um den Stoffwechsel zu verbessern. Außerdem sorgt es für gesunde Haut und gesundes Nervengewebe. Vitamin B5 kommt in vielen Lebensmitteln vor, zu den besten Lieferanten gehören Leber, fetthaltiger Fisch und Avocado.

Vitamin B6 – Das auch als Pyridoxin bekannte B6 ist ein wichtiges Vitamin für viele Stoffwechselfunktionen des Körpers. Vitamin B6 ist notwendig für die Energieproduktion, einen ausgeglichenen Elektrolythaushalt, die Neurotransmitter-Produktion, den Stoffwechsel und den Proteinabbau. Darüber hinaus benötigt der Körper Vitamin B6 zum Entgiften und um gesunde Schwangerschaften zu unterstützen. An Vitamin B6 kommt man am besten über den Verzehr von Leber, rotem Fleisch, Schweinefleisch, fetthaltigem Fisch, Kokosmilch, Wurzel- und Blattgemüse.

Biotin – Das auch als Vitamin B7 bekannte Biotin ist das B-Vitamin, das als letztes seinen Namen bekam. Biotin ist am Zucker- und Fettstoffwechsel beteiligt. Daher ist es wichtig für gesundes Hautgewebe. Es kommt in Eigelb, Leber, Nüssen und einigen Blattgemüsesorten vor, z. B. Mangold und Weißkohl.

Folsäure – Die auch als Vitamin B9 bekannte Folsäure hat ihren Namen von den Blättern des Blattgemüses, in dem sie so reichlich vorkommt. Folsäure hat eine primäre Funktion in der Methylierung, einem biochemischen Prozess, der in jeder Körperzelle nötig ist. Sie ist besonders wichtig für die Entgiftung, die Produktion von Neurotransmittern, die Gesundheit des Herz-Kreislauf-Systems, die Produktion roter Blutzellen und gesunde Schwangerschaften sowie die Gesundheit des Gehirns und des zentralen Nervensystems. Folsäure ist besonders in rohem grünen Blattgemüse und Innereien zu finden.

Vitamin B12 – Das auch Cobalamin genannte Vitamin B12 ist für seine intensive rote Farbe bekannt und das einzige Vitamin, das einen essenziellen Mineralstoff enthält: Kobalt. Vitamin B12 ist essenziell für die Gesundheit des gesamten Nervensystems und spielt außerdem eine Rolle in der DNA -Produktion. Darüber hinaus ist es wichtig für die Bildung gesunder roter Blutzellen und die Förderung guter Energiewerte. Vitamin B12 kommt in wesentlichen Mengen nur in tierischen Lebensmitteln wie Fleisch, Fisch und Meeresfrüchten sowie in sehr geringfügigen Mengen in fermentierten Lebensmitteln vor.

Weitere wasserlösliche Vitamine

Vitamin C – Das auch unter der Bezeichnung Ascorbinsäure bekannte Vitamin C ist ein essenzieller Nährstoff, den wir zum Überleben brauchen. Eine der wichtigsten Funktionen von Vitamin C ist die Bildung und Instandhaltung von dem strukturgebenden Kollagen. Es ist ein wirkungsvolles Antioxidans, unterstützt die Neurotransmitter- und Stresshormon-Produktion und ist außerdem für eine ordentliche Funktion des Immunsystems notwendig. Vitamin C wird durch Hitze leicht zerstört oder geht im Kochwasser verloren. Die besten Lieferanten sind rohes, unverarbeitetes Obst und Gemüse, z. B. Zitrusfrüchte, Melonen, Beeren und grünes Blattgemüse.

Cholin – Das neueste Mitglied der Vitaminfamilie, Cholin, ist in der Fettkomponente jeder Körperzelle vorhanden. Seine Funktionen sind eng damit verwandt, wie Fette verwendet werden, etwa im Fettstoffwechsel, der Neurotransmitterproduktion, dem Entgiften und der Bildung von Zellmembranen. Cholin ist im gesamten Spektrum pflanzlicher und tierischer Lebensmittel zu finden, die größten Mengen kommen jedoch in Eigelb, Innereien, Fisch und Meeresfrüchte sowie einigen Sorten Blattgemüse vor.

Inosit – Der eng mit Cholin verwandte Inosit unterstützt die Emulgierung von Fetten im Körper (allerdings in geringerem Maße als Cholin). Es handelt sich nicht um ein essenzielles Vitamin, da der Körper Inosit aus Glucose gewinnen kann. Seine Hauptfunktion ist es, die Struktur der Zellmembranen zu erhalten, vor allem, was die Signalübertragung zwischen den Zellen betrifft. Inosit ist in vielen pflanzlichen und tierischen Lebensmitteln enthalten.

MINERALSTOFFE

Bei Mineralstoffen handelt es sich um anorganische Stoffe aus der Erde, die nicht weiter aufgespalten werden können. 4 bis 5 % unseres Körpergewichts sind Mineralstoffe, enthalten vor allem in unseren Knochen. Mineralstoffe kommen auch in anderem Gewebe vor; als Bestandteile von Proteinen, Enzymen, Blut und einigen Vitaminen. Mineralstoffmangel tritt häufiger auf als Vitaminmangel, da unser Körper Mineralstoffe nicht selbst herstellen kann. Darüber hinaus ist es unwahrscheinlicher, dass sie während des Verdauungsprozesses absorbiert werden. Die richtigen Mengen der nötigen Mineralstoffe über die Ernährung aufzunehmen, spielt eine essenzielle Rolle für eine gute körperliche und geistige Gesundheit, da sie die Grundkomponenten aller unserer Zellen sind und jedes System sowie jeden Prozess in unserem Körper beeinflussen.

MENGENELEMENTE

Sieben Mineralstoffe werden als Mengenelemente kategorisiert, da sie in größeren Mengen benötigt werden (Dosierungen von mindestens 100 Mikrogramm pro Tag). Diese Mineralstoffe machen den größten Prozentsatz unseres Körpergewichts aus und viele von ihnen werden als Elektrolyte klassifiziert, das heißt, sie leiten Elektrizität, wenn sie mit Wasser gemischt werden.

Kalzium – Kalzium macht 1-2 % unseres Körpergewichts aus und ist damit der Mineralstoff, von dem die größten Mengen in unserem Körper vorhanden sind. Er ist vor allem in den Knochen zu finden und ist essenziell für den Knochenaufbau, die Nervenleitung und die richtige Herzfunktion. Kalzium

wirkt mit Magnesium und Phosphor zusammen und benötigt ausreichende Mengen Vitamin D, um diese Funktionen durchführen zu können. Kalzium kommt in Fisch vor, der mit Gräten gegessen werden kann (z. B. Anchovis und Sardinen), dunkelgrünem Blattgemüse, Milchprodukten und Kürbis.

Chlorid – Bei diesem Mineralstoff handelt es sich um ein Ion des Elements Chlor, das sich anschließt, um Salz oder eine Säure entstehen zu lassen, und es ist vor allem in extrazellulären Körperflüssigkeiten zu finden. Die Hauptfunktion von Chlorid ist es, die Flüssigkeiten im Körper korrekt zu verteilen (mit der Hilfe von Natrium und Wasser). Chlorid ist in der Nahrung ausreichend vorhanden. Einige außergewöhnlich gute Quellen sind Algen, Oliven, Kopfsalat und Sellerie.

Magnesium – Dieser Mineralstoff ist für hunderte Enzymreaktionen im Körper verantwortlich, vor allem solche, die mit der Energieproduktion und Funktionen des Herz-Kreislauf-Systems zu tun haben. Magnesium spielt auch intrazellulär eine Rolle, aktiviert Enzyme und hilft bei der DNA-Produktion und -Funktion. Außerdem ist es dafür bekannt, das Gewebe zu entspannen. Zu den Magnesium-Lieferanten in unserer Ernährung gehören unter anderem Blattgemüse, Fisch, Nüsse, Kerne und Samen sowie Hülsenfrüchte.

Phosphor – Phosphor ist der zweithäufigste Mineralstoff im Körper, macht etwa 1 % unseres Körpergewichtes aus und ist in jeder Zelle vorhanden. Die größten Mengen finden sich in Knochen und Zähnen. Phosphor unterstützt nicht nur die physikalischen Funktionen, er ist auch für die Energieproduktion, Proteinsynthese, gesunde Zellmembranen und die Emulgierung von Fetten unverzichtbar. Lebensmittel, die Phosphor enthalten, sind z. B. Fisch und Meeresfrüchte, Hülsenfrüchte sowie Nüsse, Kerne und Samen.

Kalium – Dieser Mineralstoff ist sowohl für zelluläre als auch elektrische Funktionen im Körper wichtig. Kalium reguliert (gemeinsam mit Natrium) das Gleichgewicht von Wasser und Säuren-Basen in Blut und Gewebe. Außerdem spielt es eine Rolle im Nerven- und im Herz-Kreislauf-System. Kalium kommt in Lebensmitteln wie Bananen, dem Grün Roter Beten, Datteln, Kochbananen, Spinat, Taro (Zehrwurz/Elefantenohr) und Yamswurzeln vor.

Natrium – Das in jeder Zelle vorhandene Natrium ist das primäre positive Ion im Körper. Als Elektrolyt unterstützt Natrium den Flüssigkeitshaushalt (zusammen mit Kalium und Chlorid). Außerdem hat es Funktionen, die gut für Nervensystem, Verdauungstrakt und Herz-Kreislauf-System sind. Natrium ist in Lebensmitteln vorhanden, bei deren Zubereitung oder Haltbarmachung Salz verwendet wurde.

Schwefel – Schwefel ist ein entscheidendes Element bei den Entgiftungsprozessen des Körpers und macht etwa 0,25 % unseres Körpergewichts aus. Er ist in vielen Aminosäuren vorhanden und damit ein wichtiges strukturelles Element von Proteinen. Darüber hinaus führt Schwefel Enzymreaktionen aus, ist für die Kollagenbildung notwendig und essenziell für die Zellatmung. Schwefel ist in Gemüse aus der Familie der Kreuzblütengewächse vorhanden, z. B. Weißkohl, Grünkohl und Rosenkohl, sowie in Lauchgewächsen wie Zwiebeln und Knoblauch und in Eiern, Fisch und Fleisch.

SPURENELEMENTE

Spurenelemente werden in vergleichsweise kleinen Mengen (jeweils weniger als 100 Mikrogramm pro Tag) benötigt. Das heißt jedoch nicht, dass sie unbedeutend wären – viele dieser Spurenelemente sind für optimale Körperfunktionen absolut essenziell und sie sind in einigen Fällen schwer über die Ernährung zu beziehen.

Chrom – Als essenzieller Teil des Glukosetoleranzfaktors ist Chrom für die Regulierung des Kohlenhydratstoffwechsels absolut essenziell, da es die Insulinfunktion verstärkt. Chrom kommt in vielen pflanzlichen und tierischen Lebensmitteln vor. Die größten Konzentrationen findet man jedoch in Leber, Austern, Eiern und Blattgemüse.

Cobalt – Das als wichtiges Element von Vitamin B12 bekannte Cobalt wird in den roten Blutzellen und den Körperorganen gespeichert, vor allem in der Leber. Es ist für eine gesunde Produktion roter Blutzellen essenziell. Cobalt ist reichlich in Innereien, Schalentieren, Fleisch und Milchprodukten vorhanden.

Kupfer – Dieser Mineralstoff ist für viele Körperfunktionen von Bedeutung, etwa die Hämoglobinproduktion, Kollagenbildung, Enzymbildung, Aminosäureumwandlung, Schilddrüsenhormonumwandlung und die Funktion des Nervensystems. Um richtig zu wirken, muss es in richtiger Balance mit Zink stehen. Kupfer ist in Leber und anderen Innereien sowie in Schalentieren zu finden.

Jod – Das für die ordentliche Schilddrüsenfunktion und die Produktion von Schilddrüsenhormonen verantwortliche Jod ist auch in die Gesundheit des Immunsystems involviert. Alle aus dem Meer stammenden Lebensmittel haben in der Regel einen hohen Jodgehalt, z. B. Fisch, Schalentiere und Algen.

Eisen – Dieser Mineralstoff ist ein essenzieller Bestandteil von Hämoglobin (ein Element des Blutes), das für den Sauerstofftransport durch den Körper verantwortlich ist. Eisen ist außerdem eine Komponente einiger wichtiger Enzyme, die mit der Energieproduktion zusammenhängen, mit dem Proteinstoffwechsel und einem gesunden Immunsystem. Zu reichhaltigen Eisenquellen gehören Innereien, rotes Fleisch und Blattgemüse.

Mangan – Das in den aktiven Stoffwechselorganen des Körpers gespeicherte Mangan wird häufig übersehen, ist für viele Körperfunktionen aber unheimlich wichtig. Mangan ist für viele Enzymfunktionen essenziell, welche die Energieproduktion, den Proteinstoffwechsel, die Knochenbildung und die Entgiftung beeinflussen. Gute Manganquellen in der Ernährung sind unter anderem Knoblauch und Blattgemüse.

Molybdän – Als ein wichtiger Teil des Stickstoff-fixierenden Prozesses, dank dem Pflanzen gut wachsen, wurde Molybdän kürzlich auch nachgewiesen, dass es essenzielle Funktionen im menschlichen Körper hat. Es spielt eine Rolle für die Funktion mehrerer bekannter, mit dem Kohlenhydratstoffwechsel in Verbindung stehender Enzyme, die Antioxidation und Entgiftung. Molybdän kann im Rahmen der Ernährung über Leber und andere Innereien, Blattgemüse, Eier, Kerne und Samen sowie Hülsenfrüchte aufgenommen werden.

Selen – Dieser Mineralstoff hat eine dramatische Geschichte: Früher galt Selen als toxisch und erst vor einiger Zeit stellte sich heraus, dass es nicht nur gut für den Körper ist, sondern sogar essenziell für unsere Gesundheit. Selen ist eine Komponente eines antioxidativen Systems, das unsere Körper vor Zellabbau schützt. Außerdem fungiert es als krebshemmender Wirkstoff, hilft bei der Umwandlung der Schilddrüsenhormone und fördert die Fruchtbarkeit. Selen ist in Innereien (vor allem Niere), Fisch, Schalentieren und auch in Lebensmitteln wie Reis, Knoblauch und Paranüssen zu finden.

Silizium – Silizium ist der in der Erdkruste am häufigsten vorkommende Mineralstoff und sehr hart. Unser Körper nutzt ihn für Struktur und Stabilität. Silizium stärkt Gewebe wie Haare, Nägel, Haut, Sehnen, Arterien und anderes Bindegewebe. Man kommt über den Verzehr ballaststoffreicher Lebensmittel daran, z. B. Kopfsalat, Avocado und dunkelgrünes Blattgemüse.

Zink – Zink ist ein richtiger Allrounder und für Zellfunktionen im ganzen Körper verantwortlich. Zink ist wichtig für die Entgiftung, Energieproduktion, Knochen- und Zahnstruktur, Schilddrüsenhormonumwandlung, Fruchtbarkeit, Verdauung, Immunfunktion, den Geschmackssinn und die Regulation des Blutzuckerspiegels – um nur ein paar Bereiche zu nennen. Gute Zink-Lieferanten sind unter anderem Leber und Schalentiere (besonders Austern), sowie rotes Fleisch und Geflügel.

FETTE UND ÖLE

Zwar habe ich mich in der bisherigen Diskussion über Nährstoffe vor allem auf Mikro- und nicht auf Makronährstoffe wie Proteine, Fette und Kohlenhydrate konzentriert, ich möchte aber doch ein paar Punkte zu Fetten und Ölen zur Sprache bringen, da sie mit Qualität und dem Kochen zu tun haben. Die meisten Lebensmittel enthalten etwas Fett, besonders konzentriert ist es jedoch in tierischen Lebensmitteln, Nüssen, Kernen und Samen sowie in bestimmten Früchten, etwa Oliven und Avocados. Tiere brauchen ihre Fettspeicher, um den Winter zu überleben. Nüsse, Kerne und Samen brauchen Fette, um zu keimen und zu sprossen. In der menschlichen Ernährung hilft Fett bei der Verdauung und Absorption von Nährstoffen, bietet eine reichhaltige Energiequelle für unsere Körper, sättigt uns und liefert uns die Rohmaterialien für Struktur im Körper (zum Beispiel dem Gehirn). Fett ist zwar seit Jahrzehnten als Quelle vieler gesundheitlicher Probleme verschrien, der Konsum der richtigen Art hochwertigen Fetts kann sich aber positiv auf unsere Gesundheit auswirken, statt ihr zu schaden.

Gesättigte und ungesättigte Fettsäuren

Eine Diskussion der Qualität und Zusammensetzung von Fett ist unmöglich ohne die Erwähnung von Fettsäuren, bei denen es sich um kettenähnliche Komponenten handelt, die diese Fette ausmachen. Abhängig davon, aus wie vielen Gliedern diese Ketten zusammengesetzt sind, sind sie entweder kurz (2-5 Glieder), mittel (6-12 Glieder) oder lang (14-22 Glieder). Sie werden aber nicht nur über die Kettenlänge klassifiziert, sondern auch als gesättigt oder ungesättigt. Fette, die alle möglichen Wasserstoffatome enthalten, gelten als gesättigt, die Fette, bei denen das nicht der Fall ist, gelten als ungesättigt.

Ob ein Fett vor allem aus gesättigten oder ungesättigten Fettsäuren entsteht, kann man an seinem Aussehen erkennen. Butter und Kokosfett sind z. B. vorwiegend gesättigt – bei Raumtemperatur sind sie fest. Traubenkern- oder Rapsöl sind hingegen vorwiegend ungesättigt. Sie behalten ihren flüssigen Zustand bei verschiedenen Temperaturen bei – vom Kühlschrank zur heißen Bratpfanne (trotzdem sind diese ungesättigten Fettsäuren nicht ideal zum Kochen).

Da ihre Wasserstoffverbindungen »eingespannt« sind, verhalten gesättigte Fettsäuren sich besonders stabil, wenn sie Licht und Hitze ausgesetzt sind (das sind die Fette, die man beim Kochen verwenden sollte). Ungesättigte Fettsäuren sind dagegen weniger stabil und anfälliger für Schäden, weil sie diese »freien« Wasserstoffverbindungen haben, die darauf aus sind, mit ihrer Umgebung zu interagieren

– in Form von Oxidation. Das bedeutet, dass ungesättigte Fettsäuren richtig verarbeitet, gelagert und vorsichtig zubereitet werden müssen, damit sie ihre Integrität nicht verlieren.

Ungesättigte Fettsäuren können weiter nach dem Grad ihrer »Nichtsättigung« aufgegliedert werden. Wenn die Fettsäure bis auf einen freien Platz für ein Wasserstoffatom gesättigt ist, gilt sie als einfach ungesättigt (MUFA, vom Englischen *monounsaturated fatty acid*). Wenn sie mehr als einen Platz für Wasserstoffatome frei hat, handelt es sich um eine mehrfach ungesättigte Fettsäure (PUFA, vom Englischen *polyunsaturated fatty acid*). Das ist wichtig, denn je ungesättigter eine Fettsäure ist, umso empfänglicher ist sie für oxidative Schäden.

Moderne industriell verarbeitete Lebensmittel verlassen sich stark auf mehrfach ungesättigte Fettsäuren, die von Natur aus instabil sind. Dieses Problem hat dazu geführt, dass sich in der Lebensmittelproduktion der Prozess der Hydrierung (Fetthärtung) entwickelt hat, um die Produkte zu stabilisieren. Bei dieser Methode wird Wasserstoff verwendet, um ansonsten natürlich ungesättigte Fettsäuren in gesättigte Fettsäuren umzuwandeln – die sogenannten Transfette. In Studien wurde Transfetten nachgewiesen, dass sie Probleme im Herz-Kreislauf-System verursachen können, z. B. Gefäßverkalkung. Obwohl viele Lebensmittelhersteller inzwischen auf die Verwendung von Transfetten verzichten, werden die instabilen mehrfach ungesättigten Fettsäuren weiterhin flächendeckend eingesetzt.

Mehrfach ungesättigte Fettsäuren Omega-3, -6, und -9

Zum Thema mehrfach ungesättigter Fettsäuren ist noch zu sagen, dass es eine weitere Differenzierung zu beachten gibt. Die genaue Positionierung der freien Plätze in der Kette bestimmt, ob es sich um eine Omega-3- (am 3. Glied der Kette), Omega-6- (am 6. Glied) oder eine Omega-9-Fettsäure (am 9. Glied) handelt. Bei zwei dieser langkettigen Fettsäuren handelt es sich um essenzielle Fettsäuren (»essenziell« bedeutet hier, dass wir sie über die Ernährung aufnehmen müssen). Einmal die Linolensäure (LA), eine Omega-6-Fettsäure, und zweitens die Alpha-Linolensäure (ALA), eine Omega-3-Fettsäure.

Als Nächstes sind da drei wichtige langkettige, nicht-essenzielle Fettsäuren: Arachidonsäure (AA, vom Englischen *arachidonic acid*), Eicosapentaensäure (EPA, vom Englischen *eicosapentaenoic acid*) und Docosahexaensäure (DHA, vom Englischen *docosahexaenoic acid*). Die erste gehört in die Kategorie der Omega-6-Fettsäuren, die beiden anderen sind Omega-3-Fettsäuren. Unser Körper kann zwar jede Omega-3- oder Omega-6-Fettsäure in eine andere Omega-3- oder Omega-6-Fettsäure umwandeln, diese Umwandlung ist unter Umständen aber ineffizient (häufig weniger als 5 %) – es ist also wichtig, Fettsäuren über die Ernährung aufzunehmen. Die besten Lieferanten dieser drei Fettsäuren sind Fisch und Meeresfrüchte, Fleisch und Geflügel.

Im Rahmen einer typischen westlichen Ernährung ist die Versorgung mit Omega-6-Fettsäuren schnell sichergestellt, an Omega-3-Fettsäuren zu kommen, ist hingegen deutlich schwieriger. Da bei der industriellen Verarbeitung von Lebensmitteln vor allem pflanzliches Öl und andere minderwertige Fette eingesetzt werden, nehmen wir Omega-6- und Omega-3-Fettsäuren im Allgemeinen im Verhältnis 16:1 auf. In der Ernährung unserer Vorfahren lag dieses Verhältnis dagegen ungefähr zwischen 4:1 und 1:1. Die meisten Ernährungswissenschaftler sind der Meinung, dass der letztgenannte Bereich optimal für uns Menschen ist. Um dieses Verhältnis zu optimieren, ist es nötig, dass wir unseren Konsum von Omega-6-Fettsäuren (industriell verarbeiteten Lebensmitteln, Getreide, Nüsse, Kerne und Samen sowie pflanzliches Öl) einschränken und den Verzehr von hochwertigen tierischen Fetten (zum Beispiel von Weidevieh) sowie Schalentieren und fettigen Kaltwasserfischen erhöhen.

Hier die Erkenntnis: Das Verhältnis von Omega-3- zu Omega-6-Fettsäuren in unserer Ernährung ist wichtiger als die Menge Fett, die wir zu uns nehmen, oder das Verhältnis von gesättigten zu ungesättigten Fettsäuren. Das trifft vor allem auf Menschen zu, die versuchen, Entzündungen in den Griff zu bekommen.

Tabelle: Fette und Öle

Vollwertige Fette und Öle bestehen in der Regel aus einer Kombination von gesättigten, einfach ungesättigten und mehrfach ungesättigten Fettsäuren, sind im Folgenden aber dem höchsten Gehalt an Fettsäuren entsprechend in Kategorien eingeteilt.

Gesättigte Fettsäuren	Einfach ungesättigte Fettsäuren	Mehrfach ungesättigte Fettsäuren
Rindertalg Fette aus Milcherzeugnissen Kakaobutter Kokosfett Palmöl	Avocadoöl Rapsöl Macadamianussöl Olivenöl Entenschmalz Schweineschmalz Hühnerfett	Maiskeimöl Leinöl Traubenkernöl Reiskeimöl Färberdistelöl Sesamöl Sojaöl Sonnenblumenkernöl Walnussöl

Generell ist es am besten, gesättigte Fettsäuren für das Kochen zu verwenden, hochwertige, einfach ungesättigte Fettsäuren für bei niedriger Temperatur gegarte Speisen und kalte Zubereitungen (z. B. Dressings) und mehrfach ungesättigte Fettsäuren zu vermeiden, die nicht in ihrer natürlichen Form (z. B. als fettiger Kaltwasserfisch) vorliegen.

SEKUNDÄRE PFLANZENSTOFFE

Bei sekundären Pflanzenstoffen (auch Phytochemikalien oder Phytamine genannt) handelt es sich um von Pflanzen produzierte Chemikalien, die Vorteile für die Gesundheit mit sich bringen, wenn wir sie essen, die aber nicht auf die gleiche Art und Weise als essenziell gelten wie Vitamine und Mineralstoffe. Bisher sind über 10 000 sekundäre Pflanzenstoffe identifiziert und in der medizinischen

Forschung beginnt man gerade erst, sich genauer damit zu beschäftigen, wie sich diese Verbindungen auf unsere Gesundheit auswirken.

In Pflanzen ist es die Aufgabe der sekundären Pflanzenstoffe, ihnen leuchtende Farben zu verleihen und bei der Krankheitsresistenz zu helfen, sie zu stärken und fruchtbarer zu machen. Bei uns Menschen wirken die meisten sekundären Pflanzenstoffe als Antioxidantien, d. h. sie verlangsamen die Schäden, die dem Körper durch freie Radikale und andere Oxidantien zugefügt werden (daher auch der Begriff: Antioxidantien). Im Folgenden eine Liste der am besten untersuchten Kategorien sekundärer Pflanzenstoffe, von denen bekannt ist, dass sie sich auf die menschliche Gesundheit auswirken:

Carotinoide – Diese Kategorie von Pigmenten im gelben, roten und orangenen Spektrum wird von Pflanzen und Algen zum Schutz vor den Sonnenstrahlen verwendet, sodass sie Energie kreieren können.

- **Beta-Carotin –** Einer der am besten untersuchten Vertreter der Familie der Carotinoide. Beta-Carotin kann vom Körper in Vitamin A verwandelt werden (wenn auch ineffizient). Beta-Carotin kommt in gelben und orangefarbenenen Lebensmitteln vor, z. B. Möhren und Kürbis.

- **Lycopin, Lutein und Zeaxanthin –** Diese Pigmente absorbieren blaues Licht, dem nachgewiesen wurde, Zellschäden zu verursachen. Sie kommen in roten oder rosafarbenen Lebensmitteln vor, z. B. Tomaten, Grapefruit, Pfirsich und Wassermelone.

Polyphenole – Diese in den Blättern konzentrierten Verbindungen unterstützen die Pflanzen bei der Selbstverteidigung. Sie sind für ihre intensive antioxidative Wirkung bekannt und die größte Gruppe sekundärer Pflanzenstoffe in der Ernährung.

- **Resveratrol –** Diese Verbindung wirkt zusammen mit Glutathion als Antioxidans. Sie kommt in Blaubeeren, Cranberrys, Weintrauben und Schokolade vor.

- **Curcumin –** Das Lebensmitteln eine leuchtend orange-gelbe Farbe verleihende Curcumin ist in Gelbwurz (Kurkuma) zu finden. Dieser Verbindung wurden entzündungshemmende, die Gehirnfunktion steigernde Wirkungen zugeschrieben.

- **Flavonoide –** Zu dieser Kategorie von Polyphenolen gehören antioxidative Verbindungen wie Quercetin, Rutin und Hesperidin, die vermutlich die Gehirnfunktion fördern sowie Entgiftungsprozesse und die Immunfunktion unterstützen.

Glucosinolate – Diese auch unter der Bezeichnung Senfölglycoside bekannten schwefelhaltigen Verbindungen kommen in Pflanzen aus der Familie der Kreuzblütengewächse vor (z. B. Weißkohl, Grünkohl, Senf und Brokkoli). Diese Familie sekundärer Pflanzenstoffe ist besonders wirkungsvoll, wenn es um das Unterstützen von Entgiftungsprozessen geht, und hat außerdem krebshemmende Vorteile und ist gut für das Herz-Kreislauf-System.

Wir haben immer noch viel über diese faszinierenden Verbindungen zu lernen, die in farbenfrohem Obst und Gemüse vorkommen. Doch bevor Sie sich im Detail verlieren, versuchen Sie einfach eine große Auswahl stark pigmentierter pflanzlicher Lebensmittel in Ihre Ernährung zu integrieren sowie wild gewachsene oder ungewöhnliche Pflanzen. So stellen Sie sicher, dass Sie viele sekundäre Pflanzenstoffe zu sich nehmen, um Ihre Gesundheit so gut wie möglich zu fördern!

BALLASTSTOFFE

Bei Ballaststoffen handelt es sich, in einfachen Worten, um die Kohlenhydratkomponente von Gemüse, die nicht verdaut werden kann. Diese Komponente wird von den Pflanzen als strukturelle Stütze kreiert und wann immer wir pflanzliche Lebensmittel in ihrer vollwertigen Form zu uns nehmen, essen wir diese Ballaststoffe. Wir können Ballaststoffe zwar nicht verdauen und werden daher nicht mit Energie versorgt, wenn wir sie essen, Studien haben aber ergeben, dass es sehr gesund ist, viele Ballaststoffe in die Ernährung zu integrieren.

Ballaststoffe können in zwei Hauptkategorien untereilt werden. Einmal lösliche Ballaststoffe, d. h. solche, die sich in Wasser auflösen und dabei eine gelähnliche

Substanz bilden, die einen verlangsamenden Effekt auf die Gastrointestinalmotilität hat. Einige Beispiele für Lebensmittel mit hoher Nährstoffdichte und löslichen Ballaststoffen sind Rosenkohl, Avocados, Äpfel, Bananen und Beeren. Unlösliche Ballaststoffe hingegen sorgen für Masse im Stuhl und tendieren daher zur Beschleunigung der Bewegung durch den Verdauungstrakt. Einige Beispiele für nährstoffdichte Lebensmittel, die unlösliche Ballaststoffe enthalten, sind Nüsse, Kerne und Samen und Steckrüben. Über die Eigenschaften löslich oder unlöslich hinaus können beide Arten Ballaststoffe außerdem vergoren (fermentiert) werden, sodass sie zur Nahrung der Bakterien in unserem Verdauungstrakt werden.

Ballaststoffe sind zwar nicht als ein essenzieller Nährstoff klassifiziert, in Studien wurde aber nachgewiesen, dass eine ballaststoffreiche Ernährung das Fortschreiten vieler Krebsarten verlangsamte, gegen Herzerkrankungen vorbeugt und die Entzündungswerte im Körper senkt. Lösliche Ballaststoffe sind offenbar großartige Nahrung für unsere Darmflora und senken die Cholesterinwerte. Unlösliche Ballaststoffe sind sättigend und unterstützen Entgiftungsprozesse.

Am besten nimmt man Ballaststoffe über eine vollwertige Ernährung auf, denn zusammen mit dieser ordentlichen Dosis Ballaststoffe versorgen Obst und Gemüse uns jeweils mit ihrer besonderen Auswahl an Vitaminen, Mineralstoffen und sekundären Pflanzenstoffen. Lebensmittel mit einem höheren Ballaststoffgehalt haben in der Regel auch einen geringeren Glykämischen Index, helfen also bei der Stabilisierung der Blutzuckerwerte. Hier eine gute Faustregel: Füllen Sie Ihren Teller zu drei Vierteln mit Obst und Gemüse und achten Sie dabei auf Abwechslung und die Rotation zwischen gegarten und rohen Erzeugnissen, um eine ordentliche Menge Ballaststoffe in Ihre Ernährung zu integrieren.

TABELLE: NÄHRSTOFFLIEFERANTEN

Auf der rechten Seite eine Liste wichtiger Vitamine und Mineralstoffe, die in diesem Kapitel behandelt wurden, zusammen mit einer Liste an Lebensmitteln, die man in die Ernährung integrieren kann, um sich mit den entsprechenden Nährstoffen zu versorgen. Lebensmittel in der Kategorie »Ordentlicher Lieferant« enthalten eine Menge des jeweiligen Nährstoffs, die zwar erwähnenswert ist, sollten aber nicht die einzige Quelle für diesen Nährstoff sein. Lebensmittel in der Kategorie »Guter Lieferant« sind für eine ausreichende Versorgung mit dem entsprechenden Nährstoff wahrscheinlich genug – solange man sie häufig zu sich nimmt. Die Lebensmittel in der Spalte »Bester Lieferant« bieten die größten Mengen der entsprechenden Nährstoffe, d. h. man kann sie deutlich seltener essen als die Lebensmittel aus den Kategorien »Ordentlicher« und »Guter Lieferant«.

Fettlösliche Vitamine

	BESTER LIEFERANT	GUTER LIEFERANT	ORDENTLICHER LIEFERANT
Vitamin A	Rinderleber Hühnerleber Aal Fischleber Lebertran Lammleber Schweineleber Putenleber	Rinderniere Möhren Grünkohl Rogen	Rote Bete-Grün Butter Butternusskürbis Blattkohl Löwenzahnblätter Eier Kopfsalat Breitblättriger Senf Speisekürbis Spinat Mangold Steckrüben-Grün
Vitamin D	Direktes Sonnenlicht	Seewolf Fischleber Lebertran Hering Austern Schweineschmalz von Weidetieren Rogen Sardinen Garnelen	Rinderniere Rinderleber Venusmuscheln Kabeljau Flunder Seezunge
Vitamin E	Olivenöl Rotes Palmöl	Abalone (Seeohr) Meeresschnecken Aal Maracuja Rogen Schnapper	Avocado Anchovis Rindertalg Rote Bete-Grün Blattkohl Löwenzahnblätter Entenschmalz Lammtalg Radicchio Taro Steckrüben-Grün
Vitamin K	Rucola Rote Bete-Grün Rosenkohl Blattkohl Löwenzahnblätter Endiviensalat Fermentierte Lebensmittel Grünkohl Kopfsalat Breitblättriger Senf Radicchio Spinat Frühlingszwiebeln Mangold Steckrüben-Grün Brunnenkresse	Grüner Spargel Brokkoli Weißkohl Knollensellerie Lauch Olivenöl	Bananen Knollensellerie Gurken Granatapfel Rhabarber

Wasserlösliche Vitamine

	BESTER LIEFERANT	GUTER LIEFERANT	ORDENTLICHER LIEFERANT
Vitamin B1	Rinderniere Paranüsse Cashewkerne Gänseleber Lammniere Schweineherz	Antilopenfleisch Esskastanien Hühnerleber Haselnüsse Lammniere Schweineherz	Rindfleisch Seewolf Hähnchenfleisch Entenfleisch Macadamianüsse Gelbflossen-Thunfisch Walnüsse
Vitamin B2	Schweinefleisch Rogen Sesamsamen Wildbret	Rinderherz Hähnchenherz Lammherz Schweineherz	Mandeln Anchovis Antilope Rindermilz Milchprodukte Ziegenfleisch Makrele Pilze Schweineschulter Rogen Lachs
Vitamin B3	Rinderniere Rinderleber Hühnerleber Lammniere Lammleber Schweineniere Schweineleber Putenleber	Rindfleisch Hühnerleber Lammfleisch Makrele Lachs Sardinen Schwertfisch Thunfisch	Hähnchenfleisch Straußenfarn Heilbutt Pilze Fasan Schweinefleisch Kaninchen Putenfleisch
Vitamin B5	Anchovis Rinderleber Lammleber Schweineleber	Mandeln Rinderniere Hähnchenherz Lammniere Pilze Schweineherz Schweineniere Rogen	Avocado Rinderherz Hähnchenfleisch Milchprodukte Datteln Eier Lammherz Hummer Schweinefleisch Pute Walnüsse Wassermelone
Vitamin B6	Rinderleber Hühnerleber Lammleber Schweineleber Putenleber	Avocado Bananen Rindfleisch Bisonfleisch Knoblauch Haselnüsse Lammfleisch Schweinefleisch Lachs Putenfleisch	Speck Wolfsbarsch Hähnchenfleisch Kokosmilch Kabeljau Krebsfleisch Johannisbeeren Datteln Makrele Tintenfisch Sardinen Schnapper Thunfisch

	BESTER LIEFERANT	GUTER LIEFERANT	ORDENTLICHER LIEFERANT
Biotin (B7)	Rinderleber Lammleber Schweineleber Putenleber Walnüsse	Rinderleber Rinderniere Austern Rogen	Artischocke Mandeln Avocado Blumenkohl Johannisbeeren Milchprodukte Fisch Himbeeren Walnüsse
Folsäure (B9)	Hühnerleber Eier Lammniere Lammleber Nährhefe	Avocado Rinderniere Brokkoli Rosenkohl Weißkohl Blumenkohl Lammniere Spinat	Mandeln Grüner Spargel Runkelrübe Gurken Haselnüsse Kopfsalat Pilze Pastinaken Erbsen Radieschen Frühlingszwiebeln Süßkartoffeln Tomaten Walnüsse
Vitamin B12	Rindfleisch Rinderherz Rinderleber Venusmuscheln Hähnchenherz Hühnerleber Lammfleisch Lammherz Lammleber Sardinen	Wolfsbarsch Bisonfleisch Hering Makrele Austern Schweineherz Schweineleber Rogen Lachs Schnapper Thunfisch Putenherz Putenleber	Hähnchenfleisch Heilbutt Schweinefleisch Kaninchen Jakobsmuscheln Garnelen Schwertfisch Forelle Putenfleisch
Vitamin C	Cantaloupe-Melone Johannisbeeren Grüne Paprika Guave Grünkohl Petersilie	Äpfel Rindermilz Kalbsbries Brombeeren Brokkoli Rosenkohl Blumenkohl Kirschen Zitrone Loganbeere Mandarinen Breitblättriger Senf Birnen Kochbananen Erdbeeren Valencia-Orange	Rote Bete-Grün Weißkohl Hühnerleber Clementinen Gurken Löwenzahnblätter Knoblauch Kohlrabi Navel-Orangen Radieschen Himbeeren Rogen Steckrüben Spinat Sternfrucht/Karambola Mangold

Mineralstoffe

	BESTER LIEFERANT	GUTER LIEFERANT	ORDENTLICHER LIEFERANT
Kalzium	Anchovis Petersilie Rogen Sardinen Sesamsamen	Rucola Knochenmarkbrühe Blattkohl Milchprodukte Löwenzahnblätter Knoblauch Frühlingszwiebeln Grünkohl Miesmuscheln Austern Garnelen Lachs Steckrüben-Grün	Mandeln Rote Bete-Grün Paranüsse Stängelkohl Datteln Breitblättriger Senf Rhabarber Radieschen Jakobsmuscheln Spinat Brunnenkresse
Chrom	Eigelb Nährhefe	Äpfel Rindfleisch Schwarzer Pfeffer Käse Leber Austern Wein	Butter Eiweiß Orangen Kartoffeln Spinat
Kupfer	Rinderleber Lammleber Hummer Nährhefe Austern Tintenfisch	Rinderherz Rinderniere Hühnerleber Venusmuscheln Krebsfleisch Lammherz Schweineleber Garnelen	Avocado Paranüsse Hähnchenherz Kokosfleisch Datteln Straußenfarn Knoblauch Grünkohl Hummer Pilze Petersilie Radicchio Rosinen Steckrüben-Grün
Jod	Seetang Wakame	Kabeljau Schellfisch Hering Nori Austern Jakobsmuscheln	Venusmuscheln Krebsfleisch Hummer Makrele Miesmuscheln Garnelen Sardinen Lachs Thunfisch

	BESTER LIEFERANT	GUTER LIEFERANT	ORDENTLICHER LIEFERANT
Eisen	Rinderleber Hühnerleber Venusmuscheln Lammleber Schweineleber Rogen Kurkuma	Rinderherz Rinderniere Hähnchenherz Lammherz Lammniere Miesmuscheln Tintenfisch Austern Schweineherz Schweineniere	Mandeln Grüner Spargel Rindfleisch Rote Bete-Grün Cashewkerne Kokosnuss Löwenzahnblätter Ingwer Topinambur Lauch Kaki Pistazien Kaninchen Sardinen Jakobsmuscheln Garnelen Spinat
Magnesium	Paranüsse Kakao Meeresschnecken Schnecken	Mandeln Rote Bete-Grün Kokosnuss Heilbutt Makrele Seelachs Petersilie Portulak Rogen Sardinen Spinat Mangold Thunfisch Walnüsse	Avocado Artischocken Bananen Wolfsbarsch Brombeeren Kabeljau Krebsfleisch Datteln Ingwer Grünkohl Breitblättriger Senf Austern Kochbananen Himbeeren Rhabarber Garnelen Erdbeeren Taro Steckrüben-Grün Winterkürbisse
Mangan	Kokosnuss Knoblauch Grünkohl Weichtiere Pastinaken	Brombeeren Kokosmilch Austern Ananas Himbeeren Multbeeren Süßkartoffeln	Rote Bete-Grün Brokkoli Venusmuscheln Endivien Lauch Kochbananen Erdbeeren Mangold Taro Steckrüben-Grün Yamswurzel

	BESTER LIEFERANT	GUTER LIEFERANT	ORDENTLICHER LIEFERANT
Kalium	Spinat Bananen Rote Bete-Grün Kakao Datteln Durian Petersilie Pistazien Kochbananen Dörrpflaumen Rosinen Spinat Sultanas Taro Yamswurzel	Mandeln Paranüsse Avocado Bambussprossen Wolfsbarsch Kokosnuss Löwenzahnblätter Fenchel Knoblauch Ingwer Guave Heilbutt Topinambur Grünkohl Portulak Rhabarber Lachs Sardinen Schnapper Forelle Thunfisch Walnüsse	Aprikosen Artischocken Rucola Rindfleisch Runkelrübe Brokkoli Rosenkohl Möhren Blumenkohl Knollensellerie Hähnchenfleisch Milchprodukte Kohlrabi Kiwi Pilze Breitblättriger Senf Pastinaken Maracuja Schweinefleisch Speisekürbis Süßkartoffeln Mangold Brunnenkresse
Selen	Anchovis Rinderniere Lammniere Schweineniere Austern Hummer Rogen Thunfisch	Wolfsbarsch Seewolf Kabeljau Hühnerleber Krebsfleisch Schellfisch Makrele Seelachs Lachs Sardinen Garnelen Schnapper Kalmar Schwertfisch Tilapia	Rindfleisch Bisonfleisch Seewolf Hähnchenfleisch Venusmuscheln Aal Knoblauch Lammfleisch Hecht Schweinefleisch Jakobsmuscheln Stör Putenfleisch Renke
Sulfur	Krebsfleisch Hummer Miesmuscheln Jakobsmuscheln	Rindfleisch Hähnchenfleisch Eier Austern Schweinefleisch Lachs Sardinen	Rosenkohl Weißkohl Knoblauch Lauch Zwiebeln Spinat

	BESTER LIEFERANT	GUTER LIEFERANT	ORDENTLICHER LIEFERANT
Zink	Krebsfleisch Austern Schweineleber	Rindfleisch Hähnchenherz Hühnerleber Lammherz Lammleber Lammfleisch Hummer Schweinefleisch und Innereien Putenfleisch	Mandeln Anchovis Paranüsse Hähnchenfleisch Venusmuscheln Kakao Kokosnuss Milchprodukte Knoblauch Weichtiere Sardinen Walnüsse

PROTEINE VERGLEICHEN

Außer den Listen mit gewöhnlichen Lebensmitteln, die spezifische Mikronährstoffe auf den Tisch bringen, wollte ich noch eine Tabelle abdrucken, die dabei helfen soll, den Nährstoffvergleich zwischen gewöhnlichen Proteinquellen wie Hähnchen- und Rindfleisch sowie nährstoffdichteren Lebensmitteln zu visualisieren. Die Aufschlüsselung der Nährstoffe von Hähnchenbrust und Sardinen im Vergleich kennen Sie bereits vom Anfang dieses Kapitels, aber ich wollte noch einen Schritt weiter gehen und Lebensmittel, die seltener gegessen werden, aber eine hohe Nährstoffdichte haben (z. B. Leber), präsentieren.

In der Kategorie nährstoffdichter Zutaten habe ich mich für Rinder- und Hühnerleber entschieden, da diese von rotem Fleisch und Geflügel die Lebensmittel mit der höchsten Nährstoffdichte sind. Bei Fisch und Meeresfrüchten sind es Sardinen und Austern. Auf der rechten Seite der Tabelle finden Sie die Nährstoffaufschlüsselung von Rindersteak und Hähnchenbrust, zwei häufig verzehrten Proteinquellen, zum Vergleich.

Beim Blick auf diese Tabelle ist der Unterschied im Nährstoffgehalt dieser Protein-Optionen deutlich zu erkennen (ich habe Portionen à 113 g verwendet, da es sich dabei um die typische Portionsgröße einer Mahlzeit handelt). Wie Sie sehen, kann der Verzehr einer der Optionen mit hoher Nährstoffdichte dabei helfen, die empfohlene Tagesmenge vieler wichtiger Nährstoffe einzunehmen, während die gleiche Menge Muskelfleisch das hingegen nicht annähernd sicherstellen kann. Das soll nicht heißen, dass Steak und Hähnchenbrust schlechte Lebensmittel wären, die vermieden werden müssen, aber wenn man sie ausschließlich isst, kann das zu Nährstoffmangel führen. Am besten man sorgt für Abwechslung bei der Wahl der Proteinquellen und achtet darauf, regelmäßig Proteine mit hoher Nährstoffdichte zu essen, z. B. Innereien, Fisch und Schalentiere, damit die Nährstoffspeicher immer gut gefüllt sind.

WAS IST MIT NAHRUNGSERGÄNZUNGSMITTELN?

Vielleicht fragen Sie sich, warum ich nicht vorschlage, ein Multivitaminpräparat einzunehmen oder isolierte Nahrungsergänzungsmittel, um Nährstoffmangel vorzubeugen. Hier fünf Gründe, aus denen ich glaube, dass es besser ist, Nährstoffe über eine vollwertige Ernährung zu beziehen als über Nahrungsergänzungsmittel:

1. **Echte Lebensmittel sind immer die günstigste Option, um an Nährstoffe zu kommen.** Nahrungsergänzungsmittel sind konzentrierte Extrakte von Verbindungen, die neu in ein Produkt verpackt wurden, das in einer therapeutischen Dosierung eingenommen werden soll. Abhängig vom jeweiligen Nährstoff nimmt der Herstellungsprozess des Nahrungsergänzungsmittels eventuell viele Ressourcen in Anspruch – entweder, weil eine große Mengen Rohmaterialien verwendet werden, der Prozess an sich komplex oder arbeitsintensiv ist oder weil übermäßige Mengen Abfälle produziert werden. Indem man Nährstoffe über vollwertige, echte Lebensmittel bezieht, kann man diesen häufig teuren Extraktions- und Isolierungsprozess umgehen.

2. **Echte Lebensmittel enthalten Co-Faktoren, welche die Effekte verstärken, die Absorption verbessern und die Bioverfügbarkeit der Nährstoffe verstärken können.** Ein typisches Problem mit Nahrungsergänzungsmitteln ist folgendes: Selbst wenn die isolierten Extrakte genau das sind, was unser Körper braucht, können sie häufig nicht in der gleichen Menge absorbiert werden wie die in einem vollwertigen Lebensmittel enthaltene entsprechende Verbindung. Dafür gibt es mehrere Gründe. Manchmal enthält das Lebensmittel noch andere Nährstoffe, die bei der Absorption des betreffenden Nährstoffes helfen (Steckrüben sind z. B. ein ordentlicher Eisenlieferant und das darin enthaltene Vitamin C erhöht die Absorption dieses Nährstoffes). Einige echte Lebensmittel regen den Verdauungsprozess auf eine Art und Weise an, welche die Nährstoffabsorption verbessert. Indem man seine Nährstoffe über vollwertige, echte Lebensmittel bezieht, kommt man in den Genuss des Vorteils einer verbesserten Absorption und der vereinten Effekte dieser Co-Faktoren.

3. **Echte Lebensmittel könnten Nährstoffe enthalten, die wir noch nicht identifiziert oder isoliert haben.** Wir wissen zwar eine Menge über

Tabelle: Proteine vergleichen

	113 g Rinderleber	113 g Hühnerleber	113 g Sardinen	113 g Austern	113 g Rindersteak	113 g Hähnchenbrust
Kalzium	6,8 mg	12,5 mg	433,2 mg	9,1 mg	24,9 mg	14,7 mg
Kupfer	16,2 mg	0,6 mg	0,2 mg	1,8 mg	0,1 mg	0,0 mg
Eisen	7,4 mg	13,2 mg	3,3 mg	5,8 mg	1,8 mg	1,0 mg
Magnesium	23,8 mg	28,3 mg	44,2 mg	24,9 mg	26,1 mg	24,9 mg
Mangan	0,4 mg	0,4 mg	0,1 mg	0,7 mg	0,0 mg	0,0 mg
Phosphor	563,6 mg	459,3 mg	555,7 mg	187,3 mg	241,5 mg	176,9 mg
Kalium	399,2 mg	298,2 mg		190,5 mg	385,6 mg	201,8 mg
Selen	40,9 ug	93,4 ug	59,8 ug	87,3 ug	32,7 ug	24,7 ug
Zink	6,0 mg	4,5 mg	1,5 mg	18,8 mg	5,5 mg	1,1 mg
B1 (Thiamin)	0,2 mg	0,3 mg	0,1 mg	0,1 mg	0,1 mg	0,0 mg
B2 (Riboflavin)	3,9 mg	2,3 mg	0,3 mg	0,3 mg	0,2 mg	0,1 mg
B3 (Niacin)	19,9 mg	12,5 mg	5,9 mg	2,3 mg	7,9 mg	8,9 mg
B5 (Pantothensäure)	8,1 mg	7,6 mg	0,7 mg	0,6 mg	0,6 mg	0,6 mg
B6 (Pyridoxin)	1,2 mg	0,9 mg	0,2 mg	0,1 mg	0,7 mg	0,3 mg
B12 (Cobalamin)	80,0 ug	19,1 ug	10,1 ug	18,1 ug	1,6 ug	0,2 ug
Folsäure	286,9 ug	655,4 ug	11,3 ug	11,3 ug	9,1 ug	3,4 ug
Vitamin A	35963,1 IU	15113,7 IU	122,5 IU	306,2 IU	0,0 IU	93,0 IU
Vitamin C	2,2 mg	31,6 mg	0,0 mg	9,1 mg	0,0 mg	0,0 mg
Vitamin D	55,6 IU	0,0 IU	218,9 IU	1,1 IU	31,8 IU	5,7 IU
Vitamin E	0,6 mg	0,9 mg	2,3 mg	1,0 mg	0,5 mg	0,3 mg
Vitamin K	3,7 ug	0,0 ug	2,9 ug	1,1 ug	1,8 ug	0,2 ug
Omega-3-Fettsäuren	0,0 g	0,0 g	1,8 g	0,9 g	0,2 g	0,1 g
Omega-6-Fettsäuren	1,2 g	1,4 g	4,0 g	0,1 g	0,5 g	1,6 g

Übersteigt den Tagesbedarf

100 % Tagesbedarf

75 % Tagesbedarf

50 % Tagesbedarf

Quelle: cronometer.com

essenzielle Vitamine und Mineralstoffe und wie wichtig sie für unsere optimale Gesundheit sind, aber wir wissen sicher noch nicht alles. Indem wir möglichst viele vollwertige Lebensmittel konsumieren, kommen wir auch in den Genuss der Vorteile von Nährstoffen, die wir bisher nicht identifiziert haben.

4. **Echte Lebensmittel enthalten häufig übersehene Verbindungen, die essenziell für die Gesundheit sind.** Das trifft auf Ballaststoffe, Wasser und sekundäre Pflanzenstoffe zu. Den meisten Menschen ist klar, dass viele Vitamine und Mineralstoffe für die optimale Funktion unseres Körpers essenziell sind und diese »Extras« sind bei echten Lebensmitteln immer im Paketpreis enthalten.

5. **Die Wahrscheinlichkeit, dass echte Lebensmittel Füllstoffe und andere ungewünschte Zutaten enthalten, ist deutlich geringer.** Einige dieser Zutaten könnten Allergien auslösen, weil es zu einer Kreuzkontamination mit Zutaten wie Gluten kommt. In anderen Fällen ist ihr Konsum einfach unnötig. Es ist unter Umständen unheimlich schwer, Nahrungsergänzungsmittel zu finden, die in einer garantiert allergen-freien Umgebung produziert wurden und so wenig wie möglich schädliche Zusatz- und Füllstoffe enthalten. Sie haben Probleme, »saubere« Nahrungsergänzungsmittel zu finden? Warum ziehen Sie nicht die sauberste Quelle in Betracht – die ursprünglichen Lebensmittel, aus denen diese Nährstoffe stammen?

Meiner Meinung nach sollten Nahrungsergänzungsmittel zwar nicht die Hauptquelle für Nährstoffe sein, in einigen Fällen sind sie aber unter Umständen hilfreich. Im Folgenden die Situationen, in denen man die Einnahme von Nahrungsergänzungsmitteln (unter professioneller Aufsicht) in Betracht ziehen sollte.

1. **Wenn ein Mangel identifiziert wurde, ist die gezielte Einnahme eines entsprechenden Nahrungsergänzungsmittels unter Umständen die schnellste und effektivste Möglichkeit, diesen Mangel zu beseitigen.** Bei Nährstoffen wie Vitamin D und Eisen ist das nichts Ungewöhnliches. Sobald der Mangel korrigiert wurde, muss das Problem identifiziert werden, das dem Mangel zugrunde lag. Dann kann man sich im Idealfall auf eine gesunde Ernährung und einen gesunden Lebenswandel verlassen, um von diesem Zeitpunkt an eine ausreichende Versorgung mit dem betreffenden Nährstoff sicherzustellen.

2. **Wenn die Verdauung nicht richtig funktioniert und man für den Verdauungsprozess die Unterstützung von Nahrungsergänzungsmitteln braucht.** Sobald das Verdauungsproblem korrigiert wurde, ist es unwahrscheinlich, dass man diese Unterstützung langfristig braucht.

3. **Wenn die Lebensmittel, die man zu sich nimmt, nicht die Nährstoffe enthalten, die man braucht.** Bei einer dem Autoimmunprotokoll ähnlichen Ernährung ist das unwahrscheinlich, aber wenn man bestimmte Lebensmittel nicht ausreichend zu sich nimmt (z. B. Innereien, Fisch oder Schalentiere), sollte man eventuell in Erwägung ziehen, Nahrungsergänzungsmittel für die Nährstoffe einzunehmen, die einem fehlen. Ähnliches gilt, wenn man sich schon lange in der Eliminationsphase befindet und noch kein Glück mit den Wiedereinführungen hatte: Jetzt ist es vielleicht angebracht, Nahrungsergänzungsmittel für Vitamin K2 oder Vitamin E einzunehmen, die in Nüssen, Kernen und Samen, Milchprodukten und Eiern reichlich vorkommen.

4. **Wenn man sich intensiv im Heilungsprozess befindet** und mit einem Arzt für funktionelle Medizin zusammenarbeitet, um komplexe Probleme wie Entzündungen, aus dem

Gleichgewicht geratene Neurotransmitter oder Hormone, Dysbiose, Methylierungsfehlfunktion oder andere Leiden zu beseitigen. Diese Behandlungen sind darauf ausgerichtet, das Gleichgewicht des Körpers wiederherzustellen, während zugrunde liegende Probleme identifiziert und eliminiert werden; in der Regel sind diese Behandlungen nicht langfristig angelegt.

NÄHRSTOFFE UND TIEFGEHENDE HEILUNG

Die optimale Nährstoffversorgung sollte zwar für alle Menschen, die ein gutes Leben führen wollen, wichtig sein, für diejenigen, die unter einer Autoimmunerkrankung oder einer anderen chronischen Erkrankung leiden, spielt Nährstoffdichte aber eine noch größere Rolle. Auf Seite 2 berichte ich über meinen persönlichen Kampf gegen Autoimmunerkrankungen und wie die Umstellung meiner Ernährung mit einem Fokus auf Nährstoffdichte einer der Schlüssel zu meiner Genesung war. Vor meiner Gesundheitskrise hatte ich mich zwar vegan ernährt und aß viel frisches Obst und Gemüse, doch da ich kein Fleisch aß, enthielt ich meinem Körper die Nährstoffe und Materialien vor, die er benötigte, um einen tiefgehenden Heilungsprozess zu unterstützen.

In ihrem bahnbrechenden Buch *Die Paläo-Therapie: Stoppen Sie Autoimmunerkrankungen mit der richtigen Ernährung und werden Sie wieder gesund* legt Dr. Sarah Ballantyne dar, wie ein Nährstoffmangel Autoimmunerkrankungen auslösen oder verschlimmern kann und wie der Fokus auf Nährstoffdichte in der Ernährung eine Rolle dabei spielt, das wieder umzukehren. Das Immunsystem, der Teil unseres Körpers, der dafür verantwortlich ist, mit Pathogenen wie Viren und Bakterien fertigzuwerden, ist bei einer Autoimmunerkrankung gestört. Im Falle einer Autoimmunerkrankung greift das Immunsystem das eigene Gewebe an und schädigt den Körper dabei auf eine Art und Weise, die sich in Symptomen manifestiert.

Wie wirken sich Nährstoffe auf diesen Prozess aus? Zunächst einmal braucht das Immunsystem eine Reihe verschiedener Rohstoffe, um optimal funktionieren zu können. Die Vitamine A, D, C, B6, und B12 sind alle entscheidend, ebenso wie die Mineralstoffe Eisen, Kupfer, Selen und Zink. Diese Nährstoffe spielen alle ihre Rollen dabei, die Epithelbarrieren, die zelluläre Immunität und die Antikörperproduktion instand zu halten. Über die Nährstoffe hinaus, die für eine optimale Immunfunktion benötigt werden, bedeutet die Zerstörung von Gewebe, die mit einer Autoimmunerkrankung einhergeht, dass der Körper noch mehr Nährstoffe benötigt, um diese Schäden zu reparieren und die Organfunktion zu unterstützen.

Nährstoffe liefern den rohen Treibstoff für diesen Heilungsprozess. Hochwertige Proteine, die alle Aminosäuren liefern, bieten die für den Gewebeaufbau sowie den Transport und das Speichern von Nährstoffen im Körper benötigte Struktur. In ähnlicher Weise versorgen Fette uns mit Energie, helfen bei der langfristigen Speicherung von Nährstoffen und sorgen für gesunde, flexible Zellmembranen. Sowohl die mehrfach ungesättigten Omega-6- als auch Omega-3-Fettsäuren spielen eine Rolle bei der Regulierung des Immunsystems und das macht das Verhältnis, in dem sie konsumiert werden (siehe Seite 18), so entscheidend für alle Menschen, die mit Entzündungen zu kämpfen haben (das heißt für alle, die unter einer Autoimmunerkrankung oder einer chronischen Krankheit leiden).

Es ist vielleicht nicht ganz so offensichtlich, aber auch pflanzliche Lebensmittel sind unglaublich wichtig für den Heilungsprozess. Wie wir gelernt haben, können die in farbenfrohem Obst und Gemüse enthaltenen sekundären Pflanzenstoffe dabei helfen, Entzündungen unter Kontrolle zu bekommen und unseren Körper vor Zellschäden zu schützen. Der Verzehr unterschiedlicher pflanzlicher Ballaststoffe unterstützt außerdem unseren Verdauungsprozess und fördert das Wachstum nutzbringender Bakterien in unserem Darm. In vielen Studien wurde ein positiver Zusammenhang zwischen hohen Werten einer wohltätigen Darmflora und besseren Heilungschancen für Menschen mit Autoimmunerkrankungen nachgewiesen.

Wenn Sie einen Weg suchen, Ihren Körper zu heilen, tun Sie sich den Gefallen und ziehen die Nährstoffdichte in Betracht, ganz gleich welche Herangehensweise Sie wählen. Vielleicht wird es Sie überraschen zu erleben, dass Ihr Heilungsprozess vertieft und beschleunigt wird, wenn Sie diesem Prinzip Aufmerksamkeit widmen!

Kapitel 2

DAS AUTOIMMUNPROTOKOLL

Das Hauptaugenmerk dieses Buches liegt zwar auf der im letzten Kapitel erläuterten Nährstoffdichte, die folgende Rezeptsammlung passt aber auch perfekt in den Rahmen des Autoimmunprotokolls (AIP), einer ernährungsspezifischen Intervention für Menschen mit Autoimmunerkrankungen oder chronischen Erkrankungen. Für diejenigen, die das Autoimmunprotokoll nicht kennen, folgt in diesem Kapitel eine kleine Übersicht.

WAS IST DAS AUTOIMMUNPROTOKOLL?

Das Autoimmunprotokoll ist eine ernährungsspezifische Intervention, deren Ziel es ist, zu entdecken, welche Lebensmittel den persönlichen Genesungsprozess am besten unterstützen. Es besteht aus zwei klar getrennten Phasen: Elimination und Wiedereinführung. Während der Eliminationsphase, die in der Regel zwischen dreißig und neunzig Tagen dauert, verzichtet man auf die Lebensmittel, bei denen es sich mit hoher Wahrscheinlichkeit um Trigger handelt oder die problematisch für Menschen mit Autoimmunerkrankungen oder chronischen Erkrankungen sein können. Wenn sich der Gesundheitszustand verbessert hat, geht man in die Phase der Wiedereinführung über, in der man die eliminierten (ausgeschlossenen) Lebensmittel eins nach dem anderen wieder in die Ernährung aufnimmt. Über diesen langsamen, systematischen Prozess entdeckt man die Ernährungsform, die für den persönlichen Heilungsprozess am besten ist.

Wie funktioniert das Autoimmunprotokoll?

Das Autoimmunprotokoll wurde entwickelt, um einen tiefgehenden Heilungsprozess durch Veränderungen der Ernährung aus mehreren Richtungen auf einmal zu unterstützen. Darunter zum Beispiel:

- Komplett auf Lebensmittel zu verzichten, auf die man allergisch ist oder empfindlich reagiert
- Für einen besseren Ausgleich des Blutzuckerspiegels und der Hormonwerte zu sorgen
- Keine Lebensmittel zu sich zu nehmen, die Darminfektionen und Dysbiose begünstigen
- Die Blutwerte essenzieller Nährstoffe wiederherstellen und die gesunden Darmbakterien fördern

Diese Mechanismen arbeiten synergistisch zusammen und helfen dabei, für eine ausgeglichene Darmflora und ein gesundes Immunsystem zu sorgen.

Basiert das Autoimmunprotokoll auf wissenschaftlicher Forschung?

Das Autoimmunprotokoll ging aus den Forschungsergebnissen einiger der fortschrittlichsten Vertreter der funktionellen Medizin und Mitgliedern der Ancestral-Health-Community hervor. Das Protokoll wurde von Dr. Sarah Ballantyne in ihrem Buch *Die Paläo-Therapie: Stoppen Sie Autoimmunerkrankungen mit der richtigen Ernährung und werden Sie wieder gesund* weiter ausgearbeitet. In diesem wichtigen Buch

zitiert Dr. Ballantyne eine unglaubliche Menge an Forschungsergebnissen aus der medizinischen Literatur, legt dar, welche Lebensmittel potenziell problematisch für Menschen mit chronischen Erkrankungen sind, erklärt die zugrunde liegenden Wirkungsmechanismen und präsentiert ein praktisches, tief in der Wissenschaft verwurzeltes Rahmenkonzept zur Orientierung.

Im Jahr 2016 wurde das Autoimmunprotokoll als Intervention bei Patienten mit entzündlichen Darmerkrankungen (das sind Autoimmunerkrankungen, die den Verdauungstrakt angreifen) getestet. Die Teilnehmer der Studie mit dem Titel *Efficacy of The Autoimmunprotocol Diet for Inflammatory Bowel Disease* (Wirksamkeit einer Ernährung nach dem Autoimmunprotokoll bei entzündlichen Darmerkrankungen) wurden durch eine sechswöchige Übergangsphase begleitet, während der sie allmählich Lebensmittel eliminierten, bis sie die komplette Eliminationsphase erreicht hatten. Als Nächstes folgte eine professionell begleitete vierwöchige Phase der Aufrechterhaltung dieser Ernährung. Die im November 2017 im Fachmagazin *Inflammatory Bowel Diseases* publizierten Ergebnisse zeigten nach nur fünf Wochen der Intervention bei 73 % der Patienten mit Crohns oder Colitis ulcerosa eine klinische Remission. Alle Patienten, die nach fünf Wochen eine klinische Remission erlebten, behielten diese durch die Aufrechterhaltungsphase bei. Hier ist erwähnenswert, dass die Studienteilnehmer im Durchschnitt *neunzehn Jahre* unter der jeweiligen Erkrankung gelitten hatten und ihr Zustand bisher durch die typische Behandlung mit biologischen Arzneimitteln nicht hatte verbessert werden können.

Die Ergebnisse dieser Studie zum Autoimmunprotokoll aus dem Jahr 2016 sind zweifelsohne spannend, da sie bestätigen, was viele von uns in der AIP-Community persönlich erlebt haben: Der Einsatz einer Eliminationsdiät mit Fokus auf tiefgehende Heilung kann effektiv sein und eine konventionelle medizinische Behandlung begleiten. Für diejenigen mit Leiden, die sich einer Diagnose häufig entziehen, ist diese Intervention unter Umständen besonders wirksam.

Wie gehe ich zum Autoimmunprotokoll über?

Es gibt zwei Methoden für den Übergang zum Autoimmunprotokoll. Zum einen gibt es die langsame und stetige Herangehensweise, bei der man ein Lebensmittel nach dem anderen eliminiert, bis man die Vorgaben der Eliminationsphase vollkommen erfüllt. Dies ist in der Regel die beste Art des Übergangs (auch, wenn sie am meisten Zeit in Anspruch nimmt), da man mit der Zeit lernt, die Einkaufsgewohnheiten umzustellen, anders zu kochen und die Lebensweise entsprechend anzupassen. Im Allgemeinen finden diejenigen, die diese Herangehensweise wählen, es einfacher und nachhaltiger, die volle Eliminationsphase durchzuhalten, weil sie bereits viel Übung im Planen haben.

Alternativ kann man den kalten Entzug wählen, also von null auf hundert in die Eliminationsphase einsteigen. Wenn man hoch motiviert ist, eine Menge Unterstützung von Freunden und Familie bekommt und viel Zeit und Geld investieren kann, um sich mit den Details vertraut zu machen, kann das die richtige Herangehensweise sein. Falls Sie sich für diesen schnellen Übergang entscheiden, sollten Sie auf jeden Fall zunächst ein paar Tage einplanen, in denen Sie so viel wie möglich über das Protokoll in Erfahrung bringen, einkaufen und bereits für die folgende Woche Mahlzeiten kochen und einfrieren.

ERLAUBT *im* AUTOIMMUNPROTOKOLL

FLEISCH

- Rindfleisch
- Bison
- Elch
- Ziege
- Lamm
- Schweinefleisch
- Kaninchen
- Wild

GEFLÜGEL

- Hähnchen
- Ente
- Stubenküken
- Gans
- Fasan
- Pute

FISCH

- Anchovis
- Seesaibling
- Wolfsbarsch
- Karpfen
- Seewolf
- Kabeljau
- Schellfisch
- Heilbutt
- Hering
- Makrele
- Gemeine Goldmakrele
- Seeteufel
- Lachs
- Sardinen
- Schnapper
- Seezunge
- Schwertfisch
- Tilapia
- Forelle
- Thunfisch

MEERESFRÜCHTE UND ANDERE SCHALENTIERE

- Venusmuscheln
- Krebsfleisch
- Flusskrebs
- Hummer
- Miesmuscheln
- Tintenfisch
- Austern
- Jakobsmuscheln
- Garnelen
- Schnecken
- Kalmare

TIERISCHE FETTE

- Speckfett *(wenn die Zutaten dem Protokoll konform sind)*
- Schweineschmalz *(rohes oder ausgelassenes Fett vom Schweinsrücken oder Nieren)*
- Geflügelschmalz *(von Hähnchen, Ente oder Gans)*
- Nierenfett *(von Rind oder Lamm)*
- Talg *(ausgelassenes Fett von Rind oder Lamm)*

PFLANZLICHE FETTE UND ÖLE

- Avocadoöl
- Kokosfett
- Olivenöl
- Palmöl
- Palmfett
- Rotes Palmöl

BLATTGEMÜSE

- Rucola
- Pak Choi
- Rote Bete-Grün
- Rosenkohl
- Weißkohl
- Staudensellerie
- Blattkohl
- Löwenzahnblätter
- Endiviensalat
- Grünkohl
- Kopfsalat
- Mizuna
- Breitblättriger Senf
- Radicchio
- Spinat
- Mangold
- Steckrüben-Grün
- Brunnenkresse

WURZELGEMÜSE

- Pfleilwurzel
- Runkelrübe
- Möhren
- Maniok
- Knollensellerie
- Daikon
- Knoblauch
- Ingwer
- Meerrettich
- Topinambur
- Yambohne
- Pastinaken
- Radischen
- Steckrüben
- Süßkartoffeln
- Taro
- Erdmandeln
- Kurkuma
- Steckrübe
- Wasabi
- Wasserkastanien
- Yams

ANDERE GEMÜSESORTEN

- Artischocken
- Grüner Spargel
- Brokkoli
- Blumenkohl
- Schnittlauch
- Lauch
- Zwiebeln
- Fenchel
- Rhabarber
- Algen *(z. B. Arame, Nori, Wakame)*
- Schalotten

GEMÜSEÄHNLICHE FRÜCHTE

- Avocado
- Gurken
- Okras
- Oliven
- Kochbananen
- Kürbis
- Sommerkürbisse *(z. B. Zucchini)*
- Winterkürbisse *(z. B. Butternuss, Delicata, Eichelkürbis)*

OBST

- Äpfel
- Aprikosen
- Brombeeren
- Heidelbeeren
- Cantaloupe-Melone
- Cherimoya
- Kirschen
- Clementine
- Kokosnuss
- Cranberrys
- Johannisbeeren
- Datteln
- Durian
- Feigen
- Weintrauben
- Grapefruit
- Guave
- Honigmelone
- Buckelbeere
- Kiwi
- Zitronen
- Limetten
- Mangos
- Maulbeeren
- Nektarinen
- Orange
- Papaya
- Maracuja
- Pfirsiche
- Kaki
- Ananas
- Kochbananen
- Pflaumen
- Granatapfel
- Quitten
- Himbeeren
- Erdbeeren
- Tamarinden
- Mandarine
- Vanilleschoten
- Wassermelonen

PROBIOTISCHE LEBENSMITTEL

- Fermentiertes (Milchsäuregärung) Obst und Gemüse
- Sauerkraut
- Laktosefreier Kefir *(zubereitet mit Obst)*
- Kombucha
- Kvass
- Fermentiertes Fleisch oder Fisch

SPEISEPILZE

- Pfifferlinge
- Champignons
- Morcheln
- Austern
- Steinpilze
- Portabella
- Shiitake
- Trüffel

KRÄUTER UND GEWÜRZE

- Asant
- Basilikum
- Lorbeerblätter
- Kamille
- Kerbel
- Schnittlauch
- Koriandergrün
- Zimt
- Gewürznelken
- Curryblätter
- Dill
- Fenchelgrün
- Knoblauch
- Ingwer
- Meerrettich
- Kaffirlimettenblätter
- Lavendel
- Zitronenmelisse
- Zitronengras
- Macis
- Majoran
- Oregano
- Petersilie
- Pfefferminze
- Rosmarin
- Safran
- Salbei
- Bohnenkraut *(Winter- und Sommer)*
- Grüne Minze
- Estragon
- Tee *(sowohl grün als auch schwarz, bei Kräutertee immer prüfen ob und welche anderen Zutaten darin enthalten sind)*
- Thymian
- Kurkuma
- Vanilleschote

WEITERE KOCHZUTATEN

- Kapern
- Johannisbrotkernmehl
- Kokosaminos
- Kokoskonzentrat *(auch bekannt als Kokosbutter, Manna oder Kokoscreme)*
- Kokosmilch
- Kokosessig
- Fischsoße
- Oliven
- Meersalz
- Essig *(Apfelessig, Balsamicoessig, Rot- und Weißweinessig)*

SÜSSUNGSMITTEL (SELTEN ZU VERWENDEN)

- Honig
- Kokosblütenzucker
- Kokossirup
- Ahornzucker
- Ahornsirup
- Melasse

VERBOTEN *im* AUTOIMMUNPROTOKOLL

GETREIDE UND PSEUDO-GETREIDE

- Amaranth
- Gerste
- Buchweizen
- Mais
- Couscous
- Farro
- Kamut
- Hirse
- Hafer
- Quinoa
- Reis
- Roggen
- Sorghum
- Dinkel
- Teff
- Triticale
- Weizen
- Wildreis

HÜLSENFRÜCHTE

- Adzukibohnen
- Schwarze Bohnen
- Augenbohnen
- Cannellini-bohnen
- Kichererbsen
- Favabohnen
- Grüne Bohnen
- Kidneybohnen
- Linsen
- Limabohnen
- Mungbohnen
- Navybohne (weiße Bohne)
- Pintobohne
- Erbsen
- Erdnüsse
- Sojabohnen *(inklusive Sojaproukte wie Tofu und Sojasoße)*

MILCHPRODUKTE (von Kuh, Ziege, Schaf, etc.)

- Butter
- Buttermilch
- Käse
- Hüttenkäse
- Sahne
- Ghee
- Eiscreme
- Kefir
- Milch
- Sour cream
- Molke
- Schlagsahne
- Joghurt

INDUSTRIELL VERARBEITETE PFLANZENÖLE

- Rapsöl
- Maiskeimöl
- Baumwoll-samenöl
- Palmöl
- Erdnussöl
- Färberdistelöl
- Sonnen-blumenkernöl
- Sojaöl

EIER (Hühner, Enten und andere Spezies)

ALKOHOL

- Bier
- Cider
- Spirituosen *(destilliert aus Getreide, Obst oder Gemüse)*
- Gespriteter Alkohol
- Met
- Sake
- Wein

ZUSATZSTOFFE

- Künstlicher und natürlicher Geschmack
- Künstlicher Farbstoff
- Karragen
- Guaran
- Lecithin
- Mononatriumglutamat *(MNG)*
- Nitrite bzw. Nitrate *(natürlich auftretende sind ok)*
- Phosphorsäure
- Propylenglykol
- Texturiertes Soja
- Transfette
- Xanthan
- Hefeextrakt
- Alle Zutaten, deren Namen man nicht kennt

ALDITOLE UND SÜSSSTOFFE OHNE NÄHRWERT

- Acesulfam-K
- Aspartam
- Erythritol
- Mannitol
- Neotam
- Saccharin
- Sorbit
- Stevia
- Sucralose
- Xylitol

NÜSSE (inklusive daraus gewonnenen Produkten wie Butter, Mus, Mehl, etc.)

- Mandeln
- Paranüsse
- Cashewkerne
- Esskastanien
- Haselnüsse
- Macadamianüsse
- Pekannüsse
- Pistazien
- Walnüsse

KERNE UND SAMEN (inklusive daraus gewonnenen Produkten wie Mehl, Butter, Gewürzen oder Öl)

- Anis
- Kümmel
- Staudenselleriesamen
- Chiasamen
- Kakao
- Kaffee
- Koriandersamen
- Kreuzkümmel
- Dillsamen
- Fenchelsamen
- Bockshornklee
- Flachs
- Hanf
- Senf
- Muskatnuss
- Pinienkerne
- Mohnsamen
- Kürbiskerne
- Sesam
- Sonnenblumenkerne

GEMÜSE AUS DER FAMILIE DER NACHTSCHATTENGEWÄCHSE (inklusive daraus gewonnener Produkte oder Gewürze)

- Schlafbeere (Ashwagandha)
- Paprikapulver
- Cayennpfeffer
- Chilischoten
- Auberginen
- Gojibeeren
- Chilipulver
- Paprika
- Kartoffeln
- Blasenkirschen (Tomatillo)
- Tomaten

OBST- UND BEEREN-GEWÜRZE

- Piment
- Anis
- Kümmel
- Kardamom
- Wacholderbeere
- Pfeffer *(Schwarz, grün, pink oder weiß)*

WIEDEREINFÜHRUNG VON LEBENSMITTELN

Wie lange dauert die Eliminationsphase des Autoimmunprotokolls?

In der Regel sollte man in der Eliminationsphase bleiben, bis man deutliche Verbesserungen spürt. Bei den meisten Menschen dauert das zwischen dreißig und neunzig Tage. Eine frühere Wiedereinführung ist nicht zu empfehlen, da das Immunsystem ausreichend Zeit zur Erholung ohne potenzielle Lebensmittel-Trigger benötigt, damit man eventuelle Reaktionen bei der Wiedereinführung erkennt. Wenn sich nach neunzig Tagen keinerlei Verbesserungen gezeigt haben, ist es an der Zeit, zusammen mit dem behandelnden Arzt zu versuchen herauszufinden, was die Hindernisse sein könnten, die einem positiven Ergebnis im Weg stehen (für mehr Informationen, wie man den richtigen Arzt findet, siehe Seite 349).

Zu den Verbesserungen, die man in der Eliminationsphase bemerkt, gehören zum Beispiel mit der allgemeinen Gesundheit zusammenhängende Faktoren wie mehr Energie, besserer Schlaf, weniger Schmerzen oder erhöhte mentale Schärfe. Vielleicht hängen sie auch direkt mit dem Autoimmunleiden oder der chronischen Erkrankung zusammen, z. B. als ein Rückgang der Symptome, die man sonst ständig erlebte. Es ist wichtig, beim Übergang von der Eliminations- in die Wiedereinführungsphase auftretende Veränderungen zu verfolgen und zu messen. So kann man während der Wiedereinführung eventuell auftretende Trigger in der Ernährung akkurat identifizieren.

Die Bedeutung der Wiedereinführung von Lebensmitteln im Autoimmun-Protokoll

Für diejenigen, die während der Eliminationsphase eine deutliche Verbesserung ihres Gesundheitszustandes verspüren, kann es zwar verlockend sein, sich langfristig weiter so zu ernähren, doch es gibt ein paar Gründe, warum das keine gute Idee ist. *Erstens: Das Ziel ist immer die am wenigsten eingeschränkte Ernährungsform mit den besten Resultaten.* Die erfolgreiche Wiedereinführung weitet die Liste von Lebensmitteln aus, die man genießen kann, und das Wiedereinbeziehen vieler dieser Lebensmittel bedeutet, dass soziale Aktivitäten wie Auswärts-Essen und Feiern leichter werden. Man hat wieder mehr praktische Optionen und einige Lebensmittel bringen eine einzigartige Nährstoffdichte auf den Teller. Nicht alle der am Anfang verbotenen Lebensmittel sind an sich schlecht und es ist tatsächlich so, dass viele Menschen eine große Auswahl an Lebensmitteln wieder einführen können, sodass diese Art der Ernährung letztendlich besser über längere Zeit aufrechterhalten werden kann.

Stufen der Wiedereinführung

Sobald man entschieden hat, dass es Zeit für den Übergang von der Eliminationsphase in die Wiedereinführungsphase ist, muss man zunächst entscheiden, welche Lebensmittel man als erste wieder probiert. Doch statt es mit den Lebensmitteln zu probieren, nach denen man das größte Verlangen hat oder die man am meisten vermisst (z. B. Getreide, Wein oder Tomaten) ist es wichtig, die Wiedereinführung mit den Lebensmitteln zu beginnen, bei denen eine Reaktion am unwahrscheinlichsten ist und welche die Gesundheit gleichzeitig am meisten fördern.

Glücklicherweise hat Dr. Ballantyne in ihrem Buch *Die Paläo-Therapie* die eliminierten Lebensmittel in Kategorien eingeteilt, in denen sie wieder eingeführt werden können. Zur Stufe 1 gehören Lebensmittel, bei denen es am unwahrscheinlichsten ist, dass sie Probleme verursachen, und die gleichzeitig die höchste Nährstoffdichte haben. Mit den Stufen 2, 3 und 4 arbeitet man sich dann Schritt für Schritt auf die Lebensmittel zu, die mit höherer Wahrscheinlichkeit Probleme verursachen und die eine geringere Nährstoffdichte haben.

Die meisten Menschen haben eine ganze Auswahl an Lebensmitteln, die sie gut vertragen. Ich persönlich kann einige der Lebensmittel aus Stufe 1 nicht vertragen, toleriere hingegen aber welche aus der Stufe 4. Hier stellt sich das Autoimmunprotokoll als höchst individualisierter Prozess heraus.

Auf der nächsten Seite sehen Sie eine Tabelle, in der die vorgeschlagenen Stufen der Wiedereinführung zusammengefasst werden, verbunden mit einer Anleitung zur Wiedereinführung.

Tabelle: Stufen der Wiedereinführung

Stufe I	Eigelb Hülsenfrüchte mit essbaren Hülsen Gewürze auf Obst- und Beeren-Basis Gewürze basierend auf Samen/Kernen Kern- und Nussöle Ghee von Tieren aus Weidehaltung
Stufe II	Kerne und Samen Nüsse *(außer Cashew- und Pistazienkernen)* Kakao oder Schokolade Eiweiß Butter von Tieren aus Weidehaltung Alkohol *(in kleinen Mengen)*
Stufe III	Cashew- und Pistazienkerne Aubergine Milde Paprikaschoten Paprikapulver Kaffee Sahne von Tieren aus Weidehaltung Fermentierte Rohmilchprodukte von Tieren aus Weidehaltung *(Joghurt und Kefir)*
Stufe IV	Weitere Milchprodukte von Tieren aus Weidehaltung *(Vollmilch und Käse)* Chilischoten Tomaten Kartoffeln Anderes Gemüse und daraus gewonnene Gewürze von Pflanzen aus der Familie der Nachtschattengewächse Alkohol *(in größeren Mengen)* Weißer Reis Traditionell zubereitete Hülsenfrüchte (eingeweicht und fermentiert) Traditionell zubereitetes glutenfreies Getreide (eingeweicht und fermentiert)

Anleitungen zur Wiedereinführungsphase

Hier das Protokoll für die Wiedereinführung, wie von Dr. Sarah Ballantyne in *Die Paläo-Therapie* dargelegt:

1. Ein Lebensmittel zur Wiedereinführung auswählen und sich darauf vorbereiten, es ein paarmal an einem Tag zu essen.

2. Einen ersten winzigen Bissen von dem Lebensmittel nehmen. 15 Minuten abwarten. Wenn in diesem Zeitraum keine Symptome auftreten, einen weiteren Bissen nehmen (etwas größer als der erste).

3. Weitere 15 Minuten warten. Wenn man dann immer noch keine Symptome hat, einen weiteren, etwas größeren Bissen essen.

4. Zwei bis drei Stunden abwarten, um zu sehen, ob Symptome auftreten.

5. Als Nächstes eine durchschnittliche Menge des Lebensmittels essen – entweder separat oder als Teil einer Mahlzeit.

6. Die folgenden 3 bis 7 Tage beobachten, ob Symptome auftreten, und während dieser Zeit das wiedereingeführte Lebensmittel vermeiden und auch von der Wiedereinführung weiterer Lebensmittel absehen.

7. Wenn während des gesamten Prozesses keine Symptome auftreten, kann das betreffende Lebensmittel wieder in die Ernährung aufgenommen werden.

Wie erkenne ich, dass ich ein Lebensmittel nicht vertrage?

Die Reaktionen auf Lebensmittel in der Wiedereinführungsphase können von subtil bis zu schwer variieren. Wenn man die einzelnen Stufen und Prozeduren der Wiedereinführung befolgt, kann man negative Auswirkungen aber hoffentlich minimieren und ist schnell wieder auf der Spur. Reaktionen können z. B. das Wiederauftreten oder Verschlimmern der Symptome einer Autoimmun- oder chronischen Erkrankung sein. Sie können sich auch in Veränderungen der Verdauung niederschlagen, z. B. Sodbrennen, veränderten Stuhlganggewohnheiten oder Völlegefühl. Kopfschmerzen, Schwindel, Erschöpfung, Schlafprobleme und Stimmungsschwankungen können auch Reaktionen auf Lebensmittel sein, ebenso wie Hautprobleme (Ausschlag, Nesselsucht, Jucken, Rötungen und Pickel). Es ist nötig, eine Art Tagebuch zu führen, in dem man die verzehrten Lebensmittel und eventuell auftretende Symptome festhält, um Veränderungen zu erkennen – und um zu erkennen, wie sie mit den Wiedereinführungen zusammenhängen, denn manchmal dauert es einige Tage, bis Reaktionen auftreten oder nur bestimmte Mengen eines Lebensmitteltriggers lösen Reaktionen aus. Manchmal ist der Prozess verwirrend, doch mit der Zeit lernt man das Feedback zu verstehen, das einem der Körper zu den ausgewählten Lebensmitteln gibt.

LITERATURHINWEISE ZUM AUTOIMMUNPROTOKOLL

Das Autoimmunprotokoll ist sehr nuanciert und es gibt eine Menge Details, auf die ich hier nicht eingehe – z. B. Fälle, in denen die Eliminationsphase aus anderen Gründen angepasst werden muss, oder was man machen kann, wenn kein Erfolg eintritt. Die beiden ersten Bücher unten sollten alle Fragen beantworten, die Sie zum Protokoll haben, und der Link wird Sie zu Profis leiten, die Ihnen persönlich weiterhelfen können!

Das Autoimmun-Wellness-Handbuch. Dieses Buch habe ich zusammen mit Angie Alt geschrieben. Es geht um all die Aspekte der Genesung von Autoimmunerkrankungen – von der Zusammenarbeit mit dem Arzt bis hin zur Ernährungsumstellung und anderen wichtigen Facetten wie Schlaf, Stressmanagement, Bewegung und Beziehungen.

Die Paläo-Therapie von Dr. Sarah Ballantyne ist Pflichtlektüre für alle, die sich für die wissenschaftlichen Grundlagen des Autoimmunprotokolls interessieren und dafür, wie sie diese Herangehensweise an ihren persönlichen Weg zur Genesung anpassen können.

The AIP Certified Coach Practitioner Directory (www.aipcertified.com) ist eine (englischsprachige; Anm. d. Verlags) Webseite, über die Sie mit Profis aus dem Gesundheitswesen in Verbindung treten können, die sowohl in der Naturheilkunde als auch der konventionellen Medizin sehr bewandert sind. Dr. Sarah Ballantyne, Angie Alt und ich haben diese Ärzte persönlich in der optimalen Vorgehensweise bei der Begleitung von Menschen durch Das Autoimmunprotokoll trainiert. Wenn Sie auf der Suche nach einem Arzt sind, der Sie auf Ihrem Weg begleitet oder Ihnen dabei hilft, Probleme aus dem Weg zu räumen, dann sehen Sie mal in unserem weltweiten Verzeichnis von Coaches nach.

Kapitel 3

LEBENSMITTEL-QUALITÄT UND EINKAUFSFÜHRER

Nachdem wir die wissenschaftlichen Hintergründe von Nährstoffdichte und Autoimmunprotokoll besprochen haben, beschäftigen wir uns nun damit, woher man möglichst hochwertige Zutaten bezieht. In diesem Kapitel führe ich aus, wie man kreativ und günstig an gutes Obst und Gemüse, Fleisch, Fisch und Meeresfrüchte sowie Fett kommt. Außerdem lege ich dar, welche Zutaten man vorrätig haben sollte und warum und wie man die Küche auf das Kochen mit diesen wunderbaren nährstoffdichten, vollwertigen Lebensmitteln vorbereitet.

Warum spielt die Herkunft eine Rolle?

Die Ernährungswissenschaften informieren uns zwar darüber, welche Nährstoffe ein Lebensmittel potenziell mit sich bringt, die tatsächliche Nährstoffdichte eines Lebensmittels hängt aber davon ab, wo es herkommt. Eine Bio-Möhre, die aus einer Monokultur der modernen, industrialisierten Landwirtschaft stammt, hat nicht den gleichen Nährwert wie eine Bio-Möhre von einem kleinen Biobauernhof aus der Region. Die industriell angebaute Möhre wuchs mit hoher Wahrscheinlichkeit in einem nährstoffärmeren Erdboden und ist daher wahrscheinlich etwas blasser (farblich und im Geschmack). Im Gegensatz dazu stammt die Möhre vom regionalen Bauernhof wahrscheinlich aus gut gepflegtem Erdboden, das heißt, sie wird nicht nur einen höheren Nährstoffgehalt haben, sondern auch eine intensivere Farbe und einen besseren Geschmack. Der Kompromiss hier liegt in der Regel in der Größe, da die Erzeugnisse der industriellen Landwirtschaft vor allem für den Ertrag angebaut werden. Die Möhre vom kleinen Bauernhof ist vielleicht kleiner, doch der erhöhte Gehalt an Vitaminen, Mineralstoffen und sekundären Pflanzenstoffen (und nicht zu vergessen: der bessere Geschmack!) machen sie zur besseren Wahl für alle, denen es auf Nährstoffdichte ankommt.

Dieses Beispiel lässt sich auf jede Zutat anwenden, die auf den Teller kommt – von Obst und Gemüse über Fleisch zu Fisch bis hin zu den Zutaten, die man in der Vorratskammer hat. Bevor Sie sich jedoch im Perfektionismus verlieren, fangen Sie einfach damit an, darauf zu achten, wo Ihre Nahrungsmittel herkommen. Wenn Sie das Glück haben, selbst in der Landwirtschaft zu arbeiten, können Sie einen direkten Einfluss nehmen auf die Qualität der Erzeugnisse, die Sie anbauen, und des Viehs, das Sie halten. Für den Rest von uns ist es die beste Möglichkeit, eine direkte und unterstützende Beziehung mit einem Bauernhof aus der Umgebung aufzubauen. Damit nähren wir nicht nur den eigenen Körper, sondern unterstützen auch das regionale Lebensmittelsystem, das einen großen Beitrag dazu leisten wird, die Auswirkungen chronischer Erkrankungen umzukehren.

EINKAUFSFÜHRER

Wie Sie inzwischen wissen, kommen die hochwertigsten, nährstoffreichsten Lebensmittel in der Regel von kleineren Bauernhöfen in der Region. Es wäre jedoch unrealistisch zu erwarten, dass jeder den Zugang oder das Budget hat, immer nur die hochwertigsten Zutaten zu kaufen. Im Folgenden Abschnitt geht es um die Frage, wie man intelligente Kaufentscheidungen und das Setzen von Prioritäten kombiniert, um möglichst hochwertige und nährstoffdichte Lebensmittel auf den Teller zu bekommen. Wenn Sie gerade erst damit anfangen, auf die Qualität Ihrer Lebensmittel zu achten, fangen Sie mit der Kategorie »Gut« an und arbeiten sich dann bis zu »Am Besten« vor, während Sie lernen, clever einzukaufen. Auf Seite 349 nenne ich zusätzliche Ressourcen.

Obst und Gemüse

GUT – Wenn Sie es sich nicht leisten können, vor allem Bio-Erzeugnisse zu kaufen, oder nur schwer daran kommen, informieren Sie sich über die in Amerika von der Environmental Working Group jährlich herausgegebene Liste der »Dirty Dozen and Clean Fifteen« (Dreckiges Dutzend und Saubere Fünfzehn) welche Obst- und Gemüsesorten sie vermeiden sollten, und welche Sie essen können. Die »Dirty Dozen«-Liste nennt die konventionell angebauten Erzeugnisse mit den höchsten Mengen von Pestizid- und Herbizidrückständen. Diese sollten Sie unbedingt vermeiden. Die Bio-Varianten sind natürlich in Ordnung. Auf der »Clean Fifteen«-Liste werden die fünfzehn konventionell angebauten Obst- und Gemüsesorten mit den geringsten Chemikalienrückständen genannt. Diese können Sie mit relativ gutem Gewissen kaufen.
Um die Ausgaben für Lebensmittel zu reduzieren, schauen Sie sich nach regionalen und saisonalen Bio-Erzeugnissen um, die Sie dann in größeren Mengen kaufen können, um Mahlzeiten vorzukochen oder sie für später haltbar zu machen. Sehen Sie auch in der TK-Abteilung im Supermarkt nach, ob Sie dort tiefgekühltes Bio-Obst- und Gemüse im Angebot finden, denn das Einfrieren konserviert die Nährstoffe und bestimmte Lebensmittel sind tiefgefroren häufig am günstigsten.

BESSER – Vor allem Bio-Obst- und Gemüse aus dem (Bio-)Supermarkt oder Reformhaus kaufen. Schrecken Sie auch nicht vor den Bio-Optionen aus dem Discounter zurück – dort werden häufig Bio-Erzeugnisse zu sehr günstigen Preisen angeboten. Kauft man Großpackungen, werden Bio-Produkte erschwinglicher. Zusätzlich können Sie dann noch ab und an auf den Bauernmarkt gehen, um dort Bio-Erzeugnisse aus der Region im Angebot zu bekommen.

AM BESTEN – Den Großteil von Obst und Gemüse saisonal von kleineren Bauernhöfen aus der Umgebung kaufen oder in Läden, die diese Erzeugnisse verkaufen (regionale Landwirtschaftsgemeinschaften, Kooperativen oder einkaufen auf dem Bauernmarkt). Eine großartige Möglichkeit sind zum Beispiel Gemüsekisten mit saisonalen Erzeugnissen aus der Region, die regelmäßig geliefert werden. Möglichst von Bauernhöfen kaufen, die nicht nur bio-zertifiziert sind, sondern auch auf die angemessene Fruchtfolge achten, den Erdboden pflegen und saisonalen Anbau betreiben (im Gegensatz zum Anbau im Gewächshaus), um vom bestmöglichen Nährstoffgehalt dieser Lebensmittel zu profitieren. Noch besser: Bauen Sie Obst, Gemüse und Kräuter selbst an!

Fleisch, Fisch und Meeresfrüchte

GUT – Wenn Sie kein besonders hochwertiges Fleisch kaufen können, kaufen Sie im Fall von mageren Teilstücken am besten Fleisch von Tieren aus konventionellem Anbau (am besten hormonfrei), im Fall von Teilstücken mit höherem Fettgehalt und Bindegewebe sollten Sie Fleisch von grasgefütterten Tieren bzw. Vieh aus Weidehaltung wählen. Diese »zäheren« Teilstücke sind nicht nur erschwinglicher, sondern enthalten außerdem höhere Mengen gesunder Fette, die in grasgefütterten Tieren oder Vieh aus Weidehaltung präsent sind. Achten Sie außerdem darauf, Innereien in Ihre Ernährung zu integrieren, denn diese sind nicht nur die günstigsten Teilstücke, sondern sie enthalten auch am meisten Nährstoffe. Was Fisch und Meeresfrüchte angeht, halten Sie nach Angeboten für Thunfisch, Sardinen und Lachs aus Wildfang in Dosen Ausschau, die gar nicht so teuer sein müssen und ein großartiges Nährstoffprofil bieten. Geflügel aus konventioneller Haltung sollten Sie nicht zu viel essen, da es im

Vergleich zu anderen Sorten Fleisch, Fisch und Meeresfrüchten den geringsten Nährstoffgehalt hat.

BESSER – Im Lebensmittelgeschäft vor Ort vor allem Fleisch und Geflügel aus Weide- bzw. Freilandhaltung oder Fisch und Meeresfrüchte aus Wildfang kaufen. Es muss nicht immer das Reformhaus oder ein anderes Spezialgeschäft sein, um diese Optionen zu einem guten Preis im Angebot zu finden. Und wenn Sie ein gutes Angebot für hochwertige Zutaten finden (im Fall von Hackfleisch oder Fisch und Meeresfrüchten ist das oft Mengenrabatt) kaufen Sie gleich größere Mengen und frieren Sie ein, was Sie nicht sofort brauchen. Auch online kann man gute Schnäppchen machen. Rindfleisch, Lamm und Bison aus Weidehaltung sowie Fischfilets aus Wildfang wie Lachs, Kabeljau, Schnapper und Forelle sind heutzutage in den meisten Läden gut erhältlich. Geflügel und Schweinefleisch aus Freilandhaltung ist nicht immer leicht erhältlich, im Bio-Markt oder beim Metzger wird man meistens fündig.

AM BESTEN – Fleisch aus Weide- bzw. Freilandhaltung sowie Fisch und Meeresfrüchte vor allem direkt bei kleinen Bauernhöfen kaufen oder bei Anbietern dieser Produkte (z. B. regionale Kooperativen, Gruppen oder Bauernmärkte). Ähnlich wie bei Obst und Gemüse bieten einige Bauern und Fischereien Abo-Optionen für den Einkauf von hochwertigem Fleisch oder Fisch. Fleisch von Bauernhöfen, die Ihre Tiere human, nachhaltig und mit artgerechter Ernährung halten, ist vorzuziehen. Wenn man direkt vom Bauernhof kauft, ist der Einkauf größerer Mengen in der Regel die einzige Möglichkeit, an wirklich hochwertiges Geflügel und Schweinefleisch aus Freilandhaltung zu kommen. Andere Fleischsorten wie Rind oder Lamm direkt vom Bauernhof haben aufgrund der Haltungsbedingungen der Tiere häufig einen höheren Nährwert als die Entsprechungen aus dem Supermarkt.

Fette und Öle

GUT – Auch, wenn Sie nicht das Budget für viele hochwertige Fette haben, sollten Sie raffinierte pflanzliche Fette möglichst vermeiden. Statten Sie Ihre Vorratskammer mit zwei Grundfetten aus: Kokosfett und Olivenöl. Kokosfett ist gesättigt und bei höheren Temperaturen stabiler, sodass es gut zum Kochen geeignet ist. Olivenöl ist einfach ungesättigt und wird am besten bei Raumtemperatur für Zubereitungen wie Salatdressings verwendet. Olivenöl sollte in dunkle Glasbehälter abgefüllt sein, die es vor Oxidation durch Lichteinstrahlung schützen. Größere Mengen zu kaufen macht in beiden Fällen Sinn, da Sie dieses Fett/Öl häufig verwenden werden und auf diese Weise Geld sparen können.

BESSER – Wenn Sie es sich leisten können, weitere hochwertige Fette und Öle zu besorgen, sind neben Kokos- und Olivenöl noch hochwertige tierische Fette von Vieh oder Geflügel aus Weide- bzw. Freilandhaltung aus der Region zu empfehlen. Viele Bauernhöfe verkaufen feste tierische Fette zu günstigen Preisen – wenn Sie bereit sind, Fett selbst auszulassen. Meine Favoriten sind Rindertalg und Schmalz. Darüber hinaus kann man in einigen spezialisierten Läden und auf Bauernmärkten bereits ausgelassenen Talg, Schmalz und Entenschmalz kaufen. Kalt gepresstes Avocadoöl als mildere Alternative zu Olivenöl in kalten Zubereitungen lohnt sich ebenfalls.

AM BESTEN – Die meisten Fette zum Kochen sollten von hochwertigen tierischen Quellen stammen, z. B. von Rindern, Schweinen oder Enten aus regionaler Weide- bzw. Freilandhaltung. Der höhere Nährstoffgehalt dieser artgerecht gehaltenen Tiere spiegelt sich in ihrem Fett wieder. Hochwertige ausgelassene tierische Fette sind in spezialisierten Lebensmittelläden vor Ort und/ oder online erhältlich – selbstverständlich kann man auch das rohe Fett von einem Bauernhof aus der Region kaufen und selbst auslassen. Darüber hinaus lohnt es sich, pflanzliches Backfett und Rotes Palmöl aus nachhaltigem Anbau als Alternativen zum Kochen und Backen anzuschaffen, sowie möglichst hochwertiges kalt gepresstes Oliven- und Avocadoöl für kalte Zubereitungen. Wenn man eine Auswahl an Fetten zur Verfügung hat, kann man den Geschmack und Nährwert von Mahlzeiten optimieren.

NÄHRSTOFFDICHTE GRUNDNAHRUNGSMITTEL

Wenn Sie die Nährstoffdichte Ihres Speiseplans maximieren möchten, sollten Sie sich darum bemühen, ständigen Zugang zu den folgenden Grundnahrungsmitteln zu haben. Einige davon, z. B. Brühe und fermentiertes Gemüse, sollten bei einer gesunden Ernährung täglich auf dem Speiseplan stehen. Andere, z. B. Innereien, fetthaltiger Kaltwasserfisch und Schalentiere, sind nur ab und an notwendig, sollten aber möglichst hochwertig sein, und es ist nicht immer leicht, daran zu kommen. Im Folgenden ein paar kreative Möglichkeiten zum Bezug dieser wichtigen Zutaten.

Knochenbrühe – Damit man einen durchgängigen Vorrat an Brühe zum Trinken (z. B. die Kräuter-Brühe zum Trinken auf Seite 97 oder die Entzündungshemmende Kurkuma-Brühe auf Seite 97) da hat oder einfach für die Zubereitung von Knochenbrühe zur Verwendung in anderen Rezepten (Klassische Knochenbrühe auf Seite 86), muss man wissen, wo man Knochen beziehen kann. Knochen für die Zubereitung von Brühe sollten weder teuer noch schwer zu finden sein. Besonders gut sind die Knochen, die man erhält, wenn man größere Mengen Teilschnitte Fleisch bei einer Landwirtschaftsgemeinschaft vor Ort oder direkt vom Bauern kauft, oder Knochen, die bei Mahlzeiten übrig bleiben, für die man das Fleisch am Knochen gegart hat. Für viele Rezepte in diesem Buch wird Fleisch am Knochen verwendet, sodass Sie einen reichlichen Vorrat an Knochen haben sollten, aus denen Sie reichhaltige, nahrhafte Brühe zubereiten werden können. Ich empfehle, einen großen Beutel im Gefrierschrank bereitzulegen, in den Sie die Knochen, die Sie generieren, immer gleich packen können, sodass Sie immer einen ausreichenden Vorrat im Haus haben, wenn es an der Zeit ist, Knochenbrühe zu kochen. Darüber hinaus kann man größere und intakte Knochen, die zur Zubereitung von Brühe verwendet wurden, wiederverwenden – packen Sie sie einfach zurück in den Beutel. Knochenbrühe kann aus rohen und bereits gegarten Knochen zubereitet werden und man kann auch verschiedene Arten Knochen verwenden. Wer nicht viel Fleisch am Knochen zubereitet, kann beim Metzger nach Rinderhaxenknochen oder dem Rückgrat oder den Nackenknochen von Geflügel (Hähnchen oder Pute) fragen – in der Regel sind sie ohne Probleme zu günstigem Preis erhältlich. Wer Knochenbrühe kaufen möchte, sollte nach hochwertigen Produkten in der TK-Abteilung von Fachgeschäften Ausschau halten und darauf achten, dass es sich um reine Knochenbrühe ohne Zusatzstoffe handelt. (Links zu Bezugsquellen siehe Seite 349).

Farbenfrohes Obst und Gemüse – Im ersten Kapitel haben Sie erfahren, dass Obst und Gemüse mit besonders leuchtenden Pigmenten häufig die besten Lieferanten für sekundäre Pflanzenstoffe sind. Halten Sie beim Lebensmittelhändler oder auf dem Bauernmarkt nach einer Auswahl farbenfroher Obst- und Gemüsesorten Ausschau, die perfekt reif sind. Einige großartige Beispiele sind violette Süßkartoffeln, gelber Blumenkohl, bunte Möhren und violette Artischocken – und saisonale Beeren, die immer eine besondere Leckerei sind. Immer, wenn Sie ein regional angebautes Erzeugnis mit einer leuchtenden Farbe sehen, das Sie bisher nicht kannten oder probiert haben, ist das eine Möglichkeit, extra Nährstoffdichte auf ihren Teller zu bringen. In den Wintermonaten ist dies schwieriger, daher ist es immer eine gute Idee, einen Vorrat hochwertiger Bio-Beeren (z. B. Erdbeeren, Blaubeeren, Himbeeren und/oder Brombeeren) im Gefrierschrank zu haben. Manche Beeren-Bauernhöfe haben Felder, auf denen man Beeren günstig selbst pflücken kann – vielleicht gibt es ja einen in Ihrer Nähe: Das ist immer eine gute Aktivität für den Sommer und man kann einen Teil der Ernte für später einfrieren.

Fermentierte oder gesäuerte Lebensmittel – Sie können Ihre fermentierten Lebensmittel selbst zubereiten (z. B. das Rote Bete-Kwas auf Seite 89), darüber hinaus empfehle ich aber auch, fertige fermentierte Lebensmittel zu kaufen, um die Nährstoffdichte der Ernährung anzukurbeln und die Darmflora zu unterstützen. Sauerkraut ist eine bekannte und köstliche Zubereitung aus Weißkohl und in den meisten Supermärkten erhältlich. Achten Sie darauf, dass das Produkt keine Zutaten enthält, die im Autoimmunprotokoll verboten sind, und dass es lebendige Kulturen enthält (d. h., dass es nicht pasteurisiert wurde, denn das tötet die Probiotika ab). Halten Sie in der Kühlabteilung nach Sauerkraut Ausschau, das nur Weißkohl, Salz und vielleicht noch ein paar andere Zutaten enthält, die mit Ihrer Ernährungsweise konform sind. Ähnliche Produkte, die z. B. mit Roten Beten und Möhren zubereitet wurden, sind ebenfalls erhältlich. Gerade kleinere, handwerkliche Produzenten sind sehr kreativ mit ihren Fermenten.

Über hochwertiges fermentiertes Gemüse wie Sauerkraut hinaus gibt es auch exzellente fermentierte Getränke auf dem Markt, z. B. Kombucha, Wasserkefir und Kwas. Ebenso wie beim fermentierten Gemüse muss hier darauf geachtet werden, dass die Produkte lebendige Kulturen enthalten und alle Zutaten im Autoimmunprotkoll erlaubt sind. Schließlich ist da noch der Newcomer der Szene gesäuerter Produkte: Kokosjoghurt. Einige dieser fermentierten und gesäuerten Lebensmittel sind häufig im Fachhandel am besten erhältlich – oder man kann sich richtig reinhängen und lernen, sie selbst zuzubereiten.

Innereien – Heutzutage sind Innereien im Lebensmittelhandel (selbst in Fachgeschäften) selten im Angebot, weil die Nachfrage nicht besonders groß ist. Beim Bauern vor Ort, auf dem Bauernmarkt, beim Metzger oder online sind sie in der Regel aber gut erhältlich. Am günstigsten sind Innereien häufig direkt beim Bauern und manchmal bekommt man sie dort umsonst, wenn man andere Teilschnitte kauft, weil die Nachfrage so gering ist. (Links zu den Bezugsquellen siehe Seite 349).

Fisch und Meeresfrüchte – Fisch und Meeresfrüchte sind nicht immer leicht zu beziehen, weil sie nur kurz frisch bleiben, bevor sie zubereitet werden müssen. Wenn man das Glück hat, an der Küste zu wohnen, wo es gute Fischmärkte gibt, sind dies in der Regel die besten Orte, um Fisch und Meeresfrüchte zu kaufen, wenn auch nicht immer die praktischsten. Einige Fischsorten, z. B. Wildlachs, können tiefgefroren in Großpackungen mit Mengenrabatt von Firmen gekauft werden, die auf TK-Fisch und Meeresfrüchte spezialisiert sind. Lachs, Thunfisch, Sardinen und Austern aus der Konserve (BPA-frei) sind im Supermarkt oder

Fachhandel erhältlich (aber lesen Sie sich auf jeden Fall die Zutatenliste durch!). Es ist hilfreich, sich mit dem Fischhändler vor Ort anzufreunden, damit er einen anruft, wenn es bestimmte Sorten Fisch oder Meeresfrüchte gibt – ich mache das gerne bei frischen Sardinen und Makrelen, die in meiner Gegend nur schwer erhältlich sind.

VORRATSKAMMER

Über den Einkauf von hochwertigem, frischen Fleisch, Fisch und Meeresfrüchten hinaus, sollten Sie Ihre Vorratskammer mit ein paar wichtigen Zutaten ausstatten, die dem Autoimmunprotokoll konform sind. In den folgenden Abschnitten sind einige der Zutaten aufgeführt, die in einer nährstoffdichten Küche vorhanden sein sollten, mit Informationen dazu, woher man sie bekommt. Links zu einigen der hier erwähnten Bezugsquellen gibt es auf Seite 349.

MEHL UND STÄRKE

Pfeilwurzelmehl – Wird als Verdickungsmittel in Soßen, Bratensoßen oder Eintöpfen verwendet, z. B. im Rezept für Lamm-Eintopf mit Knollensellerie und frischen Kräutern auf Seite 235. Kleinere Packungen gibt es im Gewürzregal größerer Supermärkte, Großpackungen in der Backabteilung beim Fachhändler oder online.

Maniokmehl – Das aus einer in Zentralamerika verbreiteten Wurzelknolle gewonnene Maniokmehl ist eine exzellente stärkehaltige Alternative für Weizenmehl. Es wird häufig beim Backen verwendet, z. B. für den Teigdeckel des Estragon-Hähnchen-Auflaufs auf Seite 196.

Kokosmehl – Es ist zwar eine weit verbreitete Alternative in der allergenfreien Küche, in der Verwendung ist Kokosmehl aber nicht immer einfach. In der Regel wird es mit anderen Mehlsorten gemischt, wie im Rezept für den Vanillekuchen mit Beeren und Joghurt-Glasur auf Seite 292. Es ist im Lebensmittelhandel gut erhältlich.

Andere Mehlsorten – Seltener verwendete Produkte, mit denen es sich aber zu experimentieren lohnt, sind z. B. Tapiokastärke, Kochbananenmehl, Erdmandelmehl und Süßkartoffelstärke.

SÜSSUNGSMITTEL

Kokosblütenzucker – Wird in der Regel als Alternative zu weißem Zucker verwendet oder wenn Textur benötigt wird, wie im Zitronen-Blaubeer-Crumble auf Seite 307. Er ist im Bio-Supermarkt erhältlich.

Getrocknete Früchte – Als Leckerei zwischendurch, oder um Gerichten eine süße Note zu geben (siehe das Rezept für Marokkanisches Hähnchen auf Seite 184). Ich habe gerne Rosinen, Datteln und getrocknete Äpfel im Haus. Halten Sie nach ungeschwefelten Produkten Ausschau, die keine anderen Zutaten enthalten.

Fruchtsaft – Wegen des hohen Zuckergehalts kann ich es nicht empfehlen, regelmäßig Fruchtsäfte zu trinken, aber ich habe gerne ein paar herbe Sorten im Haus, um sie in Rezepten wie dem Granatapfel-Thymian-Rindergulasch mit Pastinaken-Süßkartoffel-Stampf auf Seite 204 zu verwenden. Kaufen Sie ungesüßte Bio-Säfte.

Honig – Roher Honig ist eine nette Option, wenn man ein flüssiges Süßungsmittel braucht, wie im Kurkuma-Tonic auf Seite 93. Kaufen Sie am besten Honig vom Imker aus Ihrer Region.

Ahornsirup/-zucker – Reiner Ahornsirup (Grad B) ist ein gutes flüssiges Süßungsmittel mit einem tiefen, reichhaltigen Aroma. Ahornzucker ist eine körnige Option, die aus getrocknetem Ahornsirup gewonnen wird und Backwaren wie dem Vanillekuchen mit Beeren und Joghurt-Glasur auf Seite 292 eine exzellente Krume verleiht. Ahornsirup gibt es in den meisten Supermärkten, Ahornzucker ist hingegen nicht so leicht erhältlich und muss eventuell vom Fachhändler oder online bezogen werden.

Melasse – Ein flüssiges Süßungsmittel mit intensivem Aroma, das Rezepten wie der BBQ-Soße auf Seite 106 Geschmack und Nährwert verleiht. Melasse ist in den meisten Bio-Supermärkten erhältlich.

KOKOS-PRODUKTE

Kokosaminos – Als Sojasoßen-Ersatz verleiht dieses aus Kokossirup gewonnene Produkt Rezepten wie der Teriyaki-Soße auf Seite 122 einen großartigen Geschmack. Der Salzgehalt kann von Produkt zu Produkt unterschiedlich sein, was sich auf den Geschmack Ihrer Zubereitungen auswirkt. Kokosaminos sind im Reformhaus oder online erhältlich.

Kokosflocken – Die großen Kokosflocken oder feinen Kokosraspeln können z. B. für die Zubereitung Cremiger Kokosmilch (Seite 90) oder für Desserts genutzt werden. Kaufen Sie auf jeden Fall die ungesüßten Vollfett-Varianten, die es in den meisten Supermärkten gibt.

Kokosmilch – Wenn Sie die Cremige Kokosmilch (Seite 90) nicht selbst zubereiten, können Sie Kokosmilch auch in der Dose oder im Tetrapack kaufen, um sie für die Zubereitung von Smoothies, Suppen und Desserts zu verwenden. Halten Sie nach einer Marke Ausschau, die ihren Produkten keine zusätzlichen Verdickungsmittel wie Guaran (Guarkernmehl) oder Karragen zufügt oder mit der hormonaktiven Substanz BPA ausgekleidete Dosen verwendet (lesen Sie sich die Infos auf dem Etikett sorgfältig durch). Kokosmilch ist in den meisten Supermärkten erhältlich.

Weitere Kokos-Produkte, deren Anschaffung in Betracht zu ziehen ist, sind: Kokoswasser, Kokosessig und Kokoswraps (so ähnlich wie weiche Tortillas).

ÖL UND FETT

Avocadoöl – Eine mildere, einfach ungesättigte Alternative zu Olivenöl, die großartig für die Zubereitung von Marinaden und Dressings geeignet ist, z. B. der Champagner-Vinaigrette auf Seite 129. Halten Sie nach einer kalt gepressten Bio-Variante Ausschau, verkauft in blickdichten Flaschen (in den meisten Supermärkten erhältlich).

Kokosfett – Ein großartiges festes Fett mit mildem Geschmack zum Kochen und sehr gut zum Sautieren geeignet. Ein guter Ersatz für teure tierische Fette, falls man Schwierigkeiten hat, diese zu beziehen. In den meisten (Bio-)Supermärkten erhältlich.

Natives Olivenöl extra – Ein klassisches ungesättigtes Öl, das für Dressings und kalte Soßen wie die Koriander-Salsa auf Seite 109 geeignet ist. Halten Sie nach einer kalt gepressten Bio-Variante Ausschau, verkauft in blickdichten Flaschen.

Ausgelassenes festes Fett zum Kochen – Die vor allem gesättigten Fette Schmalz und Talg gehören zu den essenziellen Grundzutaten. Von den in diesem Buch erwähnten gesättigten Fettsäuren sind sie am stabilsten, wenn sie der Hitze ausgesetzt sind. Fett kann man selbst auslassen (schmelzen, bis es flüssig ist, dann kühlen, bis es wieder fest ist) oder man kauft eine küchenfertige Version im Fachhandel oder online.

Weitere Fette zum Kochen – Ziehen Sie ruhig auch ungewöhnlichere Fettsorten in Betracht, z. B. Palmfett und Palmöl aus nachhaltigem Anbau.

ESSIG

Apfelessig – Der aus Äpfeln gewonnene Essig ist vielseitig und wird in Grundrezepten wie der Klassischen Knochenbrühe (Seite 86) verwendet. Kaufen Sie einen unpasteurisierten Essig, der die Essig-Mutter (lebendige Kulturen) noch enthält. Apfelessig ist in den meisten (Bio-) Supermärkten erhältlich.

Champagneressig – Dieser milde, eher leicht trockene Weißweinessig verleiht Dressings wie der Champagner-Vinaigrette auf Seite 129 einen guten Geschmack. Er ist in vielen größeren Supermärkten oder online erhältlich.

Balsamicoessig – Dieser Essig hat einen intensiven Geschmack, eine etwas dickere Konsistenz, einen geringen Säurewert und unerwartete süße Noten. Wählen Sie unbedingt ein glutenfreies Produkt ohne Zusatzstoffe. Balsamicoessig gibt es in der Regel im Supermarkt.

GEMISCHTES

Kapern – In Salzlake konservierte, kleine geschlossene Blütenknospen, deren Geschmack an Oliven erinnert, aber deutlich intensiver ist. Ich verwende sie gerne als Garnitur, wenn ich einer Speise kleine, salzige Geschmacksexplosionen zufügen möchte, z. B. den »Tostones« (Seite 70). Kaufen Sie Kapern, die keine Zitronensäure enthalten, da diese aus Mais oder anderen Zutaten stammen könnte, die im Autoimmunprotokoll nicht erlaubt sind. In Salz eingelegte Kapern sind in der Regel allergenfrei. Im Supermarkt gibt es in der Regel zwar Kapern, die reinen Varianten muss man gegebenenfalls jedoch online beziehen.

Fisch- und Meeresfrüchte-Konserven – Thunfisch, Lachs, Sardinen und Austern sind alle, in Wasser oder AIP-konformem Öl (z. B. Olivenöl) eingelegt, in BPA-freien Konservendosen erhältlich. Sie können für die verschiedensten Rezepte verwendet werden, z. B. für das Rauchige Austern-Pâté (Seite 74) oder den Thunfischsalat mit knackigem Gemüse und Seetang (Seite 263). Die Konserven sind in vielen Bio-Supermärkten erhältlich.

Kollagen Hydrolysat (Peptid) – Dieser Aminosäure-Zusatzstoff fügt Smoothies, Getränken und Leckereien wie den Vanille-Kollagen-Glückshäppchen (Seite 299) Protein hinzu. Kollagen kann sowohl unter heiße als auch kalte Getränke gemischt werden.

Wein zum Kochen – Während der Eliminationsphase sollte man zwar keinen Alkohol trinken, kleine Mengen Wein zum Kochen zu verwenden, ist aber erlaubt. Ich habe gerne eine kleine Flasche Rotwein in meiner Vorratskammer, mit dem ich Schmorbraten oder Eintöpfe abschmecke, z. B. den Lamm-Eintopf mit Knollensellerie und frischen Kräutern (Seite 235). Wein gibt es in den meisten Supermärkten.

Gelatine – Die aus den gleichen Aminosäuren wie Kollagen bestehende Gelatine enthält Proteine, die gesunde Nägel, Haut und Haare bilden. Im Gegensatz zu Kollagen kann sie nur in warmem Wasser oder heißen Flüssigkeiten aufgelöst werden und die Mischung geliert, wenn sie abkühlt. Das macht Gelatine perfekt für die Zubereitung von Rezepten wie Goldene Kurkuma-Gummibärchen (Seite 81).

Seetang-Flocken – Diese aus gemahlenen Algen gewonnenen Flocken sind feinblättrig und enthalten eine Menge Jod sowie andere Mineralstoffe. Sie sind großartig geeignet, um Speisen zusätzlichen Nährwert zu verleihen, indem man sie einfach darüberstreut. Besonders gut passen sie zu Fisch- und Meeresfrüchtegerichten wie dem Thunfischsalat mit knackigem Gemüse und Seetang (Seite 263).

Oliven – Eingelegte Früchte, die Speisen wie dem Marokkanischen Hähnchen (Seite 184) extra Geschmack verleihen. Ich habe immer gerne ein paar verschiedene Sorten da. Besorgen Sie nur Produkte, die keine Zitronensäure enthalten (da diese manchmal aus Mais gewonnen wird). In Salz eingelegte Oliven sind in der Regel allergenfrei. Die konventionellen Optionen gibt es in den meisten Supermärkten, für die reinen Varianten muss man unter Umständen aber online einkaufen.

KRÄUTER, GEWÜRZE UND SALZ

Getrocknete Kräuter – Frische Kräuter ziehe ich zwar vor, eine Auswahl an getrockneten Kräutern im Vorratsschrank zu haben ist aber hilfreich, wenn keine frischen erhältlich sind. Ich habe gerne getrockneten Thymian, Rosmarin, Dill, Oregano und Salbei im Haus. Darauf achten, dass die getrockneten Kräuter von einem glutenfreien Produzenten kommen (um an die entsprechenden Infos zu kommen, müssen Sie eventuell online recherchieren) und nur kleinere Mengen kaufen, um sie regelmäßig zu ersetzen.

Gemahlene Gewürze – Viele dieser Gewürze können zwar auch frisch verwendet werden, eine Auswahl an gemahlenen Gewürzen kann aber für einen anderen Geschmack sorgen oder einfach praktischer sein. Ich habe gerne getrocknete gemahlene Kurkuma, Ingwer, Knoblauch, Zwiebeln und Zimt da. Genauso wie bei den getrockneten Kräutern muss man darauf achten, dass die

Gewürze aus einer glutenfreien Manufaktur stammen. Geeignete Produkte gibt es in den meisten Supermärkten.

Meersalz – Meersalz ist Tafelsalz, das Zusatzstoffe enthält und stark verarbeitet ist, immer vorzuziehen. Salz-Spezialitäten wie geräuchertes Meersalz oder Trüffel-Meersalz sind heutzutage sehr populär und verleihen den Zubereitungen eine besondere Geschmacksnote, siehe z. B. die BBQ-Soße auf Seite 106. Reguläres Meersalz ist in den meisten Supermärkten erhältlich, einfache und spezielle Varianten sind auch im Fachhandel oder online erhältlich.

KÜCHENAUSSTATTUNG

Falls Sie kürzlich in einem Küchenfachgeschäft waren, haben Sie sich vielleicht angesichts des scheinbar endlosen Angebots an neuen Geräten und teurer Ausstattung, die angeblich nötig sind, um gut zu kochen, eventuell überwältigt gefühlt. Lassen Sie sich nicht von den Werbesprüchen zum Narren halten – es stimmt einfach nicht, dass man sie alle braucht! Wahrscheinlich haben Sie schon alles, was Sie brauchen, um die nährstoffreichen Zutaten zu Hause zuzubereiten. Wenn nicht, wird Ihnen dieser Abschnitt dabei helfen, die Ausrüstung, die Ihnen zum Kochen zur Verfügung steht, zu bewerten und zu entscheiden, ob Sie etwas Neues kaufen müssen.

Grundausstattung

Wenn Sie folgende Küchenwerkzeuge zu Hause haben, werden Sie in der Lage sein, die meisten Rezepte aus diesem Buch zuzubereiten. Schauen Sie sich die Liste an und denken Sie über die Qualität und Funktion der einzelnen Werkzeuge nach und darüber, ob sie Ihnen bei häufiger Verwendung dienlich seinen werden. Wenn nicht, kann das Werkzeug vielleicht repariert werden, bevor man etwas Neues kauft. Sich einen Schnellkochtopf anzuschaffen, macht das Kochen nur dann einfacher und praktischer, wenn man ein scharfes Messer und funktionelles Schneidebrett hat, mit denen man die Zutaten für diesen Topf vorbereiten kann.

KÜCHENWERKZEUG-GRUNDAUSSTATTUNG

Backbleche

Standmixer oder Pürierstab

Seiher oder Netzsieb

Kochutensilien: Kochlöffel, Suppenkelle, Metall- und Silikonspachtel, Schneebesen, Grillzange

Schneidebretter (ein großes oder ein kleineres, für unterschiedliche Sorten Zutaten)

Bratenblech (möglichst groß)

Suppentopf (möglichst groß)

Messlöffel und -becher

Teigschüsseln

Scharfe Messer (ein 20 cm langes Kochmesser und ein Schälmesser)

Bratpfanne (möglichst groß)

Behälter für die Aufbewahrung (möglichst aus Glas)

GÜNSTIGE, PRAKTISCHE KÜCHENWERKZEUGE

Kastenreibe und/oder Zestenreißer – Eine Kastenreibe ist hilfreich zum Raspeln von Gemüse, zum Kochen oder für Salate, ein Zestenreißer ist praktisch, wenn man die Schale von Zitrusfrüchten abreiben oder Ingwer raspeln möchte.

Zitronenpresse – Den Saft von Zitronen, Limetten und Orangen gewinne ich am liebsten mit einer manuellen Zitronenpresse, da sie viel Saft produziert und die Kerne gleichzeitig automatisch herausfiltert.

Pürierstab – Weil man damit weiche Lebensmittel und Getränke direkt in dem Behälter pürieren kann, in dem sie sich befinden.

Mandoline – Mit der Mandoline kann man Obst und Gemüse in gleichmäßige Scheiben schneiden. Die Dicke lässt sich einstellen. Ich verwende die Mandoline am häufigsten für die Zubereitung von Salaten.

Spiralschneider – Mit diesem Küchengerät lassen sich verschiedene Gemüsesorten, z. B. Süßkartoffeln, Möhren, Steckrüben oder Zucchini, in »Nudeln« unterschiedlicher Formen und Größen schneiden.

Thermometer – Mit einem guten Thermometer kann man einfach und sicher prüfen, ob Fleisch perfekt gegart ist.

PROFI-AUSSTATTUNG

Wenn Ihre Grundausstattung vollständig ist und Sie Ihre Ausstattung vielleicht um einige der kleineren, günstigeren Werkzeuge erweitert haben, können Sie sich überlegen, ob Sie sich auch einige der größeren, teureren Geräte kaufen möchten. Wenn ich größere Gegenstände für meine Ausstattung anschaffe, denke ich zuerst auch immer darüber nach, ob auf der Küchenanrichte/in den Schränken Platz dafür ist. Außerdem überlege ich, ob mir die Funktionen des Geräts beim Kochen helfen werden.

Schnellkochtopf – Dieser elektrische, programmierbare Topf für die Küchenanrichte ist das Gerät in dieser Kategorie, das ich am meisten empfehle. Es sind zwei Funktionen darin kombiniert: schonendes Garen bei niedriger Temperatur und Dampfgaren. Ein Schnellkochtopf ist für die Zubereitung der Rezepte aus diesem Buch zwar nicht unbedingt notwendig, bei einigen Rezepten gebe ich aber spezielle Anleitungen für die Zubereitung mit dem Schnellkochtopf für diejenigen, die einen besitzen. Dieses Gerät spart eine Menge Zeit: Schmorbraten und Eintöpfe sind z. B. nach nur 30-40 Minuten fertig, statt mehrere Stunden garen zu müssen. Ich empfehle das größere Modell (etwa 8 Liter), damit man gleich größere Mengen zubereiten kann. Die besten Angebote findet man häufig online, manchmal findet man Schnellkochtöpfe aber auch in Küchen-Outlets. Wenn die Verwendung des Schnellkochtopfs neu für Sie ist, lesen Sie sich die Anleitungen auf Seite 345 durch.

Küchenmaschine – Eine Küchenmaschine ist praktisch, um rohes Gemüse zu hacken, zu mixen oder zu pürieren. Online und im Fachhandel sind eine Menge Modelle und Marken erhältlich.

Hochleistungsstandmixer – Dieses Gerät unterscheidet sich von einem regulären Standmixer, weil darin dickere Lebensmittel zu Suppen und Pürees verarbeitet werden können. Ich empfehle, entweder eine Küchenmaschine und einen Pürierstab zu besitzen oder einen Standmixer – beides ist nicht nötig. Die Produkte sind online und im Fachhandel erhältlich.

Schmortopf – Dieser große, tiefe Topf mit schwerem Deckel ist für die Verwendung auf dem Herd und im Ofen geeignet. Einen Schmortopf kann man auch als Auflaufform, Suppentopf oder sogar als Sautierpfanne verwenden – er gehört zu den flexibelsten Geräten der Küchenausstattung. Es gibt viele großartige Anbieter in verschiedenen Preisklassen.

Welche Küchengeräte finde ich *nicht* besonders nützlich für eine heilsame Ernährung? Entsafter, Waffeleisen, Tortillapresse, Eismaschine, Fritteuse und Dörrgerät. Mit diesen Geräten kann man sicherlich Spaß haben, wenn man sie ab und an verwendet, für die tägliche Essenszubereitung sind sie aber nicht notwendig.

Kapitel 4
REZEPTE

Endlich haben wir das Herzstück dieses Buches erreicht: Meine Sammlung praktischer, köstlicher Rezepte, die sowohl die Nährstoffdichte beachten als auch die Prinzipien des Autoimmunprotokolls (AIP). Kein Rezept aus diesem Buch enthält Getreideprodukte, Bohnen, Milchprodukte, Eier, Nüsse, Kerne und Samen oder Gemüse aus der Familie der Nachtschattengewächse. Außerdem gehen sie alle mit der Eliminationsphase des Autoimmunprotokolls konform. Ich habe mich bemüht, ein breites Spektrum nährstoffdichter Lebensmittel zu präsentieren, um Ihnen diese Art der Ernährung leicht zugänglich zu machen und zu zeigen, wie lecker sie ist.

Falls Sie eine andere besondere Ernährungsform mit der Paleo-Diät oder dem Autoimmunprotokoll kombinieren, z. B. eine Low-FODMAP oder kohlenhydratarme Ernährung, oder Sie zu den Menschen gehören, die eine Unverträglichkeit gegenüber Kokosnuss-Produkten haben (was eine Eliminationsdiät erschwert) keine Sorge: Ich habe darauf geachtet, einige Rezepte für diese Situationen zu entwickeln und sie in der Tabelle »Spezielle Bedürfnisse« auf Seite 339 vermerkt. Sollten Sie ein Rezept modifizieren müssen, um es diesen Bedürfnissen anzupassen, finden Sie Anleitungen zu Variationen direkt auf der Seite mit dem Rezept.

Das Kochen für eine heilende Ernährung geht nicht immer schnell und ist nicht immer praktisch. Vielleicht sind Sie also auf der Suche nach Rezepten, die in kurzer Zeit zubereitet werden können und bei denen es nicht viel zu Spülen gibt. Viele dieser Rezepte sind Eintöpfe, d. h. komplette Mahlzeiten (Gemüse und Proteine) und hinterher muss nur ein Topf gespült werden. Andere Rezepte sind in weniger als 45 Minuten fertig oder können im Schnellkochtopf zubereitet werden (einem elektrischen Dampfkochtopf, der die Garzeit stark reduziert). Rezepte, die diesen Bedürfnissen entsprechen, finden Sie ebenfalls in der Tabelle »Spezielle Bedürfnisse« auf Seite 339. Es wird zwar für keines der Rezepte aus diesem Buch ein Schnellkochtopf benötigt, wo zutreffend gebe ich aber direkt im Rezepttext auch Anleitungen für die Zubereitung mit dem Schnellkochtopf. Falls Sie noch keine Erfahrung mit dem Schnellkochtopf haben, lesen Sie sich auf jeden Fall die Anleitung auf Seite 345 durch.

Ich freue mich, dass Sie sich mit dieser Sammlung nährstoffdichter Rezepte auf den Weg zu besserer Gesundheit machen. Fangen wir an, zu kochen!

SNACKS & HÄPPCHEN

GERÖSTETER KNOBLAUCH-BLUMENKOHL-*Hummus*

ZUBEREITUNG: 1 STUNDE
ERGIBT ETWA 600 GRAMM

1 Knolle Knoblauch
1/2 TL Kokosfett*
1 mittlerer Kopf Blumenkohl, geviertelt und dampfgegart
250 ml natives Olivenöl extra, plus mehr zum Servieren
3 EL frisch gepresster Zitronensaft (etwa1 Zitrone)
2 EL Wasser
1/2 TL Meersalz
Petersilie und grüne Oliven zum Servieren

1. Den Ofen auf 200 °C vorheizen.

2. Die Spitze der Knoblauchknolle abschneiden, sodass die obere Seite der einzelnen Zehen freigelegt ist. Das Kokosfett oben auf die Knoblauchzehen schmieren und die komplette Knolle in ein Stück Alufolie wickeln. Im vorgeheizten Ofen 30 Minuten goldbraun und zart backen. Aus der Folie wickeln und ein paar Minuten abkühlen lassen.

3. Die gerösteten Knoblauchzehen vorsichtig von unten aus der Schale drücken und zusammen mit dem gedämpften Blumenkohl, Olivenöl, Zitronensaft, Wasser und Salz in der Küchenmaschine zu einem dicken Püree verarbeiten.

4. Zum Servieren mit Petersilie und grünen Oliven garnieren und etwas Olivenöl darüber träufeln.

**VARIATION: Für eine kokosfreie Version Entenschmalz, Schweineschmalz oder Rindertalg statt dem Kokosfett verwenden.*

Blumenkohl // Blumenkohl gehört nicht nur zu den größten Vitamin-C-Lieferanten unter allen Gemüsesorten, sondern enthält auch eine Menge Ballaststoffe, Mangan und sekundäre Pflanzenstoffe. Weißer Blumenkohl ist die am weitesten verbreitete Variante, es lohnt sich aber auch andere Varietäten auszuprobieren (gelb, orange, grün oder violett), damit ein anderes Spektrum an sekundären Pflanzenstoffen auf dem Teller landet.

HÄHNCHENHERZ-
Spieße mit Meerrettichsoße

ZUBEREITUNG: 40 MINUTEN
FÜR 4 PORTIONEN

FÜR DIE SOSSE

1 Stück (etwa 7,5 cm) Meerrettichwurzel, frisch gerieben
65 g Kokosjoghurt*
60 ml Avocadoöl
2 Knoblauchzehen, geschält
2 EL frisch gepresster Zitronensaft
1/2 TL Meersalz

FÜR DIE SPIESSE

1 1/2 TL Meersalz
1 TL Knoblauchpulver
1 TL getrockneter Oregano
1/2 TL Zwiebelpulver
340 g Hähnchenherzen

1. Den Ofengrill auf höchste Stufe vorheizen. Zunächst die Soße zubereiten: Den frisch geriebenen Meerrettich 5-10 Minuten ziehen lassen. Dann alle Zutaten für die Soße in der Küchenmaschine pürieren, bis eine glatte Masse entstanden ist.

2. Salz, Knoblauchpulver, Oregano und Zwiebelpulver in einer kleinen Schüssel mischen.

3. Die Hähnchenherzen unter fließendem kalten Wasser abspülen. Überschüssiges Fett entfernen und die Herzen in der Mitte längs einschneiden, um sie aufklappen zu können. Die aufgeklappten Hähnchenherzen auf Spieße stecken. Die Gewürzmischung darauf streuen und einmassieren, sodass die Oberfläche gleichmäßig bedeckt ist.

4. Unter dem heißen Grill 3-4 Minuten pro Seite grillen, bis die Herzen durchgegart sind (sie dürfen in der Mitte nicht rosa sein).

**EINKAUFSTIPP: Besorgen Sie Kokosjoghurt, der außer Kokosnuss und Probiotika nichts enthält und vermeiden Sie Produkte mit Zuckerzusatz und/oder Verdickungsmitteln.*

Hähnchenherz // Ebenso wie andere Innereien sind Hähnchenherzen vollgepackt mit Nährstoffen, an die man sonst nur schwer kommt. Sie können mit sehr hohen Werten für Coenzym Q10 auftrumpfen, einem wirkungsvollen Antioxidans, das essenziell für gesunde Herzgefäße ist. Außerdem enthalten sie große Mengen präformiertes Vitamin A (Retinol), Vitamin B12, Folsäure, Eisen, Selen und Zink.

SPECK-RINDERLEBER-
Pâté mit Rosmarin und Thymian

ZUBEREITUNG: 40 MINUTEN
ERGIBT ETWA 400 GRAMM

4 dicke Scheiben (nicht gepökelten) Speck
1 kleine Zwiebel, sehr fein gehackt*
4 Knoblauchzehen, sehr fein gehackt*
450 g Rinderleber von Tieren aus Weidehaltung, abgespült und trocken getupft, in 5-7 cm dicke Stücke geschnitten
2 EL fein gehackter frischer Rosmarin
2 EL fein gehackter frischer Thymian
80 g Kokosfett, zerlassen*
1/2 TL Meersalz
Frische Kräuter zum Garnieren
Frische Möhren- oder Gurkenscheiben zum Servieren

1. Den Speck unter mehrmaligem Wenden in der Pfanne knusprig braten. Auf Küchenpapier abtropfen und abkühlen lassen. Das Fett in der Pfanne lassen.

2. Die Zwiebeln im ausgelassenen Fett auf mittlerer Stufe unter Rühren etwa 5 Minuten glasig dünsten. Den Knoblauch zufügen und

3. eine Minute mit dünsten. Zwiebeln und Knoblauch an den Rand der Pfanne schieben und die Leber in die Mitte geben. Dabei darauf achten, dass die Stücke flach in der Pfanne liegen. Rosmarin und Thymian darüber streuen. Die Leber von jeder Seite 2-5 Minuten braten, bis sie in der Mitte nicht mehr rosa ist. Beiseitestellen und ein paar Minuten abkühlen lassen.

4. Die Mischung in den Hochleistungsmixer oder die Küchenmaschine füllen. Das zerlassene Kokosfett und das Meersalz zufügen. Zu einer dicken Paste verarbeiten.

5. Das Pâté in eine mittlere Schüssel füllen. Den Speck hacken und unterheben.

6. Das Pâté, wenn es sofort serviert werden soll, in eine kleine Schüssel umfüllen und mit den frischen Kräutern garnieren. Die Gemüsescheiben dazu reichen. Wird das Pâté für später zubereitet, in einen Aufbewahrungsbehälter umfüllen und luftdicht verschlossen im Kühlschrank aufbewahren. So ist es bis zu 1 Woche haltbar.

**VARIATIONEN:* Für eine Low-FODMAP-Variante Zwiebeln und Knoblauch durch gewürfelte Staudensellerie ersetzen. Für eine kokosnussfreie Version Olivenöl statt dem Kokosöl verwenden.*

Rinderleber // Als eines der echten Superfoods bietet Rinderleber die höchsten Werte von Vitamin A (Retinol). Darüber hinaus ist sie eine exzellente Quelle der B-Vitamine (besonders B12) sowie von Mineralstoffen wie Eisen, Kupfer und dem fettlöslichen Vitamin D. Viele dieser Nährstoffe sind in der typischen Ernährung heutzutage nur schwer zu erlangen. Wenn man regelmäßig, also kleine Mengen Rinderleber isst, macht das aber bereits einen großen Unterschied.

HERBST-*Vorspeisenplatte*

ZUBEREITUNG: 20 MINUTEN
FÜR 4 PORTIONEN

110 g Prosciutto
110 g Salami, in feine Scheiben geschnitten
250 g Weintrauben
8 frische Feigen, halbiert
125 g frische Brombeeren
Frische Thymianblättchen und grobes Meersalz zum Garnieren

1. Die Prosciutto-Scheiben einzeln jeweils von der schmalen Seite her aufrollen.

2. Prosciutto-Rollen, Salami-Scheiben, Trauben, Feigen und Brombeeren kunstvoll auf einer großen Servierplatte oder einem Holzbrett arrangieren. Thymianblättchen und Meersalz darüber streuen und servieren.

VARIATION: Wenn frische Feigen, Trauben oder Brombeeren nicht in Saison sind, kann man auch Äpfel, Birnen und Kakis für diese Vorspeisenplatte verwenden.

FRÜHLINGSANFANG-*Vorspeisenplatte*

ZUBEREITUNG: 20 MINUTEN
FÜR 4 PORTIONEN

110 g Räucherlachs
2 Clementinen, geschält und in Spalten geteilt
180 g in Salz eingelegte Oliven
8 Cornichons, halbiert
90 g Zuckerschoten*
Frisch gehackter Dill und natives Olivenöl extra zum Garnieren

1. Räucherlachs, Clementinenspalten, Oliven, Cornichons und Zuckerschoten kunstvoll auf einer großen Servierplatte oder einem Holzbrett arrangieren. Zum Servieren mit Olivenöl beträufeln und etwas frisch gehackten Dill darauf streuen.

**VARIATION: Für eine Low-FODMAP-Version statt Zuckerschoten geviertelte Radieschen verwenden.*

VARIATION: Wenn Clementinen oder Zuckerschoten nicht in Saison sind, Orangenspalten, Gurkenscheiben oder Radieschen verwenden.

Frühlingsanfang-Vorspeisenplatte siehe Abbildung Seite 60.

»TOSTONES«-LACHS AUF KOCHBANANENHÄPPCHEN *mit Kapern und frischem Dill*

ZUBEREITUNG: 30 MINUTEN
ERGIBT 20 STÜCK

60 g festes Bratenfett
2 grüne Kochbananen, geschält und in 1,5 cm dicke Scheiben geschnitten*
1 Prise Meersalz
1 Avocado, in feine Spalten geschnitten
170 g kalt geräucherter Lachs, in 20 Streifen (2,5 × 5 cm) geschnitten
2 Frühlingszwiebeln, zähes Grün entfernt, in feine Ringe geschnitten
1 EL in Salz eingelegte Kapern
1 EL frischer fein gehackter Dill

1. Zunächst die Tostones zubereiten. In einer Pfanne mit dickem Boden 2 EL Backfett auf mittlerer Stufe zerlassen. Wenn das Fett geschmolzen und die Pfanne heiß ist, die Kochbananenscheiben hineingeben und von jeder Seite etwa 5 Minuten goldbraun braten. In der Mitte sollten die Scheiben weich werden. Falls die Kochbananen sehr grün sind, müssen sie eventuell etwas länger gebraten werden (und kürzer, wenn sie sehr reif sind). Auf einem Teller ausbreiten und abkühlen lassen.

2. Ein Stück Backpapier auf der Arbeitsfläche ausbreiten und die Kochbananenscheiben nacheinander mit einem Einmachglas oder Trinkglas flach drücken, bis sie nur noch etwa 0,5 cm dick sind. Nicht zu fest drücken, da die Scheiben nicht auseinanderbrechen dürfen.

3. Das restliche Fett in die Pfanne geben und sie auf mittlerer Stufe zurück auf den Herd stellen. Sobald die Pfanne wieder heiß ist, die flach gedrückten Kochbananenscheiben darin von jeder Seite 2 Minuten braten. Da die Scheiben nun eine größere Oberfläche haben, muss das wahrscheinlich in zwei Etappen gemacht werden. Die fertig gebratenen Scheiben aus der Pfanne nehmen und mit einer Prise Meersalz bestreuen.

4. Zum Anrichten 5-6 Tostones nebeneinander auf die Arbeitsfläche legen. Auf jede Scheibe eine Avocadospalte legen und darauf einen Streifen Lachs. Jeweils mit ein paar Frühlingszwiebelringen, einer Kaper und etwas frischem Dill garnieren. Die fertigen Tostones auf einen Servierteller setzen und gleich die nächsten Scheiben belegen. Sofort servieren.

**VARIATION: Für eine Low-Carb-Variante statt der Tostones frische Gurkenscheiben verwenden.*

Kochbananen // Auf der Suche nach einem reichhaltigen Lieferanten für Kalium, Magnesium, Vitamin C und Ballaststoffen? Dann versuchen Sie, die mit den uns bekannten Bananen verwandten Kochbananen in Ihren Speiseplan zu integrieren. Solange sie noch grün sind, enthalten Kochbananen hohe Mengen einer Stärke, welche die gesunde Darmflora unterstützt.

All-Clad

KNUSPRIG GEBRATENE *Chicken Wings*

ZUBEREITUNG: 1 STUNDE
FÜR 4 PORTIONEN

40 g Maniokstärke (Tapiokamehl)
1 TL Meersalz
1 TL Ingwerpulver
1 TL Knoblauchpulver
1/2 TL Zwiebelpulver
1,5 kg Chicken Wings (Hähnchenflügel), bei Raumtemperatur
2 EL Kokosfett*

1. Zu Beginn der Zubereitung sicherstellen, dass die Chicken Wings Raumtemperatur haben.

2. Den Ofen auf 230 °C vorheizen.

3. In einer kleinen Schüssel Maniokstärke, Salz und Gewürze mischen. Beiseitestellen.

4. Die Chicken Wings in eine große Schüssel geben. Die Stärke-Mischung darüber streuen und unterheben, sodass das Hähnchenfleisch rundherum bestäubt ist. Einen Bratenrost auf ein Backblech stellen und die Hähnchenflügel mit der oberen Seite nach unten darauf setzen. Darauf achten, dass die einzelnen Stücke nicht zu nahe beisammen auf dem Rost liegen, damit sie gleichmäßig bräunen. Im vorgeheizten Ofen 15 Minuten backen.

5. Die Chicken Wings aus dem Ofen nehmen und mit einer Grillzange wenden. Die einzelnen Stücke mit etwas Kokosfett bestreichen. Zurück in den Ofen schieben und 20 Minuten goldbraun und knusprig backen.

**VARIATION: Für eine kokosfreie Version Entenschmalz, Schweineschmalz oder Rindertalg statt Kokosfett verwenden.*

Chicken Wings // Im Vergleich zu Hähnchenbrustfleisch sind Hähnchenflügel eine bessere Quelle für B-Vitamine sowie Mineralstoffe wie Kalium, Zink und besonders Selen. Falls Sie Hähnchenfleisch aus Freilandhaltung kaufen, enthalten die Flügel ein besseres Verhältnis von Omega-3- zu Omega-6-Fettsäuren (im Vergleich zu Geflügel aus konventioneller Haltung). Nicht vergessen, die Knochen für die Zubereitung von Brühe zu verwenden!

RAUCHIGES AUSTERN-*Pâté*

ZUBEREITUNG 15 MINUTES
ERGIBT ETWA 200 GRAMM

2 Dosen (à 85 g) geräucherte Austern in Olivenöl
2 EL frisch gepresster Zitronensaft
4 Frühlingszwiebeln, zähes Grün entfernt, in feine Ringe geschnitten
1 Knoblauchzehe
5 g Petersilienblättchen
Gurken oder Möhrenscheiben zum Dippen

1. Austern, Zitronensaft, Frühlingszwiebeln, Knoblauch und Petersilie in der Küchenmaschine zu einer cremigen Masse verarbeiten.

2. Mit Möhren- und Gurkenscheiben genießen (oder anderes Gemüse nach Belieben zum Dippen verwenden).

Austern // Diese Weichtiere haben ein einzigartiges und wirkungsvolles Nährstoffprofil. Austern sind eine exzellente Quelle für Mineralstoffe wie Eisen, Kupfer, Jod, Zink und Mangan sowie Vitamin D, das nicht leicht über die Nahrung zu beziehen ist. Sie enthalten außerdem sehr hohe Mengen der entzündungshemmenden Omega-3-Fettsäuren.

FEIGEN-BASILIKUM-PROSCIUTTO-*Türmchen*

ZUBEREITUNG: 20 MINUTEN
ERGIBT 12 TÜRMCHEN

---

250 g Yambohne, in etwa 4 cm große Quadrate geschnitten
110 g Prosciutto
12 frische Basilikumblättchen
6 frische schwarze Feigen (Sorte Mission), halbiert

1. Zum Schichten der Türmchen 5 oder 6 Yambohnenscheiben nebeneinander auf die Arbeitsfläche legen. Auf jede Scheibe etwas gefalteten Prosciutto legen und darauf jeweils ein Blatt Basilikum und eine Feigenhälfte setzen. Die fertigen Türmchen beiseitelegen und mit den restlichen Zutaten wiederholen.

VARIATION: Sorgen Sie für Abwechslung und probieren Sie dieses Rezept mit Pfirsichscheiben statt Feigen oder mit Minze statt Basilikum.

Feigen // Die Früchte der Ficus-Bäume gibt es in vielen Farben und Formen. Sie sind eine gute Quelle für Kalium und großartige Ballaststofflieferanten – besonders in ihrer getrockneten Form.

HÜHNERLEBER-MOUSSE
mit Äpfeln und Salbei

ZUBEREITUNG: 40 MINUTEN
FÜR 4–6 PORTIONEN

450 g Hühnerleber von Tieren aus Freilandhaltung
4 EL Kokosfett*
1 Zwiebel, gehackt
6 Knoblauchzehen, gehackt
2 EL fein gehackter frischer Salbei
1/2 TL Meersalz
1 grüner Apfel, Kerngehäuse entfernt, fein gehackt
1 TL Apfelessig
Rohe Gemüse- oder Apfelscheiben zum Servieren

1. Die Hühnerleber unter fließendem kalten Wasser abspülen und zum Abtropfen auf einen mit Küchenpapier ausgelegten Teller setzen. Mit einem weiteren Stück Küchenpapier trocken tupfen. Beiseitestellen.

2. Die Hälfte Kokosfett in einer großen Pfanne mit dickem Boden auf mittlerer Stufe zerlassen. Wenn das Fett geschmolzen und die Pfanne heiß ist, die Zwiebeln zufügen und unter Rühren 5 Minuten leicht bräunen. Den Knoblauch zufügen und unter Rühren etwa 30 Sekunden aromatisch rösten.

3. Zwiebeln und Knoblauch an den Rand der Pfanne schieben. Die Hühnerlebern eine nach der andern nebeneinander in die Pfanne legen und dabei darauf achten, dass sie flach aufliegen und sich nicht berühren. Von der ersten Seite 2-3 Minuten braten, dann wenden und die Zwiebelmischung am Pfannenrand umrühren. Die Lebern von der zweiten Seite ebenfalls 2-3 Minuten braun anbraten, dann Salbei und Salz zufügen. Die gesamte Mischung unterrühren.

4. Das restliche Kokosfett in die Pfanne geben, gefolgt von den Äpfeln. Unter gelegentlichem Rühren 5 Minuten sautieren, bis die Hühnerlebern in der Mitte noch leicht rosa sind, die ablaufenden Fleischsäfte jedoch klar (zum Prüfen eine Leber aufschneiden). Vom Herd nehmen und den Essig unterrühren. Ein paar Minuten abkühlen lassen.

5. Die leicht abgekühlte Mischung in der Küchenmaschine oder im Hochleistungsstandmixer zu einer dicken Paste pürieren.

6. Die Mousse in eine kleine Servierschüssel füllen und dazu Gemüse- oder Apfelscheiben reichen. Soll sie erst später gegessen werden, in einen Behälter zur Aufbewahrung füllen und in den Kühlschrank stellen. Luftdicht verschlossen ist die Mousse so bis zu 1 Woche haltbar.

**VARIATION: Für eine kokosfreie Version Entenschmalz statt dem Kokosfett verwenden.*

***Hühnerleber* //** Wenn Sie Ihre Eisen-Speicher auffüllen müssen, versuchen Sie regelmäßig Hühnerleber zu essen! Sie hat den höchsten Eisengehalt aller Lebensmittel. Außerdem ist Hühnerleber eine exzellente Quelle für die fettlöslichen Vitamine A und D, die B-Vitamine (besonders B12) sowie wichtige Mineralstoffe wie Kupfer und Selen.

ZITRUS-GRANATAPFEL-
Gummibärchen

ZUBEREITUNG: 20 MINUTEN,
PLUS 1 STUNDE ZUM GELIEREN
ERGIBT 24 STÜCK

240 ml ungesüßter Granatapfelsaft
1 EL frisch gepresster Zitronensaft
1–2 EL Honig
3 EL Gelatinepulver*

1. Granatapfelsaft, Zitronensaft und die gewünschte Menge Honig in einem kleinen Topf mit dem Schneebesen glatt rühren. Die Gelatine gleichmäßig auf die Oberfläche dieser Mischung streuen und 5 Minuten ruhen lassen, damit das Pulver die Flüssigkeit absorbieren kann und eine dicke Paste entsteht.

2. Die Mischung nun auf niedriger Stufe unter ständigem Rühren mit dem Schneebesen etwa 5 Minuten erhitzen, bis sie wieder dünnflüssig und die Gelatine vollständig geschmolzen ist. Die Mischung darf nicht stark erhitzt werden, aufkochen oder länger erhitzt werden als nötig, um die Gelatine aufzulösen.

3. Die Flüssigkeit in ein Gummibärchenförmchen gießen oder in eine Auflaufform. Mindestens 1 Stunde im Kühlschrank ruhen lassen, bis die Masse geliert ist.

4. Wurde eine Auflaufform verwendet, die gelierte Masse in quadratische Stücke schneiden. Ansonsten die Gummibärchen aus den Förmchen lösen und genießen!

GOLDENE KURKUMA-
Gummibärchen

ZUBEREITUNG: 20 MINUTEN,
PLUS 1 STUNDE ZUM GELIEREN
ERGIBT 24 STÜCK

240 ml frischer Orangensaft
1 EL frisch gepresster Zitronensaft
2 TL gemahlene Kurkuma
1–2 EL Honig (optional)
3 EL Gelatinepulver*

1. Orangensaft, Zitronensaft, Kurkuma und Honig (falls verwendet) in einem kleinen Topf mit dem Schneebesen glatt rühren. Die Gelatine gleichmäßig auf die Oberfläche dieser Mischung streuen und 5 Minuten ruhen lassen, damit das Pulver die Flüssigkeit absorbieren kann und eine dicke Paste entsteht.

2. Die Mischung nun auf niedriger Stufe unter ständigem Rühren mit dem Schneebesen etwa 5 Minuten erhitzen, bis sie wieder dünnflüssig und die Gelatine vollständig geschmolzen ist. Die Mischung darf nicht stark erhitzt werden, aufkochen oder länger erhitzt werden als nötig, um die Gelatine aufzulösen.

3. Die Flüssigkeit in Gummibärchenförmchen gießen oder in eine Auflaufform. Mindestens 1 Stunde im Kühlschrank ruhen lassen, bis die Masse geliert ist.

4. Wurde eine Auflaufform verwendet, die gelierte Masse in quadratische Stücke schneiden. Ansonsten die Gummibärchen aus den Förmchen lösen und genießen!

**EINKAUFSTIPP: Auf jeden Fall hochwertige Gelatine von Tieren aus Weidehaltung verwenden.*

LEUCHTEND GRÜNE *Gummibärchen*

ZUBEREITUNG: 20 MINUTEN, PLUS 1 STUNDE ZUM GELIEREN
ERGIBT 24 STÜCK

240 ml ungesüßter grüner Saft*
1 EL frisch gepresster Zitronensaft
1–3 EL Honig
3 EL Gelatinepulver**

1. Den grünen Saft, Zitronensaft und die gewünschte Menge Honig in einem kleinen Topf mit dem Schneebesen glatt rühren. Die Gelatine gleichmäßig auf die Oberfläche dieser Mischung streuen und 5 Minuten ruhen lassen, damit das Pulver die Flüssigkeit absorbieren kann und eine dicke Paste entsteht.

2. Die Mischung nun auf niedriger Stufe unter ständigem Rühren mit dem Schneebesen etwa 5 Minuten erhitzen, bis sie wieder dünnflüssig und die Gelatine vollständig geschmolzen ist. Die Mischung darf nicht stark erhitzt werden, aufkochen oder länger erhitzt werden als nötig, um die Gelatine aufzulösen.

3. Die Flüssigkeit in Gummibärchenförmchen gießen oder in eine Auflaufform. Mindestens 1 Stunde im Kühlschrank ruhen lassen, bis die Masse geliert ist.

4. Wurde eine Auflaufform verwendet, die gelierte Masse in quadratische Stücke schneiden. Ansonsten die Gummibärchen aus den Förmchen lösen und genießen!

**HINWEIS: Für dieses Rezept einen frisch gepressten grünen Saft verwenden, der kein Obst enthält (Kombinationen von Staudensellerie, Gurken, Blattgemüse und Kräutern sind gut geeignet). Wenn Sie nur grünen Saft bekommen können, der Obst enthält, passen Sie das Rezept an, indem Sie die Honigmenge reduzieren oder den Honig ganz weglassen, da der Saft die Gummibärchen ausreichend süßen wird.*

GRAPEFRUIT-*Gummibärchen*

ZUBEREITUNG: 20 MINUTEN, PLUS 1 STUNDE ZUM GELIEREN
ERGIBT 24 STÜCKE

240 ml ungesüßten Grapefruitsaft
2–3 EL Honig
3 EL Gelatinepulver**

1. Den Grapefruitsaft mit der gewünschten Menge Honig in einem kleinen Topf mit dem Schneebesen glatt rühren. Die Gelatine gleichmäßig auf die Oberfläche dieser Mischung streuen und 5 Minuten ruhen lassen, damit das Pulver die Flüssigkeit absorbieren kann und eine dicke Paste entsteht.

2. Die Mischung nun auf niedriger Stufe unter ständigem Rühren mit dem Schneebesen etwa 5 Minuten erhitzen, bis sie wieder dünnflüssig und die Gelatine vollständig geschmolzen ist. Die Mischung darf nicht stark erhitzt werden, aufkochen oder länger erhitzt werden als nötig, um die Gelatine aufzulösen.

3. Die Flüssigkeit in Gummibärchenförmchen gießen oder in eine Auflaufform. Mindestens 1 Stunde im Kühlschrank ruhen lassen, bis die Masse geliert ist.

4. Wurde eine Auflaufform verwendet, die gelierte Masse in quadratische Stücke schneiden. Ansonsten die Gummibärchen aus den Förmchen lösen und genießen!

***EINKAUFSTIPP: Auf jeden Fall hochwertige Gelatine von Tieren aus Weidehaltung verwenden.*

BRÜHEN & GETRÄNKE

KLASSICHE *Knochenbrühe*

ZUBEREITUNG: 2 STUNDEN (SCHNELLKOCHTOPF) BIS 24 STUNDEN (AUF DEM HERD)
ERGIBT 3–4 LITER

4 l gefiltertes Wasser
900 g Knochen (siehe EINKAUFSTIPP) von einer verlässlichen Quelle (Gelenkknochen oder Knochenmarkknochen sind besonders gut geeignet, es können aber alle möglichen Knochen verwendet werden)
2 EL Apfelessig
1 Lorbeerblatt

ZUBEREITUNG AUF DEM HERD

1. Alle Zutaten in einem großen Suppentopf oder Schmortopf zum Kochen bringen. Dann die Temperatur reduzieren, sodass das Wasser nur noch sanft siedet.

2. An die Oberfläche steigenden Schaum gelegentlich mit der Schaumkelle abschöpfen. Das ist besonders während der ersten halben Stunde des Siedens wichtig. Wenn kein Schaum mehr an die Oberfläche steigt, den Topf mit dem Deckel verschließen (gegebenenfalls einen Spalt offen lassen, damit das Wasser nicht sprudelnd kocht).

3. Mindestens 8 und bis zu 24 Stunden köcheln lassen. Zwischendurch immer wieder darauf achten, dass die Brühe nur sanft siedet und nicht kocht. Falls die Flüssigkeit zu schnell verdampft, den Verlust mit frischem Wasser auffüllen. Je länger die Knochen im Wasser sieden, umso reichhaltiger und nahrhafter wird die Brühe.

SCHNELLKOCHTOPF

1. Alle Zutaten in den Schnellkochtopf füllen. Dabei darauf achten, dass die Fülllinie nicht überschritten wird.

2. Mit dem Deckel verschließen und auf der Stufe »Manueller Hochdruck« 90 Minuten garen.

WENN DIE BRÜHE FERTIG IST (BEIDE GARMETHODEN):

Die Brühe abkühlen lassen und dann durch ein Sieb filtern. Portionsweise in Aufbewahrungsbehälter abfüllen. Nach dem Abseihen der Flüssigkeit die Knochen durchgehen und intakte Exemplare für die Zubereitung der nächsten Knochenbrühe aufbewahren. Auseinandergefallene Knochen entsorgen. (In der Regel kann man größere Gelenkknochen vom Rind für ein paar Zubereitungen verwenden, während Hühnerknochen nur für 1-2 Zubereitungen geeignet sind). Verwendete Knochen können wieder eingefroren werden, wenn die nächste Brühe nicht sofort zubereitet werden soll.

EINKAUFSTIPP: Knochen sollten weder teuer noch schwer zu finden sein. Die besten Bezugsquellen sind ein Bauer des Vertrauens, ein Bauernmarkt oder eine solidarische Landwirtschaftsgemeinschaft. Falls diese Bezugsquellen für Sie nicht zugänglich sind, fragen Sie an der Fleischtheke im Bio-Supermarkt nach Knochen von Tieren aus Weidehaltung. Außerdem lohnt es sich, Knochen aus dem Fleisch, das man verzehrt hat, einzufrieren und später für die Zubereitung von Brühe zu verwenden. Für die Zubereitung von Brühe sind alle möglichen Sorten Knochen geeignet (auch, wenn diese bereits gekocht wurden), z. B. Knochen von Rind, Lamm, Hähnchen und Pute.

ROTE BETE-*Kwas*

ZUBEREITUNG: 20 MINUTEN,
PLUS ETWA 2 WOCHEN FERMENTATION
ERGIBT 960 ML

3 große Rote Beten, in etwa 1 cm große Würfel geschnitten
60 ml roher Sauerkrautsaft (nicht pasteurisiert)
1/2 EL Meersalz
960 ml Wasser
Mulltuch/Seihtuch

1. Die gewürfelten Roten Beten in ein Einmachglas mit 2 l Fassungsvermögen geben (oder einen anderen Glasbehälter mit ausreichender Größe). Sauerkrautsaft, Salz und Wasser zufügen – die Flüssigkeit sollte die Roten Beten knapp bedecken

2. Die Öffnung des Einmachglases mit dem Mulltuch abdecken und dieses mit einem Gummi befestigen. Die Roten Beten so an einem dunklen Platz auf der Arbeitsfläche 2-3 Tage ziehen lassen (in den wärmeren Monaten reicht eine kürzere Zeitspanne in der Regel aus, in kühleren Monaten dauert es länger).

3. Das Einmachglas nun in den Kühlschrank stellen und die Beten weitere 10 Tage ziehen lassen. Dann ist das Getränk fertig. Die Beten abseihen (unten im Hinweis ein Verwendungstipp) und die Flüssigkeit innerhalb einer Woche genießen.

HINWEIS: Die Rote Bete-Stückchen können für eine nächste Portion Kwas wiederverwendet werden. Für die nächste Ladung kann man statt dem Sauerkrautsaft auch 120 ml der vorigen Portion Kwas verwenden. Übrig gebliebene Rote Bete-Stückchen sind außerdem eine knackige, säuerliche Zugabe zu Salaten.

Fermentierte Getränke // Der Prozess der Milchsäuregärung verwandelt süße Getränke mithilfe des Bakterienstammes Lactobacillus in leicht säuerliche, probiotische Getränke. Fermentierte Getränke sind gut für einen gesunden Darm, da sie mehr Probiotika in unseren Verdauungstrakt einführen.

CREMIGE *Kokosmilch*

ZUBEREITUNG: 30 MINUTEN
ERGIBT 480 ML

100 g ungesüßte Kokosflocken
720 ml kochendes Wasser
Mulltuch/Seihtuch
Meersalz

1. Die Kokosflocken und 720 ml kochendes Wasser in der Küchenmaschine auf hoher Stufe ein paar Minuten pürieren. Gegebenenfalls zwischendurch anhalten, damit der Motor sich erholen kann.

2. Mindestens 15 Minuten abkühlen lassen, bis man die Flüssigkeit sicher umfüllen kann. Durch ein Mulltuch in ein sauberes Einmachglas gießen und die Masse im Tuch ausdrücken, um möglichst viel Kokosmilch zu gewinnen. Nach Belieben mit Salz abschmecken.

Kokosnuss // Die Kokosnuss ist nicht nur eine vielseitige tropische Frucht, sie und die daraus gewonnenen Produkte enthalten Mangan, Kupfer und Zink. Die in Kokosnussprodukten vorkommenden Fette liegen vor allem in Form von mittelkettigen gesättigten Fettsäuren vor und sind daher gut verdaulich. Eines dieser Fette, Laurinsäure, hat antimykotische, antivirale und antibakterielle Eigenschaften.

KURKUMA-*Tonic*

ZUBEREITUNG: 20 MINUTEN
ERGIBT: 360 ML

3/4 TL gemahlene Kurkuma
3/4 TL gemahlener Ingwer
1 MSP gemahlener Zimt
1 1/2 EL Kokosmilchpulver
1 1/2 TL Honig
1 1/2 EL frisch gepresster Zitronensaft
360 ml gefiltertes Wasser, kochend

1. Gewürze und Kokosmilchpulver in einem großen, hitzebeständigen Behälter mischen.

2. Honig, Zitronensaft und kochendes Wasser zufügen und glatt rühren. Warm servieren.

HINWEIS: Falls Sie Lust auf eine extra-schaumige Variante haben, lassen Sie die Mischung ein paar Sekunden im Standmixer auf hoher Stufe laufen!

TIPP ZUM ZEITSPAREN: Eine große Portion der Gewürz-Kokosmilchpulver-Mischung vorbereiten und in einem Einmachglas aufbewahren. Wenn es an der Zeit ist, das Tonic zuzubereiten, einfach 2 EL der Mischung mit dem kochenden Wasser, Zitronensaft und Honig glatt rühren.

***Kurkuma* //** Die auch als Gelbwurz bekannte Kurkuma enthält nicht nur Mangan und Eisen, sondern auch den wirkungsvollen sekundären Pflanzenstoff Curcumin. Dieses Polyphenol ist ausgiebig auf seine antioxidativen, entzündungshemmenden und Anti-Krebs-Wirkungen untersucht worden. Darüber hinaus wurde nachgewiesen, dass Kurkuma sich positiv auf das Herz-Kreislauf-System und die Blutzuckerregulierung auswirkt.

ZICHORIEN-»Kaffee«

ZUBEREITUNG: 20 MINUTEN
ERGIBT 480 ML

1 TL Löwenzahnwurzel, geröstet
1 TL Wegwartenwurzel, geröstet
480 ml Wasser, kochend
1 EL Kokosnusskonzentrat*
1 EL Kokosöl

1. Löwenzahn- und Wegwartenwurzel auf den Boden einer Pressstempelkanne (oder eines anderen hitzebeständigen Behälters geben) und 480 ml kochendes Wasser darauf gießen. Etwa 4 Minuten ziehen lassen, dann den Stempelfilter nach unten drücken bzw. den »Kaffee« in einen anderen Behälter filtern.

2. Kokosnusskonzentrat, Kokosöl und »Kaffee« in den Standmixer füllen. Fest mit dem Deckel verschließen und ein Küchentuch über den Deckel legen, um die Hände zu schützen. Dann 30 Sekunden mixen, bis eine schaumig-cremige Masse entstanden ist.

**EINKAUFSTIPP: Kokosnusskonzentrat ist auch als Manna oder Kokosbutter bekannt. Bei Raumtemperatur ist es fest und in der Regel wird es in Gläsern verkauft.*

Chicorée // Die Wurzel der holzigen, mehrjährigen Pflanze wird medizinisch schon lange zur Behandlung von unterschiedlichen Beschwerden eingesetzt. Zu den zwei besonderen Eigenschaften zählen ihre anregende Wirkung und ihre Fähigkeit zur Entgiftung. Das enthaltene Inulin, eine präbiotische Faser, unterstützt eine gesunde Darmflora.

Kräuterbrühe ZUM TRINKEN

ZUBEREITUNG: 35 MINUTEN
ERGIBT 2 LITER

2 l Knochenbrühe (siehe Seite 86)
1 Handvoll Möhren- oder Pastinaken-Abschnitte*
1 Handvoll Staudensellerie-Abschnitte*
80 g Pilzstiele*
Enden und Schale einer Zwiebel*
1 Lorbeerblatt
1 Knoblauchzehe
1–2 EL frische Kräuter
3 EL frischer Zitronensaft (von etwa 1 Zitrone)
1 TL Meersalz

1. Die Brühe in einem großen Topf auf mittlerer Stufe erhitzen. Den Gemüseabschnitt, Lorbeerblatt, Knoblauch und die Kräuter zufügen. Sobald die Brühe kocht, die Temperatur reduzieren und die Brühe abgedeckt 20 Minuten sanft köcheln lassen.

2. Die Brühe durch ein feines Sieb in einen zweiten Behälter gießen. Die festen Bestandteile entsorgen. Zitronensaft und Salz untermischen, dann kosten, um zu beurteilen, ob Säure und Salz ausgeglichen sind. Nach Bedarf den Geschmack anpassen.

3. Warm servieren oder zur Aufbewahrung in einen passenden Behälter umfüllen. Luftdicht verschlossen ist die Brühe im Kühlschrank 1 Woche haltbar.

**KÜCHENTRICK:* Ich habe in meinem Gefrierschrank immer eine Tüte mit Gemüseabschnitten für Rezepte wie dieses. Indem man die Schalen, Stiele, Blätter, Stiele und Wurzelenden ebenfalls verarbeitet, reduziert man nicht nur die Abfälle, sondern man streckt auch das Lebensmittel-Budget!*

ENTZÜNDUNGSHEMMENDE KURKUMA-*Brühe*

ZUBEREITUNG: 35 MINUTEN
ERGIBT 2 LITER

2 l Knochenbrühe (siehe Seite 86)
2 Schalotten, ungeschält*
1 EL frisch geriebener Ingwer (oder 1 TL gemahlener Ingwer)
1 EL frisch geriebene Kurkuma (oder 1 TL gemahlene Kurkuma)
1 Lorbeerblatt
3 EL frisch gepresster Zitronensaft (von etwa 1 Zitrone)
1 TL Meersalz

1. Die Brühe in einem großen Topf auf mittlerer Stufe erhitzen. Schalotten, Ingwer, Kurkuma und Lorbeerblatt zufügen. Sobald die Brühe kocht, die Temperatur reduzieren und sie abgedeckt 20 Minuten sanft köcheln lassen.

2. Die Brühe durch ein feines Sieb in einen zweiten Behälter gießen. Die festen Bestandteile entsorgen. Zitronensaft und Salz untermischen, dann kosten, um zu beurteilen, ob Säure und Salz ausgeglichen sind. Nach Bedarf den Geschmack anpassen.

3. Warm servieren oder zur Aufbewahrung in einen passenden Behälter umfüllen. Luftdicht verschlossen ist die Brühe im Kühlschrank 1 Woche haltbar.

**VARIATION:* Für eine Low-FODMAP-Version die Schalotten weglassen.*

INGWER-THYMIAN-*Soda*

ZUBEREITUNG: 20 MINUTEN
FÜR 2 PORTIONEN

2 Zweige Thymian
2 EL Ingwersaft*
1 1/2 EL frisch gepresster Zitronensaft
1 TL Honig
1/4 TL Vanilleextrakt
360 ml Sprudel
Eiswürfel

1. Die Thymianzweige auf ein Holzbrettchen legen und mit dem Rücken eines Holzlöffels sanft andrücken (nicht zerdrücken). In jedes Glas einen Thymianzweig legen.

2. Ingwersaft, Zitronensaft, Honig und Vanilleextrakt in einem Messbecher oder einer Glasschüssel mischen und mit dem Schneebesen glatt rühren, bis der Honig aufgelöst ist. Den Sprudel zufügen und vorsichtig umrühren.

3. Auf Eis in den vorbereiteten Gläsern servieren.

**HINWEIS: Wenn man einen Entsafter hat, kann man Ingwersaft selbst herstellen. Im Lebensmittelfachhandel ist er aber auch erhältlich.*

ZIMT-HIBISKUS-*Spritz*

ZUBEREITUNG: 20 MINUTEN,
PLUS 30 MINUTEN ZUM ABKÜHLEN
FÜR 2 PORTIONEN

2 Beutel Hibiskustee
1 Zimtstange
2 TL Honig
1/4 TL Vanilleextrakt
360 ml Sprudel
2 Stängel Minze
Eiswürfel

1. 120 ml kochendes Wasser in eine Teekanne oder einen hitzebeständigen Behälter füllen, dann Teebeutel, Zimtstange und Honig zufügen und umrühren. Etwa 10 Minuten ziehen lassen, dann die Teebeutel entfernen. Den Tee im Kühlschrank abkühlen lassen

2. Den abgekühlten Tee in eine kleine Glaskanne gießen. Vanilleextrakt und Sprudel zufügen.

3. Zum Servieren die Minze auf einem Holzbrett vorsichtig mit dem Rücken eines Holzlöffels andrücken (aber nicht zerdrücken). Zwei Gläser bereitstellen, jeweils einen Stängel Minze hineingeben und mit Eis auffüllen. Den Tee nochmals umrühren. Auf das Eis in den Gläsern gießen und genießen.

AHORN-VANILLE-*Chai*

ZUBEREITUNG: 25 MINUTEN
ERGIBT 600 ML

1 Beutel Löwenzahntee
1 MSP gemahlene Gewürznelken
240 ml kochendes Wasser
180 ml Kokosmilch (vollfett), gekauft oder hausgemacht
2 TL Ahornsirup
1 EL Kollagen Hydrolysat*
2 TL gemahlener Zimt
1 TL gemahlener Ingwer
1/2 TL Vanillepulver
1 Prise Meersalz

1. Teebeutel und gemahlene Nelken in einen Becher geben. Mit 240 ml kochendem Wasser aufgießen und 10 Minuten ziehen lassen.

2. Inzwischen Kokosmilch, Ahornsirup, Kollagen, Zimt, Ingwer, Vanillepulver und Salz in der Küchenmaschine in etwa 30 Sekunden glatt pürieren. In einen kleinen Topf umfüllen und unter ständigem Rühren mit dem Schneebesen erhitzen.

3. Wenn der Tee lange genug gezogen hat, den Teebeutel entfernen. Die Flüssigkeit in die Kokosmilchmischung gießen. Unter Rühren sanft erhitzen, bis die gewünschte Serviertemperatur erreicht ist.

HINWEIS: Dieser Chai schmeckt auch auf Eis fantastisch.

**EINKAUFSTIPP: Hochwertiges Kollagen Hydrolysat verwenden, das von Tieren aus Weidehaltung stammt.*

Löwenzahnwurzel // Wahrscheinlich haben Sie Löwenzahn bisher auch immer nur als Unkraut abgetan. Tatsächlich aber kann die Pflanze für verschiedene medizinische Probleme angewendet werden – von Verdauungsstörungen bis hin zum hormonellen Ungleichgewicht. Die Löwenzahnwurzel hat eine milde abführende Wirkung und unterstützt Entgiftungsprozesse im Körper.

LEUCHTEND GRÜNER *Smoothie*

ZUBEREITUNG: 15 MINUTEN
ERGIBT 480 ML

240 ml Ananassaft (frisch oder aus der Flasche)
1 kleine Avocado, Stein entfernt und geschält
3 EL Kollagen Hydrolysat*
1–2 Handvoll frischer Blattspinat
1/2 Banane
50 g Blaubeeren

1. Die Zutaten zusammen im Standmixer glatt pürieren. Sofort servieren.

CREMIGER GRANATAPFEL-BEEREN-*Smoothie*

ZUBEREITUNG: 15 MINUTEN
ERGIBT 480 ML

180 ml Granatapfelsaft (frisch oder aus der Flasche)
1 kleine Banane
3 EL Kollagen Hydrolysat*
65 g Kokosjoghurt*
95 g TK-Himbeeren oder -Brombeeren

1. Die Zutaten zusammen im Standmixer glatt pürieren. Sofort servieren.

**EINKAUFSTIPP: Hochwertiges Kollagen Hydrolysat verwenden, das von Tieren aus Weidehaltung stammt. Der Kokosjoghurt sollte nur Kokosnuss und Probiotika enthalten; Produkte mit Zuckerzusatz und/oder Verdickungsmitteln vermeiden.*

Kollagen // Bei Kollagen handelt es sich um ein Protein, das die Knochen- und Bindegewebsstruktur im Körper bildet und wichtig für gesunde Haut, Nägel, Gelenke, Haare und Knochen ist. Man kann es beziehen, indem man Lebensmittel zubereitet, die einen hohen Anteil an Bindegebe haben (z. B. Knochen) oder es kann in isolierter Form gekauft und in Rezepten verwendet bzw. als Nahrungsergänzungsmittel eingenommen werden.

SOSSEN & DRESSINGS

ZUBEREITUNG: 40 MINUTEN (SCHNELLKOCHTOPF) BIS 1 STUNDE 10 MINUTEN (AUF DEM HERD)
ERGIBT ETWA 600 GRAMM

2 EL festes Kochfett
1 große gelbe Zwiebel, gehackt
1 Knoblauchzehe, sehr fein gehackt
240 ml Knochenbrühe (120 ml für die Schnellkochtopf-Version)
120 ml Wasser
150 g Möhren, gehackt
150 g Rote Bete, gehackt
120 g Apfelmus
3 EL Apfelessig
1 1/2 EL Ahornsirup
2 TL Melasse
1 1/2 TL geräuchertes Meersalz
1 Anchovis
2 Knoblauchzehen, geschält

ZUBEREITUNG AUF DEM HERD

1. Das Fett in einem Topf auf mittlerer Stufe zerlassen. Wenn das Fett geschmolzen und die Pfanne heiß ist, die Zwiebel zufügen und 5 Minuten glasig dünsten. Den fein gehackten Knoblauch zufügen und unter Rühren 2 Minuten sautieren, bis er aromatisch duftet. Brühe, 120 ml Wasser, Möhren, Rote Bete, Apfelmus, Essig, Ahornsirup, Melasse und Salz zufügen und umrühren.

2. Abgedeckt 45-50 Minuten sanft köcheln lassen, bis das Gemüse zart und die Mischung angedickt ist. Beiseitestellen und ein paar Minuten abkühlen lassen.

3. Die Anchovis und eine rohe Knoblauchzehe zufügen. Die Mischung vorsichtig in den Standmixer füllen und glatt pürieren. Kosten und nach Belieben die zweite Knoblauchzehe zufügen und erneut glatt pürieren.

4. Sofort servieren oder in einen geeigneten Behälter zur Aufbewahrung füllen. Luftdicht verschlossen ist die Soße im Kühlschrank eine Woche haltbar. Sie lässt sich auch gut einfrieren.

ZUBEREITUNG IM SCHNELLKOCHTOPF

1. Schritt 1 befolgen wie bei der Zubereitung auf dem Herd, dafür die »Sautieren«-Funktion des Schnellkochtopfs verwenden und statt 240 ml Brühe nur 120 ml Brühe verwenden.

2. Dann bei »Manueller Hochdruck« 8 Minuten garen. Wenn der Alarm der Zeitschaltuhr losgeht, den Druck mit der »Schnelles Abdampfen«-Methode ablassen. Ein paar Minuten abkühlen lassen.

3. Die Mischung vorsichtig in den Standmixer umfüllen, dann die Anchovis und eine rohe Knoblauchzehe zufügen. Auf hoher Stufe glatt pürieren. Kosten und nach Belieben die zweite Knoblauchzehe zufügen und erneut glatt pürieren.

4. Sofort servieren oder in einen geeigneten Behälter zur Aufbewahrung füllen. Luftdicht verschlossen ist die Soße im Kühlschrank eine Woche haltbar. Sie lässt sich auch gut einfrieren.

KORIANDER-*Salsa*

ZUBEREITUNG: 20 MINUTEN
ERGIBT ETWA 350 GRAMM

1 Bund Koriandergrün, die Blätter fein gehackt
1 Bund Petersilie, die Blätter fein gehackt
150 g weiße Zwiebel*, fein gehackt
120 ml natives Olivenöl extra
2 TL Apfelessig oder frischer Limettensaft
1/2 TL Meersalz
6 Knoblauchzehen*, sehr fein gehackt

1. Alle Zutaten in einer kleinen Schüssel sorgfältig vermengen.

2. Sofort servieren oder in einen für die Aufbewahrung geeigneten Behälter umfüllen. Luftdicht verschlossen ist die Salsa im Kühlschrank bis zu 5 Tage haltbar.

**VARIATION:* *Für eine Low-FODMAP-Version statt dem Knoblauch frisch geriebenen Meerrettich verwenden und die Zwiebel durch fein gewürfelten Staudensellerie ersetzen.*

***Koriandergrün* //** Dieses köstliche Kraut enthält nicht nur eine ordentliche Menge Vitamin K, sondern hat auch medizinische Eigenschaften, z. B. fördert es die Leberfunktion und die Infektionsabwehr. Koriander ist außerdem dafür bekannt, giftige Schwermetalle im Körper zu mobilisieren und die Entgiftung zu unterstützen.

MAYO *ohne Kokosnuss und ohne Eier*

ZUBEREITUNG: 15 MINUTEN
ERGIBT ETWA 480 GRAMM

225 g Palmfett
240 ml Olivenöl
60 ml Wasser
3 EL frisch gepresster Zitronensaft (von etwa 1 Zitrone)
4 Knoblauchzehen*
1/2 TL Meersalz

1. Alle Zutaten und 60 ml Wasser im Standmixer oder der Küchenmaschine 2-3 Minuten pürieren, bis eine glatte, angedickte Masse entstanden ist.

2. Die Mayo in einen zur Aufbewahrung geeigneten Behälter umfüllen und luftdicht verschlossen mindestens 1 Stunde im Kühlschrank ziehen lassen, damit sie noch etwas mehr andickt. Luftdicht verschlossen ist die Mayo im Kühlschrank 1 Woche haltbar.

**VARIATION: Für eine Low-FODMAP-Version frisch geriebenen Meerrettich statt dem Knoblauch verwenden.*

Knoblauch // Knoblauch gehört zur Familie der Lauchgewächse und liefert Vitamin C, Mangan und Vitamin B6, sowie zahlreiche Schwefelverbindungen. Diese Schwefelverbindungen spielen eine wichtige Rolle für die Entgiftung, gesunde Gelenke und ein gesundes Herz-Kreislauf-System. Außerdem ist Knoblauch für seine antibakteriellen Verbindungen bekannt.

GRÜNE *Curry-Soße*

ZUBEREITUNG: 40 MINUTEN
ERGIBT KNAPP 500 GRAMM

3–4 Stangen Zitronengras
2 EL Kokosfett
1/2 große gelbe Zwiebel, gehackt
1 1/2 EL sehr fein gehackter frischer Ingwer
1 1/2 EL sehr fein gehackte frische Kurkuma (oder 1 1/2 TL Kurkumapulver)
3 Knoblauchzehen, sehr fein gehackt
1 Bund Koriandergrün, Blätter beiseitegelegt und die Stiele grob gehackt
420 ml Kokosmilch (vollfett), gekauft oder hausgemacht
3/4 TL Meersalz
60 ml frisch gepresster Limettensaft (von etwa 2 Limetten)

1. Die zähen äußeren Schichten der Zitronengrasstangen entfernen. Das zartere Innere der Stangen hacken und beiseitelegen.

2. Das Kokosfett in einer Pfanne oder Topf mit dickem Boden auf mäßig hoher Stufe zerlassen. Sobald das Fett geschmolzen und die Pfanne heiß ist, die Zwiebeln zufügen und 7 Minuten unter gelegentlichem Rühren glasig dünsten.

3. Zitronengras, Ingwer, Kurkuma, Knoblauch und etwa zwei Drittel der Korianderstängel zufügen und unter Rühren 3 Minuten dünsten.

4. Kokosmilch und Meersalz zufügen, die Temperatur reduzieren und das Ganze mindestens 10 Minuten sanft köcheln lassen.

5. Vom Herd nehmen und ein paar Minuten ziehen lassen.

6. Wenn die Mischung nicht mehr kochend heiß ist, den Limettensaft und den Großteil des restlichen Koriandergrüns untermischen. In den Standmixer umfüllen und etwa 60 Sekunden glatt pürieren.

7. Nach Belieben mit Salz abschmecken und zu Fleisch servieren, garniert mit den restlichen Koriandergrünblättchen. Oder in einen zur Aufbewahrung geeigneten Behälter umfüllen. Luftdicht verschlossen ist die Soße im Kühlschrank bis zu 1 Woche haltbar.

Zitronengras // Traditionell sowohl kulinarisch als auch medizinisch verwendet, enthält Zitronengras Verbindungen mit antioxidativen Eigenschaften und auch solche mit entzündungshemmenden, antibakteriellen und antimykotischen Eigenschaften.

GOLDENE KURKUMA-*Soße*

ZUBEREITUNG: 40 MINUTEN
ERGIBT ETWA 1 LITER

2 EL Kokosfett
1 Zwiebel, grob gehackt
1 Stück (5 cm) Ingwer, sehr fein gehackt (etwa 2 EL)
2 Knoblauch, sehr fein gehackt
240 ml Knochenbrühe (siehe Seite 86)
300 g Süßkartoffeln, gewürfelt
2 EL Kurkumapulver
1/2 TL Ingwerpulver
1/4 TL Zimtpulver
1 1/2 TL Meersalz
420 ml Kokosmilch (vollfett),
fertig gekauft oder hausgemacht
3 EL frisch gepresster Zitronensaft (von etwa 1 Zitrone)

1. Das Kokosfett in einem mittleren Topf auf mittlerer Stufe zerlassen. Wenn das Fett geschmolzen und die Pfanne heiß ist, die Zwiebeln zufügen. Unter Rühren 5 Minuten zunächst glasig dünsten und dann sautieren, bis sie leicht gebräunt sind.

2. Ingwer und Knoblauch untermischen und etwa 1 Minute aromatisch dünsten.

3. Knochenbrühe, Süßkartoffeln, Kurkumapulver, Ingwerpulver, Zimt und Meersalz untermischen. Zum Kochen bringen, dann den Topf mit dem Deckel verschließen, die Temperatur reduzieren und die Mischung 10 Minuten sanft köcheln lassen, bis die Süßkartoffeln zart sind. Etwa 5 Minuten abkühlen lassen.

4. Kokosmilch und Zitronensaft in den Standmixer füllen. Die Süßkartoffeln mit der Garflüssigkeit zufügen. Den Mixer fest mit dem Deckel verschließen und ein Küchentuch darüberlegen, um die Hände zu schützen. Die Mischung 30 Sekunden auf hoher Stufe glatt pürieren.

5. Sofort servieren oder in einen zur Aufbewahrung geeigneten Behälter umfüllen. Luftdicht verschlossen ist die Soße im Kühlschrank bis zu 1 Woche haltbar.

Kurkuma // Das Rhizom der auch als Gelbwurz bekannten Kurkuma wird schon seit Jahrhunderten als Gewürz in der Küche und auch als Medizin verwendet. Curcumin, ein in Kurkuma enthaltenes Polyphenol, war aufgrund seiner entzündungshemmenden Eigenschaften bereits Thema zahlreicher Studien.

MEERRETTICH-*Soße*

ZUBEREITUNG: 20 MINUTEN
ERGIBT 170 GRAMM

1 Stück (7 cm) Meerrettichwurzel, frisch gerieben
60 g Kokosjoghurt*
60 ml Avocadoöl
2 Knoblauchzehen, geschält
2 EL frisch gepresster Zitronensaft
1/2 TL Meersalz

1. Den frisch geriebenen Meerrettich 5 Minuten ziehen lassen, damit sich das Aroma entfalten kann. Wer es gerne schärfer mag, lässt ihn 10 Minuten ziehen.

2. Alle Zutaten im Standmixer glatt pürieren.

3. Sofort servieren oder in einen zur Aufbewahrung geeigneten Behälter umfüllen. Luftdicht verschlossen ist die Soße im Kühlschrank bis zu 1 Woche haltbar.

**EINKAUFSTIPP: Darauf achten, dass der Kokosjoghurt nur Kokosnuss und Probiotika enthält. Produkte mit Zuckerzusatz und/oder Verdickungsmitteln vermeiden.*

KÜCHENTRICK: Immer, wenn ich frischen Meerrettich auf dem Markt sehe, kaufe ich ein paar Exemplare, schneide sie in 5 cm große Stücke und friere diese für später ein. Für alle, die empfindlich auf Gemüse aus der Familie der Nachtschattengewächse reagieren, ist Meerrettich eine hervorragende Alternative zum Aufpeppen von Speisen.

Meerrettich // Meerrettich gehört zur Familie der Kreuzblütengewächse und die Wurzel der Pflanze ist sehr pikant. Sie enthält Ballaststoffe, Vitamin C und Folsäure sowie eine Reihe sekundärer Pflanzenstoffe und ätherischer Öle. Einige der Bestandteile von Meerrettich sind dafür bekannt, das Immunsystem zu unterstützen, Krebs vorzubeugen und Entgiftungsprozesse zu unterstützen

TOMATENLOSE *Soße*

ZUBEREITUNG: 40 MINUTEN (SCHNELLKOCHTOPF) BIS 1 STUNDE 15 MINUTEN (AUF DEM HERD)
ERGIBT ETWA 350 GRAMM

---

1 EL festes Kochfett
1 große gelbe Zwiebel, gehackt
4 Knoblauchzehen, sehr fein gehackt
2 mittlere Rote Bete, gehackt
2 mittlere Möhren, gehackt
1 EL fein gehackte Thymianblättchen
1 EL fein gehackte Rosmarinblättchen
240 ml Knochenbrühe (120 ml für die Schnellkochtopf-Version)
1 TL Meersalz
1/2 Bund frisch gehacktes Basilikum

ZUBEREITUNG AUF DEM HERD

1. Das Fett in einem Topf mit dickem Boden auf mittlerer Stufe zerlassen. Sobald das Fett geschmolzen und die Pfanne heiß ist, die Zwiebel zufügen und 5 Minuten glasig dünsten. Den Knoblauch zufügen und ein paar Minuten weiter dünsten. Rote Bete, Möhren, Thymian und Rosmarin untermischen und 2 Minuten sautieren.

2. Knochenbrühe und Salz zufügen und zum Kochen bringen. Dann die Temperatur reduzieren und abgedeckt auf niedriger Stufe 30 Minuten sanft köcheln lassen, bis das Gemüse zart ist. Ein paar Minuten abkühlen lassen.

3. Die Mischung vorsichtig in den Standmixer oder die Küchenmaschine umfüllen und pürieren.

4. Das Püree zurück in den Topf füllen. Das Basilikum unterrühren und das Ganze auf schwacher Stufe noch 5 Minuten erhitzen.

5. Sofort servieren oder in einen zur Aufbewahrung geeigneten Behälter umfüllen. Luftdicht verschlossen ist die Soße im Kühlschrank bis zu 1 Woche haltbar. Sie lässt sich auch gut einfrieren.

ZUBEREITUNG IM SCHNELLKOCHTOPF

1. Schritt 1 befolgen wie bei der Zubereitung auf dem Herd, dafür die »Sautieren«-Funktion des Schnellkochtopfs verwenden.

2. Dann 120 ml Knochenbrühe und das Salz zufügen und bei »Manueller Hochdruck« 8 Minuten garen. Wenn der Alarm der Zeitschaltuhr losgeht, den Druck mit der »Schnelles Abdampfen«-Methode ablassen. Ein paar Minuten abkühlen lassen.

3. Die Mischung vorsichtig in den Standmixer oder die Küchenmaschine umfüllen und pürieren.

4. Das Püree zurück in den Topf füllen. Das Basilikum unterrühren und das Ganze auf schwacher Stufe noch 5 Minuten erhitzen.

5. Sofort servieren oder in einen zur Aufbewahrung geeigneten Behälter umfüllen. Luftdicht verschlossen ist die Soße im Kühlschrank bis zu 1 Woche haltbar. Sie lässt sich auch gut einfrieren.

Rote Bete // Rote Beten sind ein guter Lieferant vieler Nährstoffe, besonders bemerkenswert ist ihr Gehalt an Folsäure und Mangan. Ihre tiefe Pigmentierung stammt von Betalainen, Antioxidantien mit entzündungshemmender Wirkung.

PIKANTE *Guacamole*

ZUBEREITUNG: 20 MINUTEN
ERGIBT ETWA 500 GRAMM

1–2 EL frisch geriebener Meerrettich
2 Avocados, geschält und Steine entfernt
115 g rote Zwiebel, fein gehackt
1 Knoblauchzehe, sehr fein gehackt
2 EL frisch gepresster Limettensaft (etwa 1 Limette)
1/2 TL Meersalz
1/2 Bund Koriandergrün, fein gehackt

1. Den frisch geriebenen Meerrettich 5 Minuten ziehen lassen, damit sich das Aroma entfalten kann. Wer es gerne schärfer mag, lässt ihn 10 Minuten ziehen.

2. In einer Schüssel 1 EL Meerrettich mit den restlichen Zutaten mischen. Kosten und nach Belieben mehr Meerrettich untermischen. Die Intensität des Geschmacks von frischem Meerrettich variiert, man muss bei der Zubereitung dieses Rezeptes also jedes Mal kosten und abschmecken.

3. Sofort servieren oder in einen zur Aufbewahrung geeigneten Behälter umfüllen und die Oberfläche direkt mit einem kleinen Stück Frischhaltefolie oder Wachspapier abdecken, damit sie nicht zu stark braun anläuft. Im Kühlschrank ist die Guacamole bis zu 3 Tage haltbar.

KÜCHENTRICK: Immer, wenn ich frischen Meerrettich auf dem Markt sehe, kaufe ich ein paar Exemplare, schneide sie in 5 cm große Stücke und friere diese für später ein. Für alle, die empfindlich auf Gemüse aus der Familie der Nachtschattengewächse reagieren, ist Meerrettich eine hervorragende Alternative zum Aufpeppen von Speisen.

TROPISCHE *Guacamole*

ZUBEREITUNG: 20 MINUTEN
ERGIBT ETWA 600 GRAMM

2 Avocados, geschält und Stein entfernt
115 g rote Zwiebel, fein gehackt
2 EL frisch gepresster Limettensaft (etwa 1 Limette)
1/2 TL Meersalz
1/2 Bund Koriandergrün, fein gehackt
200 g Ananas, gewürfelt*

1. Avocado, Zwiebel, Limettensaft, Salz und Koriandergrün in einer kleinen Schüssel vermengen, bis die gewünschte Konsistenz erreicht ist. Die Ananas unterrühren.

2. Sofort servieren oder in einen zur Aufbewahrung geeigneten Behälter umfüllen und die Oberfläche direkt mit einem kleinen Stück Frischhaltefolie oder Wachspapier abdecken, damit sie nicht zu stark braun anläuft. Im Kühlschrank ist die Guacamole bis zu 3 Tage haltbar.

**VARIATION: Für eine Low-Carb-Version die Ananasstückchen durch Gurkenstückchen ersetzen.*

Avocado // Strenggenommen handelt es sich bei der Avocado um eine Frucht. Sie enthält gute Mengen an Vitamin B5 (Pantothensäure), den Vitaminen K und E, Kupfer, Folsäure und Ballaststoffen. Avocados sind ein großartiger Lieferant einfach ungesättigter Fettsäuren und enthalten außerdem einige sekundäre Pflanzenstoffe und Phytosterine.

TERIYAKI-*Soße*

ZUBEREITUNG: 30 MINUTEN
ERGIBT ETWA 500 ML

240 ml Kokosaminos
55 g Kokosblütenzucker
4 Knoblauchzehen, sehr fein gehackt
1 EL sehr fein gehackter frischer Ingwer
240 ml kaltes Wasser
2 EL Pfeilwurzelmehl
Meersalz

1. Kokosaminos, Kokosblütenzucker, Knoblauch, Ingwer und 240 ml Wasser in einem Topf mischen und auf mittlerer Stufe erhitzen.

2. Inzwischen das kalte Wasser in eine kleine Schüssel füllen und das Pfeilwurzelmehl mit dem Schneebesen unterrühren, bis es vollständig aufgelöst ist. Diese Mischung unter die Soße im Topf rühren.

3. Zum Kochen bringen, dann auf niedrige Stufe reduzieren und unter Rühren 10 Minuten sanft köcheln lassen, bis die Soße deutlich angedickt ist.

4. Mit Salz abschmecken. Sofort Servieren oder in einem zur Aufbewahrung geeigneten Behälter abgedeckt im Kühlschrank aufbewahren. So ist die Soße bis zu 1 Woche haltbar.

HINWEIS: Wie salzig die fertige Soße sein wird, hängt hier von der Marke der Kokosaminos ab, die verwendet wird. Aus diesem Grund muss man die Soße auf jeden Fall kosten, bevor man am Ende Salz zufügt.

Ingwer // Dieses aromatische Rhizom wird sowohl als kulinarisches Gewürz als auch medizinisch verwendet. Ingwer ist zwar besonders gut dafür bekannt, dass er sich beruhigend auf den Verdauungstrakt auswirkt, Studien haben aber auch ergeben, dass er entzündungshemmende und das Immunsystem stärkende Verbindungen enthält.

HERZHAFTE »Sahnesoße«

ZUBEREITUNG: 30 MINUTEN
ERGIBT ETWA 500 ML

1 EL festes Kochfett
1/2 gelbe Zwiebel, gehackt
4 Knoblauchzehen, sehr fein gehackt
240 ml Knochenbrühe (Seite 86)
1 helle Süßkartoffel, gewürfelt (etwa 300 g)
240 ml Kokosmilch (vollfett), gekauft oder hausgemacht
3 EL Nährhefe
1/2 TL Meersalz

1. Das Fett in einem mittleren Topf auf mittlerer Stufe zerlassen. Sobald das Fett geschmolzen und die Pfanne heiß ist, die Zwiebeln zufügen und unter gelegentlichem Rühren 5 Minuten hellbraun sautieren. Den Knoblauch zufügen und unter Rühren 30 Sekunden aromatisch dünsten.

2. Knochenbrühe und Süßkartoffel zufügen und zum Kochen bringen. Die Temperatur reduzieren und abgedeckt etwa 10 Minuten sanft köcheln lassen, bis die Süßkartoffelstückchen zart sind. Vom Herd nehmen.

3. Kokosmilch, Nährhefe und Salz untermischen, dann mit dem Pürierstab oder im Standmixer pürieren.

4. Sofort servieren oder in einen zur Aufbewahrung geeigneten Behälter füllen. Die Soße ist luftdicht verschlossen im Kühlschrank bis zu 1 Woche haltbar.

Nährhefe // Die in der Regel auf Zuckerrüben angebaute Nährhefe ist ein exzellenter Lieferant von B-Vitaminen und Spurenelementen.

»GREEN GODDESS«-*Dressing*

ZUBEREITUNG: 15 MINUTEN
ERGIBT ETWA 350 ML

2 mittlere Avocados
120 ml natives Olivenöl extra
125 g Kokosjoghurt*
60 ml Wasser
1/2 Bund frisches Basilikum
1/2 Bund frische Minze
3 EL frisch gepresster Zitronensaft (etwa 1 Zitrone)
2 Knoblauchzehen
1 TL Meersalz

1. Die Avocados halbieren und die Steine entfernen. Mit einem Löffel das Fruchtfleisch aus den Hälften schaben.

2. Alle Zutaten und 60 ml Wasser in den Standmixer oder die Küchenmaschine füllen und mit der Impulsstufe grob pürieren. Falls die Masse zu dick ist, noch einen Esslöffel Wasser zufügen.

3. Sofort servieren oder in einen zur Aufbewahrung geeigneten Behälter umfüllen. Luftdicht verschlossen ist das Dressing im Kühlschrank bis zu 3 Tage haltbar.

**EINKAUFSTIPP: Darauf achten, dass der Kokosjoghurt nur Kokosnuss und Probiotika enthält. Produkte mit Zuckerzusatz und/oder Verdickungsmittel vermeiden.*

Olivenöl // Öl von kalt gepressten Oliven enthält die größten Mengen einfach ungesättigter Fettsäuren sowie Oleinsäure. Olivenöl enthält unglaublich viel sekundäre Pflanzenstoffe, vor allem Phenole und Polyphenole, deren antioxidative und entzündungshemmende Wirkung ausgiebig untersucht wurde.

CHAMPAGNER-*Vinaigrette*

ZUBEREITUNG: 15 MINUTEN
ERGIBT 480 ML

240 ml Avocadoöl
120 ml Champagneressig
1 TL frisch abgeriebene Bio-Zitronenschale
3 EL frisch gepresster Zitronensaft (etwa 1 Zitrone)
2 Anchovis
2 TL frische Thymianblättchen
1/4 TL Honig
1/4 TL Meersalz

1. Öl, Essig, Zitronenabrieb und -saft, Anchovis, Thymian, Honig und Salz im Standmixer oder der Küchenmaschine glatt pürieren. (Alternativ kann man die Zutaten auch in einer Schüssel mit dem Schneebesen glatt rühren. In diesem Fall die Anchovis zunächst fein zerdrücken, dann alle Zutaten bis auf das Avocadoöl glatt rühren und das Öl zum Schluss in einem feinen Strahl unter ständigem Rühren mit dem Schneebesen zufügen, damit eine Emulsion entsteht.) Kosten und nach Bedarf mit Salz abschmecken (einige Anchovis sind salziger als andere – eventuell wird gar kein Salz benötigt).

2. Sofort servieren oder in einen zur Aufbewahrung geeigneten Behälter umfüllen. Luftdicht verschlossen ist die Vinaigrette im Kühlschrank bis zu 1 Woche haltbar.

HELLE BALSAMICO-*Vinaigrette*

ZUBEREITUNG: 15 MINUTEN
ERGIBT KNAPP 400 ML

240 ml natives Olivenöl extra
120 ml weißer Balsamicoessig
3 EL frisch gepresster Zitronensaft (von 1 Zitrone)
2 Knoblauchzehen, sehr fein gehackt
1 TL Meersalz

1. Alle Zutaten im Standmixer oder der Küchenmaschine glatt pürieren. (Alternativ kann man die Zutaten auch in einer Schüssel mit dem Schneebesen verrühren: Alle Zutaten bis auf das Olivenöl glatt rühren und das Öl zum Schluss in einem feinen Strahl unter ständigem Rühren mit dem Schneebesen zufügen, damit eine Emulsion entsteht.)

2. Sofort servieren oder in einen zur Aufbewahrung geeigneten Behälter umfüllen. Luftdicht verschlossen ist die Vinaigrette im Kühlschrank bis zu 1 Woche haltbar.

VARIATION: 1-2 EL fein gehackte frische Kräuter unter dieses Dressing rühren, um es aufzupeppen. Rosmarin, Thymian oder Estragon sind alle gut geeignet.

JOGHURT-*Dressing*

ZUBEREITUNG: 15 MINUTEN
ERGIBT KNAPP 400 GRAMM

250 g Kokosjoghurt*
120 ml natives Olivenöl extra
3 EL frisch gepresster Zitronensaft (etwa 1 Zitrone)
1 EL Wasser
2 daumengroße Stücke Knoblauchzehen
2 EL frischer Dill
1 TL Meersalz

1. Alle Zutaten und 1 EL Wasser im Standmixer oder der Küchenmaschine glatt pürieren. Wenn die Masse zu dickflüssig ist, einen zusätzlichen EL Wasser untermischen.

2. Sofort servieren oder in einen zur Aufbewahrung geeigneten Behälter füllen. Luftdicht verschlossen ist das Dressing im Kühlschrank bis zu 3 Tage haltbar.

**EINKAUFSTIPP: Darauf achten, dass der Kokosjoghurt nur Kokosnuss und Probiotika enthält. Produkte mit Zuckerzusatz und/oder Verdickungsmittel vermeiden.*

Kokosjoghurt // Aus dem Fruchtfleisch von Kokosnuss gewonnener Joghurt ist eine großartige Quelle mittelkettiger gesättigter Fette, z. B. von Laurinsäure – einem Fett, das antivirale, antimykotische und antibiotische Eigenschaften hat. Kokosjoghurt liefert außerdem Probiotika, welche die Verdauung und Darmgesundheit fördern.

GRANDIOSES GEMÜSE

ROSENKOHL-PFANNE
mit Schalotten

ZUBEREITUNG: 40 MINUTEN
FÜR 6 PORTIONEN

4 EL festes Kochfett
4 große Schalotten, in feine Ringe geschnitten
900 g Rosenkohl, halbiert und in feine Scheiben geschnitten
1 TL geräuchertes Meersalz
1 TL frisch abgeriebene Zitronenschale (etwa 1 Zitrone)
3 EL frisch gepresster Zitronensaft (etwa 1 Zitrone)
Koriandergrün zum Garnieren

1. In einer Pfanne mit dickem Boden 2 EL Fett auf mittlerer Stufe zerlassen. Sobald das Fett zerlassen und die Pfanne heiß ist, die Schalotten zufügen und unter gelegentlichem Rühren 3 Minuten glasig dünsten.

2. Die Temperatur auf mäßig hohe Stufe erhöhen und das restliche Fett sowie den Rosenkohl ebenfalls in die Pfanne geben und unter gelegentlichem Rühren 7 Minuten braten, sodass die untere Schicht bräunt.

3. Vom Herd nehmen. Salz, Zitronenabrieb und -saft untermischen. Garniert mit ein paar Blättchen Koriandergrün servieren.

Rosenkohl // Rosenkohl ist ein exzellenter Lieferant der Vitamine K und C sowie eine gute Quelle für Kalium. Auch enthält er eine Menge an Ballaststoffen, genauso wie große Mengen Antioxidantien und Schwefel.

BUNTE MÖHREN *mit Ingwerglasur*

ZUBEREITUNG: 1 STUNDE
FÜR 6 PORTIONEN

3–4 Bund Regenbogen-Möhren (etwa 1810 g), geputzt, das Grün auf etwa 2,5 cm gekürzt
1 EL festes Kochfett, zerlassen
1 TL Honig, zerlassen
1/2 TL Meersalz
1/2 TL Ingwerpulver

1. Den Ofen auf 220 °C vorheizen.

2. Fett, Honig, Salz und Ingwer mischen und die Möhren darin schwenken, sodass sie rundherum gleichmäßig benetzt sind. Auf einem Backblech verteilen und etwa 45 Minuten im vorgeheizten Ofen braten, bis die Möhren zart und leicht karamellisiert sind.

Möhren **//** Möhren sind dafür bekannt, Beta-Carotin zu enthalten, eine Vorstufe von Vitamin A. Außerdem enthalten sie eine gute Menge Biotin, Ballaststoffe und Vitamin C. Über Beta-Carotin hinaus enthalten Möhren zudem viele andere sekundäre Pflanzenstoffe mit antioxidativer Wirkung – abhängig von ihrer Farbe in variablen Mengen. Daher ist es wichtig, auch violette, rote und gelbe Möhren zu essen (wenn man sie bekommen kann), nicht nur die klassischen orangefarbenen Exemplare.

SÜSSKARTOFFEL-*Gnocchi*

ZUBEREITUNG: 1 STUNDE 30 MINUTEN
FÜR 4 PORTIONEN

FÜR DIE GNOCCHI

450 g Süßkartoffeln, geschält und in 5 cm große Stücke geschnitten
115 g Maniokmehl
1 TL Knoblauchpulver
1/2 TL Zwiebelpulver
1/2 TL Meersalz

FÜR DAS GEMÜSE

1 EL festes Kochfett
2 große Schalotten, in feine Ringe geschnitten
130 g Pilze, in Scheiben geschnitten
1/2 TL Meersalz
4 Knoblauchzehen, sehr fein gehackt
1 großes Bund Basilikum, die Blätter gehackt
2 EL Olivenöl
1 1/2 EL frisch gepresster Zitronensaft

1. Zunächst die Süßkartoffeln garen: In einem Suppentopf mit kaltem Wasser bedecken und ohne Deckel etwa 10 Minuten kochen lassen, bis sie zart sind. Die Flüssigkeit abgießen und die Süßkartoffeln zurück in den Topf füllen, dann fein stampfen. Beiseitestellen und 20 Minuten abkühlen lassen.

2. Als Nächstes die Gnocchi zubereiten. Einen Suppentopf mit Wasser füllen und zum Kochen bringen. Während man darauf wartet, dass das Wasser kocht, in einer großen Schüssel Maniokmehl, Knoblauch, Zwiebelpulver und Salz mischen.

3. Per Hand 300 g von dem glatten Süßkartoffelstampf unter die trockenen Zutaten mischen, bis ein leicht klebriger Teig entstanden ist (das Mehl darf nicht mehr zu erkennen sein). Eine kleine Handvoll dieses Teigs auf der sauberen Arbeitsfläche zu einem etwa 1,5 cm dicken Strang ausrollen. Den Strang dann in etwa 0,7 cm dicke Stücke schneiden und diese mit einer zunächst in Mehl getunkten Gabel flach drücken und gleichzeitig mit einem Muster versehen. Die fertigen Gnocchi ein paar Minuten im Kühlschrank ruhen lassen, damit sie fest werden. Mit dem restlichen Teig wiederholen.

4. Etwa ein Drittel der fertig geformten Gnocchi mit dem Schaumlöffel oder einem Sieb in das kochende Wasser geben und vorsichtig umrühren, damit sie nicht zusammenkleben. Etwa 90 Sekunden kochen, bis die Gnocchi an die Oberfläche steigen. Mit dem Schaumlöffel aus dem Wasser nehmen und auf einem mit Küchenpapier ausgelegtem Teller abtropfen lassen. Mit dem Rest der Gnocchi in 2 Etappen wiederholen.

5. In einer Pfanne mit dickem Boden das Fett zerlassen. Sobald das Fett geschmolzen und die Pfanne heiß ist, die Schalotten zufügen und unter Rühren glasig dünsten. Die Pilze und das Meersalz zufügen und ein paar Minuten sautieren, um Pilze und Zwiebeln zu garen. (Zunächst geben die Pilze einige Flüssigkeit ab, die beim weiteren Sautieren aber verdampft).

6. Die Temperatur reduzieren, dann Knoblauch, Basilikum und Olivenöl untermischen. Die Gnocchi vorsichtig unterheben und noch etwa 1 Minute sautieren, bis alles heiß ist.

7. Den Zitronensaft unterrühren und servieren.

PASTINAKEN-»RISOTTO«
mit Salbei

ZUBEREITUNG: 45 MINUTEN
FÜR 4 PORTIONEN

680 g Pastinaken, in Größe von Reiskörnern gehackt (siehe Hinweis unten)
1 EL festes Kochfett
1/2 gelbe Zwiebel, sehr fein gehackt*
100 g Pilze, fein gehackt
3 Knoblauchzehen, sehr fein gehackt*
1 EL frisch gehackter Salbei
1/2 TL Meersalz
1 TL Apfelessig
180 ml Knochenbrühe

HINWEIS: Um die Pastinaken zu »Reis« zu verarbeiten, die Hälfte in die Küchenmaschine geben und auf der Impulsstufe in etwa 20 Sekunden in Stückchen in der Größe von Reiskörnern hacken. Nicht zu lange verarbeiten, damit kein Brei entsteht. Die gehackten Pastinaken beiseitestellen und die zweite Hälfte fein hacken. Nach Belieben können auch die Zwiebeln und Pilze für dieses Rezept in der Küchenmaschine gehackt werden statt mit der Hand.

1. Das Kochfett in einer großen Pfanne oder einem Topf mit dickem Boden auf mittlerer Stufe zerlassen. Sobald das Fett geschmolzen und die Pfanne heiß ist, Zwiebeln und Pilze zufügen. Unter Rühren etwa 5 Minuten dünsten, bis die Zwiebeln glasig sind. Knoblauch, Salbei und Meersalz zufügen und zwei weitere Minuten aromatisch dünsten.

2. Mit dem Apfelessig ablöschen und Bratensatz mit dem Kochlöffel vom Pfannenboden lösen. Gehackte Pastinaken und Knochenbrühe zufügen und gut umrühren. Ohne Deckel 5-7 Minuten auf mittlerer Stufe unter gelegentlichem Rühren köcheln lassen, bis die Flüssigkeit vollständig absorbiert ist und die Pastinaken vollständig gegart sind.

**VARIATION: Für eine Low-FODMAP-Version fein gehackten Staudensellerie statt Zwiebeln und Knoblauch verwenden.*

Pastinaken // Die eng mit den Möhren verwandten Pastinaken enthalten Vitamin C, Folsäure und Mangan. Darüber hinaus sind sie reich an Ballaststoffen und enthalten Beta-Carotin sowie andere sekundäre Pflanzenstoffe.

FRISCHER DETOX-*Salat*

ZUBEREITUNG: 30 MINUTEN
FÜR 4 PORTIONEN

1 großer Bund Koriandergrün, die Blätter gehackt
1 Bund Brunnenkresse, gehackt
2 Handvoll Microgreens
2 kleine oder 1 großer Kopf Brokkoli, fein gewürfelt
2 kleine oder 1 große Rote Bete, in 1 cm große Würfel geschnitten
180 ml natives Olivenöl extra
1 1/2 EL frisch gepresster Zitronensaft
2 Anchovis
1 Knoblauchzehe
1 Avocado, gewürfelt

1. Koriandergrün, Brunnenkresse, Microgreens, Brokkoli und Rote Bete in einer großen Schüssel mischen.

2. Olivenöl, Zitronensaft, Anchovis und Knoblauch im Standmixer 30 Sekunden glatt pürieren.

3. Das Dressing über den Salat gießen, schwenken und zum Schluss die Avocadowürfel unterheben.

HINWEIS: Wird der Salat für später vorbereitet, die Salatzutaten und das Dressing getrennt bereitstellen und die Avocado erst kurz vor dem Anrichten schälen und würfeln. Im Kühlschrank sind die separaten Salat-Komponenten 1-2 Tage haltbar.

Microgreens // Dabei handelt es sich um die winzigen Triebe von Pflanzen, die gerade erst gesprosst sind. Microgreens sind eine unglaublich ergiebige Quelle sekundärer Pflanzenstoffe. Da sie das Potenzial für eine komplette zukünftige Pflanze enthalten, sind die Nährstoffe höchst konzentriert. Probieren Sie unterschiedliche Varianten (z. B. Brokkoli, Basilikum, Rüben, Rucola oder Breitblättriger Senf), um von einer guten Mischung verschiedener sekundärer Pflanzenstoffe zu profitieren.

CREMIGE PILZSUPPE
mit Speck und Salbei

ZUBEREITUNG: 45 MINUTEN
FÜR 4 PORTIONEN

4 dicke Scheiben Speck (nicht gepökelt)
70 g getrocknete Steinpilze
240 ml Wasser
1 Zwiebel, gehackt
4 Knoblauchzehen, sehr fein gehackt
2 EL sehr fein gehackter frischer Salbei
2 mittlere Zucchini, gewürfelt
240 ml Knochenbrühe (siehe Seite 86)
1 TL Meersalz
240 ml Kokosmilch, gekauft oder hausgemacht
1 1/2 EL frisch gepresster Zitronensaft
Trüffelsalz oder reguläres Meersalz

1. Den Speck in einem Suppentopf auf mittlerer Stufe 10 Minuten unter gelegentlichem Wenden knusprig braten. Auf einem mit Küchenpapier ausgelegtem Teller abkühlen lassen, das Fett im Suppentopf lassen.

2. Während der Speck gart, die getrockneten Pilze in einer Schüssel mit 240 ml warmem Wasser bedecken und einweichen.

3. Die Zwiebeln in den Suppentopf geben und im ausgelassenen Fett unter Rühren auf mittlerer Stufe etwa 7 Minuten glasig dünsten. Knoblauch und Salbei zufügen und 1 Minuten aromatisch dünsten. Die Zucchini untermischen und noch 2 Minuten dünsten. Dann Knochenbrühe und die eingeweichten Pilze mitsamt dem Wasser zufügen. Salzen und 10-15 Minuten sanft köcheln lassen, bis die Zucchini zart sind.

4. Inzwischen den knusprigen Speck hacken und die Stückchen zum Garnieren der Suppe beiseitelegen.

5. Wenn das Gemüse gar ist, den Topf vom Herd nehmen, Kokosmilch und Zitronensaft zufügen und gut umrühren. Etwa ein Drittel der Mischung vorsichtig in den Standmixer oder die Küchenmaschine umfüllen und glatt pürieren (die raumtemperierte Kokosmilch sollte die Mischung ausreichend abkühlen; ist das nicht der Fall, ein paar Minuten warten). Mit der restlichen Mischung in zwei Portionen wiederholen.

6. Die Suppe warm servieren, abgeschmeckt mit Trüffelsalz oder regulärem Meersalz und garniert mit Speckstückchen.

Steinpilze // Steinpilze stehen in einer symbiotischen Beziehung mit den Bäumen, in deren Nähe sie wachsen, und lassen sich daher nur schwer kultivieren – das heißt wiederum, dass die meisten Steinpilze in der Natur gesammelt werden. Sie enthalten viele B-Vitamine und Ballaststoffe und sind eine gute Quelle für Antioxidantien – und sie sind eine der wenigen Lebensmittelquellen für Vitamin D.

GEMÜSE *vom Grill*

ZUBEREITUNG: 30 MINUTEN
FÜR 4 PORTIONEN

3 Portabella-Pilze, Stiele entfernt, halbiert
3 gelbe Zucchini, längs halbiert oder geviertelt
1 Bund Grüner Spargel, zähe Enden entfernt
1 Bund Frühlingszwiebeln, dunkle grüne Enden entfernt, längs halbiert
80 ml Avocadoöl
1 TL Meersalz
1 1/2 TL getrockneter Oregano

1. Den Grill auf hohe Stufe vorheizen. Das Gemüse auf einem Backblech verteilen und mit Avocadoöl beträufeln. Salz und Oregano darüber streuen und dann alles mit den Händen gut durchmischen, damit das Gemüse rundherum mit Öl benetzt und gleichmäßig gewürzt ist.

2. Das Gemüse auf dem heißen Grill verteilen und den Deckel schließen. Zwischen 8 und 12 Minuten unter gelegentlichem Wenden grillen. Gegartes Gemüse vom Grill nehmen (wahrscheinlich ist der Spargel zuerst so weit, gefolgt von den Zucchini, Pilzen und zum Schluss den Zwiebeln).

VARIATION: Wenn Sie keinen Grill haben, können Sie das Gemüse auch im auf 220 °C vorgeheizten Ofen 10-15 Minuten rösten. Auch hier das Gemüse entfernen, sobald es gegart ist.

Frühlingszwiebeln // Die zur Gattung der Lauchpflanzen gehörenden Frühlingszwiebeln sind eine gute Quelle für Biotin, Kupfer, Vitamin C, Ballaststoffe und Folsäure. Außerdem sind sie ein guter Lieferant für Schwefel und sekundäre Pflanzenstoffe.

SÜSSKARTOFFEL-PASTINAKEN-SALAT *mit Kapern*

ZUBEREITUNG: 45 MINUTEN
FÜR 6 PORTIONEN

FÜR DIE MAYO:

115 g Palmfett
120 ml Olivenöl
2 EL Wasser
1 1/2 EL frisch gepresster Zitronensaft
2 Knoblauchzehen
1/4 TL Meersalz

FÜR DEN SALAT:

2 helle Süßkartoffeln, geschält und in 2 cm große Stücke geschnitten
4 Pastinaken, geschält und in 2 cm große Stücke geschnitten
4 Stangen Staudensellerie, gehackt
1/2 rote Zwiebel, halbiert und in feine Scheiben geschnitten
2 EL Kapern in Salzlake
Schnittlauchröllchen zum Garnieren

1. Alle Zutaten für die Mayo und 2 EL Wasser in der Küchenmaschine 2-3 Minuten pürieren, bis eine glatte, dicke Masse entstanden ist. Die Mayo im Kühlschrank aufbewahren, während der Salat zubereitet wird.

2. Einen großen Topf leicht gesalzenes Wasser zum Kochen bringen. Süßkartoffeln und Pastinaken darin 10 Minuten zart kochen. Abgießen und mit kaltem Wasser abschrecken, dann 20 Minuten im Kühlschrank ruhen lassen.

3. Das Wurzelgemüse in einer großen Schüssel mit den übrigen Salatzutaten (bis auf den Schnittlauch) mischen und mit der Mayo anmachen.

4. Mit ein wenig Salz abschmecken und mit Schnittlauchröllchen garnieren.

Kapern // Bei diesen winzigen Häppchen handelt es sich um die geschlossenen Blüten einer mediterranen Pflanze. Sie enthalten nicht nur Vitamin C, Eisen und Kalzium, sondern sind auch einer der besten pflanzlichen Lieferanten für die Antioxidantien Rutin und Quercin.

BLUMENKOHL-»REIS« *mit Koriander*

ZUBEREITUNG: 30 MINUTEN
FÜR 4 PORTIONEN

1 großer Kopf Blumenkohl
1 Apfel
2 EL festes Kochfett
2 Knoblauchzehen, sehr fein gehackt
1 TL Meersalz
1/2 Bund Koriandergrün, gehackt, plus mehr zum Garnieren
75 g Rosinen

1. Die Röschen und kleinen Stiele vom Blumenkohl lösen. Das Kerngehäuse des Apfels entfernen und das Fruchtfleisch fein hacken. Den Blumenkohl in 3 oder 4 Etappen in der Küchenmaschine mit der Impulsstufe zur Größe von Reiskörnern hacken.

2. Das Kochfett in einer großen Pfanne mit dickem Boden zerlassen. Sobald das Fett geschmolzen und die Pfanne heiß ist, Blumenkohl und Knoblauch zufügen und unter gelegentlichem Rühren etwa 5 Minuten zart dünsten.

3. Apfel, Salz, Koriander und Rosinen unterrühren.

4. Warm servieren, garniert mit frisch gehacktem Koriandergrün.

Blumenkohl // Er gehört nicht nur zu den großartigen Vitamin-C-Lieferanten unter den Gemüsesorten, Blumenkohl ist ähnlich wie andere Vertreter der Familie der Kreuzblütengewächse außerdem reich an Glucosinolaten (Senfölglycosiden), sekundären Pflanzenstoffen. Diese Verbindungen haben entzündungshemmende Eigenschaften.

HERBSTLICHER SALAT
mit »Green Goddess«-Dressing

ZUBEREITUNG: 35 MINUTEN
FÜR 4 PORTIONEN

FÜR DAS DRESSING

1 mittlere Avocado, Stein entfernt, Fruchtfleisch geschält
60 ml natives Olivenöl extra
60 g Kokosjoghurt*
2 EL Wasser
1/2 Bund (kombiniert) Basilikum und Minze, die Blätter abgezupft
1 1/2 EL frisch gepresster Zitronensaft
1 Knoblauchzehe
1/2 TL Meersalz

FÜR DEN SALAT

3 Handvoll Palmkohl, die Blätter gehackt
1 TL natives Olivenöl extra
1/2 TL Meersalz
1 Bund Radieschen, halbiert und in feine Scheiben geschnitten
1 Bund Frühlingszwiebeln, zähe, dunkelgrüne Enden entfernt, in feine Ringe geschnitten
1 grüner Apfel, Kerngehäuse entfernt, geviertelt und in feine Spalten geschnitten

1. Alle Zutaten für das Dressing und 2 EL Wasser im Standmixer oder der Küchenmaschine kurz pürieren, bis sie vermischt sind. Ist die Mischung zu dick, noch 1 EL Wasser untermischen. Beiseitestellen.

2. Für den Salat Palmkohl, Olivenöl und Salz in einer großen Schüssel mit den Händen vermengen und 3-5 Minuten »massieren«, bis die Blätter etwas zarter sind.

3. Radieschen, Zwiebeln und Apfelspalten unterheben. Zum Servieren mit dem Dressing anmachen.

***EINKAUFSTIPP:** *Darauf achten, dass der Kokosjoghurt nur Kokosnuss und Probiotika enthält. Produkte mit Zuckerzusatz und/oder Verdickungsmitteln vermeiden.*

Palmkohl // Dieses dunkelgrüne Gemüse aus der Familie der Kreuzblütengewächse ist ebenso wie Grünkohl reich an den Vitaminen C und K, an Folsäure, Kalzium, Mangan und Ballaststoffen. Palmkohl ist außerdem ein guter Lieferant für die Carotinoide Beta-Carotin und Lutein (die gut für gesunde Augen sind). Darüber hinaus enthält er Dutzende andere Flavonoide und Glucosinolate. Abhängig von der Sorte und der Intensität der Farbe sind mehr oder weniger dieser Verbindungen im Palmkohl enthalten.

GELBE ZUCCHINI-SUPPE *mit Ingwer*

ZUBEREITUNG: 1 STUNDE 15 MINUTEN
FÜR 6 PORTIONEN

2 EL festes Kochfett
1 mittlere Zwiebel, gehackt*
3 Möhren, gehackt
1 Stück (7,5 cm) Ingwer, sehr fein gehackt (etwa 3 EL)
1 EL frische Thymianblättchen
960 ml Knochenbrühe (siehe Seite 86)
240 ml Wasser
1 TL Meersalz
1/2 TL Kurkuma
1 kg gelbe Zucchini, gewürfelt
3 EL frisch gepresster Zitronensaft (etwa 1 Zitrone)
Avocadospalten und Schnittlauchröllchen zum Garnieren

1. Das Fett in einem Suppentopf auf mittlerer Stufe zerlassen. Sobald das Fett geschmolzen und die Pfanne heiß ist, die Zwiebel zufügen und 5 Minuten glasig dünsten. Die Möhren zufügen und unter Rühren 5 Minuten sautieren. Ingwer und Thymian untermischen und erhitzen, bis sie aromatisch duften.

2. Knochenbrühe, 240 ml Wasser, Salz und Kurkuma zufügen. Zum Kochen bringen, dann die Temperatur reduzieren. Abgedeckt 20 Minuten sanft sieden lassen.

3. Die Zucchini untermischen, den Topf erneut mit dem Deckel verschließen und das Ganze 20 Minuten weiter köcheln lassen, bis das Gemüse zart ist. Den Zitronensaft einrühren und die Suppe ohne Deckel ein paar Minuten zur Seite stellen und leicht abkühlen lassen.

4. Die Suppe vorsichtig in mehreren Etappen (das ist effizienter und sicherer) im Standmixer oder Küchenmaschine glatt pürieren. Alternativ den Pürierstab verwenden.

5. Die Suppe warm oder gekühlt servieren, garniert mit frischen Avocadospalten und Schnittlauchröllchen.

**VARIATION:* Für eine Low-FODMAP-Version die Zwiebel durch gehackten Staudensellerie ersetzen.*

Ingwer // Bei Ingwer handelt es sich um ein eng mit Kurkuma (Gelbwurz) verwandtes Rhizom. Es ist für seine verdauungsfördernde Wirkung bekannt, hat entzündungshemmende Eigenschaften und unterstützt das Immunsystem. Man geht davon aus, dass Ingwerol (die vorwiegende bioaktive Verbindung in Ingwer) für den Großteil dieser bioaktiven Eigenschaften verantwortlich ist.

WURZELGEMÜSE-MIX
aus dem Ofen

ZUBEREITUNG: 1 STUNDE 15 MINUTEN
FÜR 4 PORTIONEN

5 mittlere Möhren, in 2,5 cm große Stücke geschnitten
3 mittlere Rote Beten, geschält und in 2,5 cm große Stücke geschnitten
3 mittlere Pastinaken, geschält und in 2,5 cm große Stücke geschnitten
1 kleine Steckrübe, geschält und in 2,5 cm große Stücke geschnitten
3 EL festes Kochfett, zerlassen
1/2 TL Meersalz

1. Den Ofen auf 200 °C vorheizen.

2. Möhren, Rote Beten, Pastinaken und Steckrübe in einer Schüssel in dem zerlassenen Fett und dem Salz schwenken.

3. Auf einem Backblech verteilen und im vorgeheizten Ofen etwa 1 Stunde backen, dabei gelegentlich umrühren, bis das Gemüse zart und leicht gebräunt ist. Warm servieren.

HINWEIS: Dieses Rezept kann auch mit anderen Sorten Wurzelgemüse zubereitet werden. Süßkartoffeln und Knollensellerie sind gut als Zugaben oder als Alternative zu den oben genannten Sorten geeignet.

Buntes Wurzelgemüse // Wurzelgemüse wie Möhren, Pastinaken, Steckrüben, Knollensellerie und Rote Bete sind alle großartige Lieferanten von Vitamin C, Kalium und Ballaststoffen. Über den Gehalt an Mikronährstoffen hinaus sind die in Wurzelgemüse enthaltenen Pigmente exzellente Quellen für sekundäre Pflanzenstoffe. Nehmen Sie möglichst eine farbenfrohe Auswahl verschiedener Wurzelgemüse zu sich.

FRÜHLINGSSALAT
mit heller Balsamico-Vinaigrette

ZUBEREITUNG: 45 MINUTEN
FÜR 4 PORTIONEN

FÜR DAS DRESSING

120 ml natives Olivenöl extra
60 ml weißer Balsamicoessig
1 1/2 EL frisch gepresster Zitronensaft
1 Knoblauchzehe, sehr fein gehackt*
1/2 TL Meersalz

FÜR DEN SALAT

1 Bund bunte Möhren
1 Bund Grüner Spargel*
1 große Fenchelknolle
140 g Buttersalat, in Stücke gezupft
1 Grapefruit, in 4 cm große Stücke geschnitten (Membran entfernt)
1 Bund Frühlingszwiebeln, zähe grüne Enden entfernt, in dünne Ringe geschnitten*
2 EL frisch gehackter Estragon

1. Zunächst das Dressing zubereiten: Olivenöl, Essig, Zitronensaft, Knoblauch und Salz in einer kleinen Schüssel mit dem Schneebesen glatt rühren. Beiseitestellen.

2. Die Möhren in dünne Scheiben schneiden. Die zähen Enden vom grünen Spargel entfernen und die Spargelstangen dann dritteln. (Besonders dicke Spargelstangen davon längs halbieren.) Das Wurzelende und längere Stiele von der Fenchelknolle entfernen. Die Knolle längs halbieren und den dreieckigen Strunk herausschneiden (man kann ihn wunderbar knabbern). Den Fenchel quer in dünne Streifen schneiden.

3. Möhren, Spargel und Fenchel in einer Schüssel mischen. Das Dressing darüber gießen und die Zutaten sorgfältig darin schwenken, sodass sie gut benetzt sind. Im Kühlschrank 20 Minuten ziehen lassen.

4. Salatblätter, Grapefruit, Frühlingszwiebeln und Estragon untermischen.

**VARIATION: Für eine Low-FODMAP-Version statt dem grünen Spargel ein Bund in dünne Streifen geschnittenen Grünkohl verwenden. Knoblauch und Frühlingszwiebeln einfach weglassen.*

HINWEIS: Falls das Rezept im Voraus zubereitet werden soll, Möhren, Spargel und Fenchel in weniger Dressing marinieren (es ist im Kühlschrank 2-3 Tage haltbar) und die restlichen Zutaten sowie das übrige Dressing dann kurz vor dem Servieren zufügen.

***Grüner Spargel* //** Grüner Spargel hat einen unglaublichen Nährwert: Er enthält ordentliche Mengen der Vitamine K, C und E sowie Folsäure und Mineralstoffe wie Kupfer und Selen. Darüber hinaus ist grüner Spargel ein großartiger Ballaststofflieferant und enthält sehr viele sekundäre Pflanzenstoffe und Antioxidantien (wie Glutathion).

BLUMENKOHLPÜREE

ZUBEREITUNG: 30 MINUTEN (SCHNELLKOCHTOPF) BIS 45 MINUTEN (AUF DEM HERD)
FÜR 6 PORTIONEN

2 mittlere Köpfe Blumenkohl, Strunk und Blätter entfernt
480 ml Knochenbrühe (siehe Seite 86)
2 EL festes Kochfett
1 EL frischer fein gehackter Rosmarin
1 TL Meersalz

ZUBEREITUNG AUF DEM HERD

1. Den Blumenkohl in große Stücke schneiden.

2. Einen Topf 5 cm hoch mit Wasser füllen und auf mittlerer Stufe zum Kochen bringen. Einen Dampfgareinsatz mit dem Blumenkohl auf den Topf setzen. Den Blumenkohl 10-15 Minuten zart dünsten. Vom Herd nehmen und ohne Deckel etwa 1 Minute abkühlen lassen.

3. Blumenkohl, Brühe, Kochfett, Rosmarin und Salz vorsichtig in der Küchenmaschine oder dem Standmixer glatt pürieren.

SCHNELLKOCHTOPF

1. Den Blumenkohl in große Stücke schneiden.

2. Den Schnellkochtopf 5 cm hoch mit Wasser füllen. Den Dampfeinsatz mit dem Blumenkohl hineinsetzen. Abdecken und den Deckel einrasten. Auf der Stufe »Manueller Hochdruck« 2 Minuten kochen. Wenn die Zeitschaltuhr läutet, den Dampf mit der »Schnelles Abdampfen«-Methode entweichen lassen. Den Deckel entfernen und den Blumenkohl etwa 1 Minute abkühlen lassen.

3. Blumenkohl, Brühe, Kochfett, Rosmarin und Salz vorsichtig in der Küchenmaschine oder dem Standmixer glatt pürieren.

Rosmarin // Dieses immergrüne Kraut mit intensivem Geschmack und Aroma wird bereits seit Jahrhunderten sowohl als Gewürz sowie als Medizin verwendet. Traditionell wird Rosmarin eingesetzt, um Kreislauf, Gedächtnis und Immunfunktion zu stärken.

KNACKIGER BROKKOLI
mit Palmkohl

ZUBEREITUNG: 35 MINUTEN
FÜR 6 PORTIONEN

60 g festes Kochfett
750 g Brokkoli, die Röschen in 4 cm große Stücke geschnitten
1 Bund Palmkohl, gehackt
2 Knoblauchzehen, sehr fein gehackt
3/4 TL Meersalz
1 großes Bund Basilikum, die Blätter gehackt
1 TL Zitronenabrieb
1 1/2 EL frisch gepresster Zitronensaft

1. In einer Pfanne 2 EL Kochfett zerlassen. Sobald das Fett geschmolzen und die Pfanne heiß ist, den Brokkoli zufügen und 10-12 Minuten unter gelegentlichem Rühren sautieren, bis die Röschen langsam braun und etwas zarter werden.

2. Das übrige Kochfett zufügen, gefolgt von Palmkohl, Knoblauch und Salz. Sorgfältig umrühren, damit das Gemüse rundherum gut mit Fett benetzt ist. Falls die Pfanne nicht groß genug ist, den Palmkohl in mehreren Etappen zufügen – die Blätter fallen beim Kochen zusammen. Unter gelegentlichem Rühren 3-4 Minuten weiter sautieren, bis das Volumen vom Palmkohl reduziert und der Brokkoli zart ist. Vom Herd nehmen.

3. Basilikum sowie Saft und Abrieb der Zitrone untermischen, warm servieren.

Brokkoli // Eine Gemüsesorte mit besonders hoher Nährstoffdichte. Brokkoli bietet unglaubliche Mengen Vitamin K und C. Außerdem ist er ein guter Lieferant für Chrom, Ballaststoffe, B-Vitamine und Vitamin E. Der Gehalt sekundärer Pflanzenstoffe in Brokkoli ist gründlich untersucht worden und diesen Verbindungen wurden entzündungshemmende, gegen Krebs wirkende und antioxidative Eigenschaften zugeschrieben. Außerdem optimieren sie die Entgiftungsprozesse des Körpers.

DAIKON-RETTICH-*Salat*

ZUBEREITUNG: 35 MINUTEN
FÜR 4 PORTIONEN

2 mittlere Daikon-Rettiche, in sehr feine Stäbchen geschnitten (Julienne)
1/2 mittlere Yambohne, in sehr feine Stäbchen geschnitten (Julienne)
150 g Gurke, geschält und gewürfelt
2 Bund Petersilie, die Blätter fein gehackt
1/2 Bund Minze, die Blätter gehackt
150 g rote Zwiebel, fein gehackt
120 ml natives Olivenöl extra
3 EL frisch gepresster Zitronensaft (von etwa 1 Zitrone)
90 g Kalamata-Oliven, entsteint und halbiert
3/4 TL Meersalz

1. Alle Zutaten in einer großen Schüssel mischen.

2. Sofort servieren oder in einen zur Aufbewahrung geeigneten Behälter umfüllen. Im Kühlschrank ist der Salat bis zu 3 Tage haltbar.

TIPP ZUM ZEITSPAREN: Wer sich nicht die Mühe machen möchte, Rettiche und Yambohne in feine Stäbchen zu schneiden, kann sie in der Küchenmaschine fein hacken, auf die Größe von Reiskörnern (das Endergebnis ähnelt dann eher einem Taboulé). Petersilie, Minze und rote Zwiebel können – getrennt von Rettich und Yambohne – ebenfalls in der Küchenmaschine zerkleinert werden.

Daikon-Rettich // Der Daikon-Rettich gehört zur Familie der Kreuzblütengewächse und ist ein guter Lieferant für Vitamin C, Folsäure und Ballaststoffe. Daikon enthält außerdem sekundäre Pflanzenstoffe, Isothiocyanate, die diesem Gemüse den pfeffrigen Geschmack verleihen und entzündungshemmende Wirkung haben.

PASTINAKEN-SÜSSKARTOFFEL-*Stampf*

ZUBEREITUNG: 45 MINUTEN
FÜR 6 PORTIONEN

680 g Pastinaken, geschält und grob gehackt
680 g helle Süßkartoffeln, geschält und grob gehackt
120 ml Vollfett–Kokosmilch, gekauft oder selbst gemacht
1/2 TL Meersalz
Schnittlauchröllchen zum Garnieren

1. Pastinaken und Süßkartoffeln in einem großen Topf mit Wasser bedecken und zum Kochen bringen. Etwa 15 Minuten köcheln lassen, bis das Gemüse zart ist.

2. Abgießen, gut abtropfen lassen und dann zurück in den Kochtopf geben. Kokosmilch und Salz zufügen und mit dem Kartoffelstampfer zur gewünschten Konsistenz verarbeiten.

3. Zum Servieren mit frischen Schnittlauchröllchen garnieren.

Helle Süßkartoffeln // Im Gegensatz zu den orangefarbenen Varianten sind helle Süßkartoffeln weniger süß, dafür aber stärkehaltiger. Obwohl sie farblich nicht so intensiv sind, enthalten sie gute Mengen an Vitamin C, Mangan, Kupfer, Kalium, den B-Vitaminen und Ballaststoffen und darüber hinaus sekundäre Pflanzenstoffe wie Beta-Carotin.

GOLDENES *Dal*

ZUBEREITUNG: 45 MINUTEN
FÜR 6 PORTIONEN

1 kleiner Kopf Blumenkohl
2 mittlere Pastinaken
1 EL Kokosfett
1 große Zwiebel, gehackt
4 Knoblauchzehen, sehr fein gehackt
1 Stück (5 cm) Ingwer, gerieben (etwa 2 EL)
960 ml Knochenbrühe (siehe Seite 86)
480 ml Wasser
2 Möhren, in etwa 1 cm große Stücke geschnitten
1 1/2 TL Meersalz
2 EL gemahlene Kurkuma
1/2 TL gemahlener Zimt
1 TL Bockshornkleeblätter (optional)
140 g Spinat
240 ml Vollfett-Kokosmilch, gekauft oder hausgemacht
3 EL frisch gepresster Zitronensaft (von etwa 1 Zitrone)
Frisches Koriandergrün zum Garnieren

1. Strunk und Röschen des Blumenkohls voneinander trennen. Spitze und Blattende der Pastinaken entfernen. Blumenkohl und Pastinaken in Stücke schneiden und dann in 3-4 Etappen in der Küchenmaschine mit der Impulsstufe auf die Größe von Reiskörnern hacken.

2. Das Kokosfett in einem Topf mit dickem Boden auf mittlerer Stufe zerlassen. Sobald das Fett geschmolzen und der Topf heiß ist, die Zwiebel zufügen und unter Rühren 5 Minuten dünsten. Knoblauch und Ingwer untermischen und 1 Minute aromatisch dünsten.

3. Knochenbrühe, 480 ml Wasser und die Möhren in den Topf geben und zum Kochen bringen. Die Temperatur reduzieren und 10 Minuten sieden lassen.

4. Salz, Kurkuma, Zimt und Bockshornklee zufügen. Den Blumenkohl- und Pastinaken-»Reis« unterrühren. Erneut aufkochen, dann die Temperatur reduzieren und abgedeckt 10 Minuten sanft köcheln lassen.

5. Vom Herd nehmen. Spinatblätter, Kokosmilch und Zitronensaft unterrühren. Warm servieren, garniert mit frischem Koriandergrün.

Spinat // Spinat ist ein Blattgemüse mit ungewöhnlich hoher Nährstoffdichte und eine herausragende Quelle von Vitamin K. Darüber hinaus enthält er große Mengen Folsäure, Mangan, Eisen, Kupfer, Vitamin C und E, Kalzium, Magnesium, Kalium und eine ganze Reihe B-Vitamine. Indem man eine Handvoll Spinat unter Smoothies, Salate oder Suppen mischt, tut man eine ganze Menge für deren Nährstoffdichte.

ROTE BETE AUS DEM OFEN *mit Estragon*

ZUBEREITUNG: 1 STUNDE
FÜR 4 PORTIONEN

1300 g Rote Bete (etwa 3 große Exemplare)
60 ml Avocadoöl
3/4 TL Meersalz
6 Knoblauchzehen, sehr fein gehackt
2 EL sehr fein gehackte Petersilie
2 EL sehr fein gehackter Estragon

1. Den Ofen auf 200 °C vorheizen.

2. Die Roten Beten abschrubben, bis sie sauber sind. Wurzelende und Blattansatz abschneiden (ich lasse die Schale gerne dran). In etwa 0,5 cm dicke Scheiben schneiden.

3. In einer großen Schüssel Rote Beten, Öl und Salz kombinieren. Auf einem Backblech verteilen und im vorgeheizten Ofen 20 Minuten rösten.

4. Die Roten Beten aus dem Ofen nehmen und umrühren. Knoblauch und Kräuter darüber streuen. Zurück in den Ofen schieben und 15-20 Minuten weiter backen, bis die Roten Beten zart und leicht gebräunt sind.

Rote Bete // Sie sind nicht nur ein guter Lieferant für Folsäure, Mangan und Betalaine (intensiv farbige Pigmente), Rote Bete enthalten außerdem anorganische Nitrate, welche die Effizienz der Mitochondrien (das sind energieproduzierende Körperzellen) verbessern.

MIT SPECK GESCHMORTER *Blattkohl*

ZUBEREITUNG: 30 MINUTEN (SCHNELLKOCHTOPF) BIS 1 STUNDE 15 MINUTEN (AUF DEM HERD)
FÜR 6 PORTIONEN

---

4 dicke Scheiben (ungepökelter) Speck, in 2 cm dicke Streifen geschnitten
2 große Bund Blattkohl, Stiele entfernt, Blätter in Streifen geschnitten
240 ml Knochenbrühe (120 ml für die Schnellkochtopf-Version)
1/2 TL Meersalz

ZUBEREITUNG AUF DEM HERD

1. Den Speck in einem Suppentopf mit dickem Boden verteilen und auf mittlerer Stufe erhitzen, um das Fett auszulassen. Es dauert etwa 10 Minuten, bis das Fett ausgelassen ist und die Speckstückchen knusprig sind. Nach Bedarf zwischendurch umrühren.

2. Den Blattkohl in mehreren Portionen in den Topf geben und nach jeder Zugabe umrühren, um die Blätter mit Fett zu benetzen. Etwa 1 Minute dünsten. Knochenbrühe und Salz zufügen und abgedeckt etwa 40 Minuten sanft köcheln lassen, bis der Blattkohl sehr zart und nur ein klein wenig Flüssigkeit im Topf zurückgeblieben ist. (Wenn ein schwaches Sieden auf niedrigster Stufe auf dem Herd nicht möglich ist, den Deckel einen Spalt öffnen.)

3. Kosten und nach Bedarf mit mehr Salz abschmecken. Warm servieren.

ZUBEREITUNG IM SCHNELLKOCHTOPF

1. Schritt 1 mit der »Sautieren«-Funktion des Schnellkochtopfs befolgen.

2. Den Blattkohl in mehreren Portionen unterrühren, sodass die Blätter mit Fett benetzt sind. Etwa 1 Minute köcheln lassen, dann 120 ml Knochenbrühe und das Salz zufügen. Den Topf mit dem Deckel verschließen und einrasten lassen. Auf der Stufe »Manueller Hochdruck« 6 Minuten garen. Wenn der Alarm der Zeitschaltuhr losgeht, den Druck mit der »Schnelles Abdampfen«-Methode entweichen lassen.

3. Kosten und nach Bedarf mit mehr Salz abschmecken. Warm servieren.

***Blattkohl* //** Dieser unheimlich nährstoffdichte Vertreter der Familie der Kreuzblütengewächse enthält viel Vitamin K und C, Ballaststoffe, Kalzium und Mangan. Blattkohl ist außerdem ein großartiger Lieferant für Beta-Carotin, einem Vorläufer von Vitamin A, sowie von Glucosinolaten, wichtigen sekundären Pflanzenstoffen, die Entgiftungsprozesse unterstützen.

GEFLÜGEL

HÄHNCHENSCHENKEL
mit Pilzen, Rosmarin und Thymian

ZUBEREITUNG: 1 STUNDE 15 MINUTEN
FÜR 4 PORTIONEN

8 Hähnchenschenkel von Tieren aus Freilandhaltung (mit Knochen und Haut)
2 EL festes Kochfett
4 große Schalotten, in feine Ringe geschnitten*
6 Knoblauchzehen, sehr fein gehackt*
200 g kleine Champignons, halbiert
insgesamt 1/2 Handvoll frisch gehackter Rosmarin und Thymian
2 EL Apfelessig
80 ml Knochenbrühe (siehe Seite 86)
80 ml Wasser
1/4 TL Meersalz
1 Zitrone

1. Den Ofen auf 150 °C vorheizen.

2. Die Hähnchenschenkel unter fließendem Wasser abspülen und trocken tupfen. Zum Braten sollten sie Raumtemperatur haben.

3. Das Kochfett in einer ofenfesten oder gusseisernen Pfanne auf mäßig hoher Stufe zerlassen. Sobald das Fett geschmolzen und die Pfanne heiß ist, die Hähnchenschenkel mit der Hautseite hineinlegen und etwa 8 Minuten goldbraun und knusprig braten. (Wenn nötig in mehreren Etappen braten, damit die Pfanne nicht überfüllt wird – sonst wird die Haut nicht knusprig.) Beiseitestellen.

4. Die Temperatur auf mittlere Stufe reduzieren und die Schalotten in die Pfanne geben. Unter Rühren 2 Minuten dünsten. Die Pilze zufügen und 2 Minuten sautieren. Knoblauch und Kräuter untermischen und etwa 1 Minute weiter sautieren, bis sie aromatisch duften. Vom Herd nehmen und mit dem Apfelessig ablöschen. Die Hähnchenschenkel mit der goldbraunen Haut nach oben zwischen die Pilze in die Pfanne setzen.

5. Knochenbrühe und 80 ml Wasser darüber geben und mit dem Salz bestreuen. Die Pfanne vorsichtig in den vorgeheizten Ofen schieben und das Ganze 25-30 Minuten backen, bis das Hähnchenfleisch eine Kerntemperatur von 74°C hat.

6. Zum Servieren mit etwas Bratensaft und frisch gepresstem Zitronensaft beträufeln.

**VARIATION: Für eine Low-FODMAP-Version Schalotten und Knoblauch mit gehacktem Staudensellerie und frisch geriebenem Meerrettich ersetzen.*

Schalotten // Ebenso wie Zwiebeln und Knoblauch gehören sie zu den Lauchgewächsen. Sie sind eine gute Quelle für Biotin, Kupfer, Vitamin C, Ballaststoffe und Folsäure. Schalotten haben einen höheren Gehalt an sekundären Pflanzenstoffen (z. B. Flavonole und Polyphenole) als ihre Verwandten, Zwiebeln und Knoblauch.

HERZHAFTE LAUCHSUPPE *mit Hähnchenfleisch*

ZUBEREITUNG: 45 MINUTEN (SCHNELLKOCHTOPF) BIS 1 STUNDE 15 MINUTEN (AUF DEM HERD)
FÜR 6 PORTIONEN

2 EL festes Kochfett
2 Lauch, zähe dunkelgrüne Enden entfernt, weiße Teile in 0,5 cm dicke Scheiben geschnitten*
3 Knoblauchzehen, sehr fein gehackt*
1,4 l Knochenbrühe (1,2 l für die Schnellkochtopf-Version)
2 Steckrüben, gewürfelt
4 Möhren, gewürfelt
4 Stangen Staudensellerie, gewürfelt
1 1/2 TL Meersalz
1 Lorbeerblatt
900 g Hähnchenschenkelfilets aus Freilandhaltung (ohne Haut), in 2 cm große Stücke geschnitten
1 Bund Grünkohl, Stiele entfernt, gehackt
3 EL frisch gepresster Zitronensaft (von etwa 1 Zitrone)

ZUBEREITUNG AUF DEM HERD

1. Lauchstangen sind bekannt dafür, dass zwischen den einzelnen Blättern eine Menge Erde steckt. Die in Scheiben geschnittenen Lauchstangen zum Waschen in eine Schüssel mit frischem Wasser geben und darin vorsichtig hin und her bewegen. Mit den Händen aus dem Wasser heben (sodass die Erde in der Schüssel bleibt) und mit Küchenpapier trocken tupfen.

2. Das Kochfett in einem großen Suppentopf auf mittlerer Stufe zerlassen. Wenn das Fett geschmolzen und die Pfanne heiß ist, den Lauch zufügen und unter häufigem Rühren 7 Minuten sautieren, bis er leicht gebräunt ist. Den Knoblauch zufügen und 1 Minute weiter sautieren, bis er aromatisch duftet.

3. Brühe, Steckrüben, Möhren, Staudensellerie, Salz und Lorbeerblatt ebenfalls in den Topf geben. Die Temperatur auf hohe Stufe erhöhen und die Mischung zum Kochen bringen. Die Temperatur sofort wieder reduzieren und das Ganze abgedeckt 10 Minuten sanft köcheln lassen. (Wenn ein schwaches Sieden auf niedrigster Stufe auf dem Herd nicht möglich ist, den Deckel einen Spalt öffnen.)

4. Das Hähnchenfleisch zufügen und 20 Minuten weiter sieden lassen. Dann den Grünkohl untermischen und abgedeckt noch 5 Minuten sanft köcheln lassen. Den Zitronensaft unterrühren und servieren.

ZUBEREITUNG IM SCHNELLKOCHTOPF

1. Schritte 1 und 2 bei der Zubereitung im Schnellkochtopf mit der »Sautieren«-Funktion befolgen.

2. Brühe, Steckrüben, Möhren, Staudensellerie, Salz, Lorbeerblatt und Hähnchenfleisch ebenfalls in den Schnellkochtopf geben. Den Deckel auf den Topf geben, einrasten und das Gemüse mit der Einstellung »Manueller Hochdruck«12 Minuten garen.

3. Wenn der Alarm der Zeitschaltuhr losgeht, den Druck mit der »Schnelles Abdampfen«-Methode entweichen lassen. Grünkohl und Zitronensaft unterrühren und servieren.

**VARIATION: Für eine Low-FODMAP-Version, den Lauch und den Knoblauch weglassen und stattdessen mehr Staudensellerie zufügen.*

Lauch // Lauch gehört, wie der Name schon verrät, zu den Lauchgewächsen, ebenso wie Knoblauch und Zwiebeln. Er enthält die Vitamine C und K sowie Folsäure und Ballaststoffe. Lauch enthält außerdem große Mengen von Schwefelverbindungen und antioxidativen Polyphenolen.

HÄHNCHENBRATEN
und bunte Möhren mit Ingwerglasur

ZUBEREITUNG: 1 STUNDE 30 MINUTEN
FÜR 6 PORTIONEN

FÜR DAS GEMÜSE

3–4 Bund bunte Möhren, das Grün auf 2 cm gekürzt
1 EL festes Kochfett, zerlassen
1 TL flüssiger Honig
1/4 TL Meersalz

FÜR DAS HÄHNCHEN

1 TL Meersalz
1 TL getrockneter Oregano
1/2 TL Knoblauchpulver
1/2 TL Zwiebelpulver
1 Hähnchen aus Freilandhaltung (1360-1810 g)

1. Den Ofen auf 220 °C vorheizen.

2. Die Möhren zusammen mit Kochfett, Honig und Meersalz in eine große Schüssel geben und sorgfältig schwenken, sodass sie rundherum benetzt sind. Auf einem tiefen Backblech verteilen, auf dem auch noch Platz genug für das Hähnchen ist.

3. Salz, Oregano, Knoblauch- und Zwiebelpulver in einer kleinen Schüssel mischen und beiseitestellen.

4. Das Hähnchen mit der Brust nach unten auf eine saubere Arbeitsfläche legen (ich mache das immer in meiner sauberen Küchenspüle, ein großes Schneidebrett ist aber auch eine Option) und mit einer Küchenschere vom Schwanzende her entlang des Rückgrats nach oben schneiden, zu beiden Seiten, bis man das Rückgrat entfernen kann. Das Brustbein – ein dreieckiges Stück Knorpel – mit der Schere einstechen. Das Hähnchen nun wenden und das Brustbein flach drücken. Das Hähnchen sorgfältig mit frischem Wasser abspülen, mit Küchenpapier trocken tupfen und dann mit der Haut nach oben flach aufgeklappt auf die Möhren im Backblech legen.

5. Die Haut vollständig mit der Gewürzmischung einreiben. Möhren und Hähnchen 45-55 Minuten im vorgeheizten Ofen backen, bis das Geflügel eine Kerntemperatur von 74°C hat (wird Geflügel nach »Spatchcock«-Art gegart, also flach gedrückt wie in diesem Fall, sind die Schenkel vor der Brust gar). Vor dem Servieren 10 Minuten ruhen lassen.

Hühnerknochen // Vergessen Sie nicht, die übrig gebliebenen Knochen von einem ganzen Huhn aufzubewahren, da man aus ihnen immer eine wohltuende Brühe machen kann. Hühnerknochen enthalten viel von der Aminosäure Glycin, die ein wichtiger Bestandteil von Kollagen ist. Deshalb ist die Hühnerknochenbrühe reich an den Nährstoffen, die für starke Nägel, feste Haut, gesunde Gelenke und glänzende Haare sorgen.

KÜRBISSUPPE MIT HÄHNCHENFLEISCH *und Zitronengras*

ZUBEREITUNG: 1 STUNDE (SCHNELLKOCHTOPF) BIS 2 STUNDEN (AUF DEM HERD)
FÜR 8 PORTIONEN

- 2 EL festes Kochfett
- 1 große Zwiebel, gewürfelt
- 1 EL geriebener Ingwer
- 3 Stangen Zitronengras, zähe Blätter und Enden entfernt, angedrückt*
- 1 Hähnchen aus Freilandhaltung (1810-2270 g)
- 4 l Wasser
- 1 EL Meersalz
- 1 TL Apfelessig
- 1 Lorbeerblatt
- 1 mittlerer Butternusskürbis, geschält und gewürfelt
- 3 EL frisch gepresster Zitronensaft (von etwa 1 Zitrone)
- 1/2 Bund gehackte Petersilie

ZUBEREITUNG AUF DEM HERD

1. Das Kochfett in einem großen Suppentopf auf mittlerer Stufe zerlassen. Sobald das Fett geschmolzen und die Pfanne heiß ist, die Zwiebeln zufügen und unter Rühren 7 Minuten glasig dünsten und leicht bräunen. Ingwer und Zitronengras zufügen und 30 Sekunden aromatisch dünsten.

2. Das Hähnchen, 4 l Wasser, Salz, Essig und Lorbeerblatt zufügen und zum Kochen bringen. Die Temperatur jetzt so weit reduzieren, dass die Flüssigkeit nur noch sehr sanft siedet. (Wenn ein schwaches Sieden auf niedrigster Stufe auf dem Herd nicht möglich ist, den Deckel einen Spalt öffnen.) Etwa 40 Minuten sieden lassen.

3. Die Kürbiswürfel zufügen und 20 Minuten weiter sanft köcheln lassen, bis das Hähnchenfleisch so zart ist, dass es sich fast wie von selbst vom Knochen löst. Vom Herd nehmen.

4. Mithilfe einer großen Grillzange sowie einem Kochlöffel oder einer Gabel das Hähnchen vorsichtig aus dem Topf nehmen, beiseitelegen und etwa 20 Minuten abkühlen lassen. Zitronengras und Lorbeerblatt entfernen. Sobald das Hähnchen ausreichend abgekühlt ist, das Fleisch mit zwei Gabeln oder den Händen von den Knochen lösen. Die Knochen für die Zubereitung von Knochenbrühe aufbewahren (siehe Seite 86).

5. Das Hähnchenfleisch zurück in die Suppe geben und 10 Minuten sanft köcheln lassen. Prüfen, ob die Kürbiswürfel zart sind. Dann vom Herd nehmen, den Zitronensaft und die Petersilie untermischen. Kosten und nach Bedarf mit Salz abschmecken

ZUBEREITUNG IM SCHNELLKOCHTOPF

1. Für die Zubereitung im Schnellkochtopf Schritt 1 (siehe oben) mit der »Sautieren«-Funktion befolgen.

2. Einen Liter Wasser, das Hähnchen, Salz, Essig, Lorbeerblatt und Kürbiswürfel in den Schnellkochtopf geben. Falls das Hähnchen nicht komplett in den Topf passt, muss es geviertelt werden. Zwei bis drei Liter mehr Wasser zufügen, bis die Fülllinie vom Schnellkochtopf erreicht ist.

3. Den Topf mit dem Deckel verschließen und ihn einrasten und das Ganze auf der Einstellung »Manueller Hochdruck« 18 Minuten garen. Wenn der Alarm der Zeitschaltuhr losgeht, den Druck mit der »Schnelles Abdampfen«-Methode ablassen.

4. Mithilfe einer großen Grillzange sowie einem Kochlöffel oder einer Gabel das Hähnchen vorsichtig aus dem Topf nehmen, beiseitelegen und etwa 20 Minuten abkühlen lassen. Zitronengras und Lorbeerblätter entfernen. Sobald das Hähnchen ausreichend abgekühlt ist, das Fleisch mit zwei Gabeln oder den Händen von den Knochen lösen. Die Knochen für die Zubereitung von Knochenbrühe aufbewahren (siehe Seite 86).

5. Das Hähnchenfleisch zurück in die Suppe geben. Zitronensaft und Petersilie unterrühren. Kosten und nach Bedarf vor dem Servieren mit Salz abschmecken.

**HINWEIS*: Zum »Andrücken« vom Zitronengras einfach die Wurzel abschneiden und die Stange mit dem Messerrücken auf ein Schneidebrett drücken.*

MAROKKANISCHES *Hähnchen*

ZUBEREITUNG: 40 MINUTEN (SCHNELLKOCHTOPF) BIS 1 STUNDE (AUF DEM HERD)
FÜR 6 PORTIONEN

---

2 EL festes Kochfett
1 rote Zwiebel, halbiert und in feine Scheiben geschnitten
4 Knoblauchzehen, sehr fein gehackt
2 EL Ingwer, sehr fein gehackt
2 EL sehr fein gehackter frischer Oregano oder 2 TL getrockneter Oregano
480 ml Knochenbrühe (240 ml für die Schnellkochtopf-Version)
4 Möhren, in 5 cm große Stücke geschnitten
1 Zitrone, geviertelt
90 g entsteinte grüne Oliven
40 g Rosinen*
1 TL Meersalz
1/2 TL Kurkuma
1/4 TL Zimt
900 g Hähnchenschenkelfilets (ohne Haut) von Tieren aus Freilandhaltung, geviertelt
1 helle Süßkartoffel (etwa 400 g), in 5 cm große Stücke geschnitten*
3/4 Bund gehackte Petersilie

ZUBEREITUNG AUF DEM HERD

1. Das Kochfett in einem großen Topf mit dickem Boden zerlassen. Wenn das Fett geschmolzen und die Pfanne heiß ist, die Zwiebeln zufügen und unter gelegentlichem Rühren 5 Minuten sautieren, bis sie leicht gebräunt sind. Knoblauch, Ingwer und Oregano untermischen und etwa eine Minute aromatisch dünsten.

2. Mit 480 ml Brühe angießen, dann Möhren, Zitronenviertel, Oliven, Rosinen, Salz, Kurkuma und Zimt zufügen und unterrühren. Zum Kochen bringen, dann die Temperatur reduzieren und abgedeckt 10 Minuten sanft köcheln lassen.

3. Hähnchenfleisch und Süßkartoffeln zufügen und erneut zum Kochen bringen. Die Temperatur reduzieren und abgedeckt 30 Minuten weiter sanft köcheln lassen, dabei etwa alle 10 Minuten umrühren, bis Hähnchen und Gemüse zart sind.

4. Vom Herd nehmen, die Zitronenviertel entfernen und die Petersilie unterrühren.

ZUBEREITUNG IM SCHNELLKOCHTOPF

1. Für die Zubereitung im Schnellkochtopf Schritt 1 (siehe oben) mit der »Sautieren«-Funktion befolgen.

2. Mit 240 ml Knochenbrühe angießen. Möhren, Zitronenviertel, Oliven, Rosinen, Salz, Kurkuma, Zimt, Hähnchenfleisch und Süßkartoffeln zufügen. Es wird so aussehen, als wäre es zu wenig Flüssigkeit, aber das ist normal.

3. Den Topf mit dem Deckel verschließen, einrasten und auf der Einstellung »Manueller Hochdruck« 12 Minuten garen. Den Druck mit der »Schnelles Abdampfen«-Methode ablassen.

4. Die Petersilie unterrühren und servieren.

**VARIATION: Für eine kohlenhydratarme Version die Rosinen weglassen und statt der Süßkartoffeln Pastinaken verwenden.*

STUBENKÜKEN
mit Herbstgemüse

ZUBEREITUNG: 1 STUNDE 15 MINUTEN
FÜR 4–6 PORTIONEN

---

1 1/2 TL Meersalz
1 EL sehr fein gehackter Rosmarin
1 EL sehr fein gehackter Salbei
2 Stubenküken aus Freilandhaltung (etwa 680 g)
1 kleiner Butternusskürbis, geschält und Kerne entfernt, in 1 cm große Würfel geschnitten*
1 große Knollensellerie, in 1 cm große Würfel geschnitten
2 EL festes Kochfett, zerlassen

1. Den Ofen auf 200 °C vorheizen. Salz, Rosmarin, und Salbei mischen. Diese Mischung gleichmäßig auf zwei Schüsseln verteilen. Beiseitestellen.

2. Kürbis und Knollensellerie in einer großen Schüssel mischen. Das Kochfett und die Hälfte der Gewürze unterrühren. Auf einem Backblech verteilen und beiseitestellen, während die Stubenküken vorbereitet werden.

3. Ein Stubenküken mit der Brust nach unten auf eine saubere Arbeitsfläche legen (ich mache das immer in meiner sauberen Küchenspüle, ein großes Schneidebrett ist aber auch eine Option) und mit einer Küchenschere vom Schwanzende her entlang des Rückgrats nach oben schneiden, zu beiden Seiten, bis man es entfernen kann. Das Brustbein – ein dreieckiges Stück Knorpel – mit der Schere einstechen. Das Küken nun wenden und das Brustbein flach drücken, sodass es aufgeklappt ist. Mit dem zweiten Stubenküken wiederholen.

4. Die Stubenküken unter fließendem Wasser abspülen und dann mit Küchenpapier trocken tupfen. Auf das Gemüse im Backblech legen. Die zweite Hälfte der Gewürzmischung gleichmäßig auf den beiden Küken verteilen und einreiben, sodass die Haut jeweils gleichmäßig bedeckt ist.

5. Im vorgeheizten Ofen etwa 45 Minuten backen, bis eine Kerntemperatur von 75 °C erreicht ist. Vor dem Servieren etwa 10 Minuten ruhen lassen.

**VARIATION: Für eine Low-FODMAP-Version die Hälfte oder den gesamten Butternusskürbis durch Knollensellerie ersetzen (je nachdem, wie empfindlich man ist).*

Knollensellerie // Dieser Verwandte des Staudensellerie ist eine großartige Quelle für Vitamin K, Ballaststoffe, Vitamin C, Folsäure und Kalium. Knollensellerie enthält außerdem verschiedene sekundäre Pflanzenstoffe.

CREMIGE HÜHNERSUPPE *mit Brokkoli und Wurzelgemüse*

ZUBEREITUNG: 45 MINUTEN (SCHNELLKOCHTOPF) BIS 1 STUNDE 15 MINUTEN (AUF DEM HERD)
FÜR 6 PORTIONEN

1 EL festes Kochfett
1 gelbe Zwiebel, gewürfelt
4 Knoblauchzehen, sehr fein gehackt
480 ml Knochenbrühe (siehe Seite 86)
240 ml Wasser
1 mittlere Knollensellerie, in große Stücke geschnitten
4 mittlere Möhren, gewürfelt
2 Pastinaken, gewürfelt
2 EL frischer Majoran (oder frischer Thymian), sehr fein gehackt
3/4 TL Meersalz
1 mittlerer Brokkoli, in 2,5 cm große Stücke geschnitten
200 g Pilze, gewürfelt
900 g Hähnchenschenkelfilets (ohne Haut), in 2,5 cm große Stücke geschnitten
2 EL Maniokmehl/Tapiokastärke
420 ml Vollfett-Kokosmilch, gekauft oder hausgemacht
1 1/2 EL frisch gepresster Zitronensaft
Salz und Pfeffer zum Abschmecken
Schnittlauchröllchen zum Garnieren

ZUBEREITUNG AUF DEM HERD

1. Das Kochfett in einem großen Topf mit dickem Boden auf mittlerer Stufe zerlassen. Sobald das Fett geschmolzen und die Pfanne heiß ist, die Zwiebel zufügen und unter Rühren 5 Minuten sautieren, bis sie gerade beginnt zu bräunen. Den Knoblauch zufügen und unter Rühren 30 Sekunden dünsten.

2. Brühe und Knollensellerie zufügen, zum Kochen bringen und etwa 15 Minuten sanft köcheln lassen, bis der Knollensellerie zart ist. Vom Herd nehmen und 240 ml Wasser unterrühren. Mit dem Stabmixer glatt pürieren. (Oder im Standmixer in mehreren Etappen. Die pürierte Suppe zurück in den Topf füllen.)

3. Möhren, Pastinaken, Majoran, Salz und 720 ml Wasser zufügen und unterrühren. Zum Kochen bringen, dann die Temperatur reduzieren und

4. 10 Minuten sanft köcheln lassen.

5. Brokkoli, Pilze und Hähnchen zufügen und unterrühren. Zum Kochen bringen, dann die Temperatur reduzieren und etwa 12 Minuten sanft köcheln lassen, bis das Hähnchenfleisch durchgegart ist. Vom Herd nehmen.

6. Das Maniokmehl in eine kleine hitzebeständige Schüssel füllen. Vorsichtig etwa 60 ml der Kochflüssigkeit von der Suppe zufügen und mit dem Schneebesen glatt rühren. Diese Paste sorgfältig unter die Suppe rühren, bis sie angedickt ist. Kokosmilch und Zitronensaft zufügen. Kosten und nach Bedarf mit Salz und Pfeffer abschmecken. Garniert mit Schnittlauchröllchen servieren.

ZUBEREITUNG IM SCHNELLKOCHTOPF

1. Schritt 1 mit der »Sautieren«-Funktion im Schnellkochtopf befolgen.

2. Die »Sautieren«-Funktion aktiviert lassen. Brühe und Knollensellerie zufügen. Sanft zum Köcheln bringen und etwa 15 Minuten sieden lassen, bis der Knollensellerie zart ist. Vom Herd nehmen und 120 ml Wasser zufügen. Mit dem Stabmixer glatt pürieren. (Oder im Standmixer in mehreren Etappen. Die pürierte Suppe zurück in den Topf füllen.)

3. Möhren, Pastinaken, Majoran, Salz, Brokkoli, Pilze, Hähnchenfleisch und 360 ml Wasser zufügen und umrühren. Die Mischung wird recht dickflüssig sein.

4. Den Topf mit dem Deckel verschließen, einrasten und auf »Manueller Hochdruck« 10 Minuten garen.

5. Wenn der Alarm der Zeitschaltuhr losgeht, den Druck mit der »Schnelles Abdampfen«-Methode ablassen.

6. Das Maniokmehl in eine kleine hitzebeständige Schüssel füllen. Vorsichtig etwa 60 ml der Kochflüssigkeit von der Suppe zufügen und mit dem Schneebesen glattrühren. Diese Paste sorgfältig unter die Suppe rühren, bis sie angedickt ist. Kokosmilch und Zitronensaft zufügen. Kosten und nach Bedarf mit Salz und Pfeffer abschmecken. Garniert mit Schnittlauchröllchen servieren.

PUTEN-SPECK-PFANNE *mit Mangold*

ZUBEREITUNG: 45 MINUTEN
FÜR 4 PORTIONEN

4 dicke Scheiben (ungepökelter) Speck
1/2 Zwiebel, gehackt*
1 große Möhre, gehackt
450 g Putenhackfleisch
1/2 TL Meersalz
2 mittlere Zucchini, gehackt
3 Knoblauchzehen, sehr fein gehackt*
4 große Mangoldblätter, gehackt (inklusive Stängel)
1 Bund Petersilie, gehackt
1 1/2 EL frisch gepresster Zitronensaft

1. Eine Pfanne mit dickem Boden auf mittlerer Stufe erhitzen und die Speckscheiben hineinlegen. Unter gelegentlichem Wenden etwa 10 Minuten knusprig braten. Auf Küchenpapier abtropfen lassen. Das ausgelassene Fett in der Pfanne lassen.

2. Zwiebeln und Möhren in die Pfanne geben und unter gelegentlichem Rühren 5 Minuten anbraten. Putenhackfleisch und Salz zufügen und das Fleisch mit dem Kochlöffel in kleine Stücke herunterbrechen. Unter gelegentlichem Rühren 5-7 Minuten sautieren, bis das Putenfleisch den Großteil der ausgetretenen Flüssigkeit wieder aufgesaugt hat.

3. Die Temperatur auf niedrige Stufe reduzieren. Zucchini und Knoblauch zu den anderen Zutaten geben und unter Rühren 3 Minuten sautieren. Den Mangold untermischen und etwa 2 Minuten mit sautieren, bis die Blätter zart sind. Vom Herd nehmen.

4. Den knusprig gebratenen Speck in kleine Stücke hacken und mit der Petersilie und dem Zitronensaft unter die Zutaten in der Pfanne mischen. Warm servieren.

**VARIATION: Für eine Low-FODMAP-Version statt Zwiebeln und Knoblauch gehackte Staudensellerie verwenden.*

Mangold // Mangold gehört zu dem Blattgemüse mit der höchsten Nährstoffdichte und ist eine exzellente Quelle für Vitamin K. Er enthält außerdem größere Mengen der Vitamine C und E, Magnesium, Kalium, Kalzium, Mangan, Kupfer, Eisen und Ballaststoffe. Wow! Über all diese Vitamine und Ballaststoffe hinaus bietet Mangold außerdem eine beeindruckende Reihe sekundärer Pflanzenstoffe – vor allem dann, wenn man Mangold mit verschiedenfarbigen Stielen (gelb, rot und violett) zu sich nimmt.

GRIECHISCHER SALAT
mit Hähnchen und Joghurt-Dressing

ZUBEREITUNG: 45 MINUTEN
FÜR 4 PORTIONEN

FÜR DAS DRESSING
120 g Kokosjoghurt*
60 ml natives Olivenöl extra
1 1/2 EL frisch gepresster Zitronensaft
1/2 EL Wasser
1 Knoblauchzehe
1 EL frisch gehackter Dill
1/2 TL Meersalz

FÜR DAS HÄHNCHENFLEISCH
1/2 TL Meersalz
1/2 TL Knoblauchpulver
1 TL Zwiebelpulver
1 TL getrockneter Oregano
2 Hähnchenbrustfilest von Tieren aus Freilandhaltung (insgesamt etwa 900 g)

FÜR DEN SALAT
1 Kopf Buttersalat, gehackt
1/2 Gurke, in Scheiben geschnitten
1 Handvoll Radieschen, halbiert und in feine Scheiben geschnitten
2 Avocados, gewürfelt
45 g Kalamata-Oliven

1. Den Grill vorheizen. Inzwischen alle Zutaten für das Dressing und 1/2 EL Wasser im Standmixer oder der Küchenmaschine glatt pürieren. Falls die Mischung zu dickflüssig ist, noch 1 EL Wasser untermischen und erneut pürieren. Das Dressing beiseitestellen, während das Hähnchenfleisch gegrillt wird.

2. Damit das Hähnchenfleisch schnell und gleichmäßig gegart werden kann, müssen die Brüste mit dem Butterfly-Schnitt vorbereitet werden: Eine Hand auf das Fleisch legen und es in der Mitte waagerecht fast komplett durchtrennen (parallel zum Schneidebrett), aber eben nur fast, sodass das Fleisch aufgeklappt werden kann wie ein Buch. Meersalz, Knoblauchpulver, Zwiebelpulver und Oregano mischen und das Hähnchenfleisch rundherum damit einreiben. Abgedeckt von jeder Seite 5 Minuten grillen, bis das Geflügel eine Kerntemperatur von 74 °C hat. Ruhen lassen, während der Salat zubereitet wird

3. Die Zutaten für den Salat in einer großen Schüssel mischen. Den Salat auf Teller verteilen, das Dressing darüber träufeln und das Hähnchenfleisch darauf arrangieren.

HINWEIS: Soll der Salat im Voraus zubereitet werden, Avocado und Dressing erst kurz vor dem Servieren mit den anderen Zutaten und dem Hähnchen kombinieren.

**EINKAUFSTIPP: Darauf achten, dass der Kokosjoghurt nur Kokosnuss und Probiotika enthält. Produkte mit Zuckerzusatz und/oder Verdickungsmittel vermeiden.*

VARIATION: Wer keinen Grill hat, kann das Hähnchenfleisch auch in einer Grillpfanne und im Ofen garen: Den Ofen auf 200 °C vorheizen. Die Grillpfanne auf dem Herd auf mäßig hoher Stufe erhitzen und 1 EL Kochfett darin zerlassen. Das Hähnchenfleisch darin 2 Minuten grillen, dann wenden, die Pfanne in den Ofen schieben und das Hähnchen 5-10 Minuten fertig garen, bis es eine Kerntemperatur von 74 °C hat.

HÜHNERFRIKADELLEN *mit Majoran*

ZUBEREITUNG: 45 MINUTEN
FÜR 6–8 PORTIONEN

Etwa 4 EL festes Kochfett
40 g Zwiebel, sehr fein gehackt
4 Knoblauchzehen, sehr fein gehackt
3 EL frisch gehackter Majoran (oder Oregano)
70 g Kokosmehl
900 g Hähnchenschenkelfilets aus Freilandhaltung, gehackt
1 TL Meersalz

1. Einen Esslöffel Kochfett in einer Pfanne auf mittlerer Stufe zerlassen. Sobald das Fett geschmolzen und die Pfanne heiß ist, die Zwiebel darin unter Rühren etwa 5 Minuten zart dünsten. Knoblauch und Majoran untermischen und noch ein paar Minuten erhitzen, bis die Mischung aromatisch duftet.

2. Die Pfanne vom Herd nehmen und die Mischung abkühlen lassen. Einen Esslöffel Kokosmehl beiseitestellen und den Rest auf einem Teller verteilen.

3. Das Hähnchenhackfleisch in eine große Schüssel füllen. Die abgekühlte Zwiebelmischung, den beiseitegestellten Esslöffel Kokosmehl und das Salz untermischen. Gleichmäßig vermengen und

4. 8-10 Frikadellen aus der Masse formen. Im Kokosmehl wenden und auf einen Teller setzen.

5. Die Pfanne zurück auf den Herd stellen, nach Bedarf mehr Fett hineingeben und auf mittlerer Stufe erhitzen. Die Frikadellen in zwei Etappen (damit die Pfanne nicht überfüllt wird und sie gut bräunen) von jeder Seite 5-7 Minuten goldbraun braten, bis sie eine Kerntemperatur von 74 °C haben.

VARIATION: Alternativ können die Frikadellen auch 20 Minuten im auf 200 °C vorgeheizten Ofen gebacken werden. Statt Frikadellen kann man auch kleine Klöße aus der Masse formen, in etwas Kokosfett in einer Pfanne rundherum bräunen und dann in 120 ml Knochenbrühe abgedeckt fertig garen (weitere 10 Minuten).

Hähnchenschenkel // Im Vergleich mit Hähnchenbrust sind Hähnchenschenkel eine bessere Quelle für die B-Vitamine und Mineralstoffe wie Kalium, Selen und Zink. Fleisch von Tieren aus Freilandhaltung hat ein besseres Verhältnis von Omega-3- zu Omega-6-Fettsäuren als Geflügel aus konventioneller Haltung.

ESTRAGON-HÄHNCHEN-*Auflauf*

ZUBEREITUNG: 1 STUNDE 30 MINUTEN
FÜR 4 PORTIONEN

FÜR DIE FÜLLUNG

1 EL festes Kochfett
1/2 gelbe Zwiebel, gehackt
4 Knoblauchzehen, sehr fein gehackt
180 ml Knochenbrühe (siehe Seite 86)
450 g Hähnchenschenkelfilets, in 2 cm große Stücke geschnitten
3 Stangen Staudensellerie, in 1 cm große Stücke geschnitten
3 Möhren, in 1 cm große Stücke geschnitten
1 EL Wasser
2 EL Maniokmehl/Tapiokastärke
100 g Pilze, gehackt
2 EL sehr fein gehackter frischer Estragon
1/2 TL Meersalz
1 1/2 EL frisch gepresster Zitronensaft

FÜR DEN DECKEL

150 g Maniokmehl/Tapiokastärke
2 EL Kokosmehl
1 MSP Meersalz
110 g Palmfett, plus 2 EL
60 ml eiskaltes Wasser

1. Den Ofen auf 175 °C vorheizen.

2. Für die Füllung das Kochfett in einem mittleren Topf auf mittlerer Stufe zerlassen. Sobald das Fett geschmolzen und der Topf heiß ist, die Zwiebel zufügen und unter gelegentlichem Rühren etwa 5 Minuten sautieren, bis sie leicht gebräunt ist. Den Knoblauch zufügen und noch etwa 1 Minute aromatisch dünsten.

3. Brühe, Hähnchenfleisch, Staudensellerie und Möhren ebenfalls in den Topf geben. Zum Kochen bringen, dann die Temperatur reduzieren. Ohne Deckel unter gelegentlichem Rühren 10 Minuten sanft köcheln lassen.

4. Vom Herd nehmen. Ein paar Esslöffel der Kochflüssigkeit in eine kleine Schüssel füllen und einen Esslöffel Wasser zufügen. Das Maniokmehl mit dem Schneebesen unterrühren, bis eine glatte Paste entstanden ist. Zum Andicken unter die Hähnchen-Gemüse-Mischung rühren.

5. Pilze, Estragon, Salz und Zitronensaft unterrühren. Die Mischung in eine tiefe, runde Auflaufform füllen. Beiseitestellen, während der Deckel zubereitet wird.

6. Für den Deckel Maniokmehl, Kokosnussmehl und Salz in der Küchenmaschine mit der Impulsstufe verrühren. Das kalte Palmfett zufügen und mit kurzen Impulsen in die Mischung einarbeiten, bis sich erbsengroße Streusel gebildet haben. Das eiskalte Wasser löffelweise zufügen und alles kurz mixen, bis die Zutaten zu einem Teig zusammenkommen. Nur so viel Wasser verwenden, wie gerade eben nötig, damit der Teig nicht zu klebrig wird (wenn er ein paar Minuten ruht, wird er feuchter).

7. Den Teig auf der leicht bemehlten Arbeitsfläche zu einer Kugel formen. Die Kugel zu einer Scheibe flach drücken und auf ein bemehltes Stück Backpapier setzen. Ein zweites Stück Backpapier darauflegen und den Teig zu einem Kreis mit 25 cm Durchmesser ausrollen.

8. Die obere Lage Backpapier vorsichtig abziehen, den Teigkreis wenden und dabei auf die Auflaufform stürzen. Die zweite Lage Backpapier entfernen. Rundherum sorgfältig andrücken und überstehenden Teig abschneiden. Ein paar Schnitte in den Teig setzen, damit beim Backen Dampf entweichen kann.

9. Im vorgeheizten Ofen etwa 40 Minuten backen, bis die Füllung heiß und die Oberseite hellgolden ist. Vor dem Servieren 30-40 Minuten abkühlen lassen.

Langsam geschmorte ENTE

ZUBEREITUNG: 4 STUNDEN PLUS 8–12 STUNDEN ZUM TROCKNEN DER ENTE
FÜR 4 PORTIONEN PLUS ETWA 1 L ENTENSCHMALZ

Eine Ente aus Freilandhaltung (etwa 2270 g)
1 1/2 TL Meersalz
1 TL Kokosblüten- oder Ahornzucker (optional)

1. Die Ente 8-12 Stunden vor dem Schmoren wie folgt vorbereiten: mit der Brust nach unten auf eine saubere Arbeitsfläche legen (ich mache das immer in meiner sauberen Küchenspüle, ein großes Schneidebrett ist aber auch eine Option) und mit einer Küchenschere vom Schwanzende her entlang des Rückgrats nach oben schneiden, zu beiden Seiten, bis man es entfernen kann. Das Brustbein – ein dreieckiges Stück Knorpel – mit der Schere einstechen. Die Ente nun wenden und das Brustbein flach drücken, sodass es aufgeklappt ist. Unter fließendem kalten Wasser abspülen, dann auf einen Gitterrost setzen, der auf einem großen Bratenblech steht, und mit Küchenpapier trocken tupfen.

2. Mit einem scharfen Messer ein Gitter in die Haut über der Brust schneiden (aufpassen, dass man nicht in das Fleisch darunter schneidet). Die Schnitte sollten einen Abstand von etwa 2 cm haben. Die Flügel unter den Körper der Ente schieben. Erneut mit Küchenpapier trocken tupfen und dann (nicht abgedeckt) 8-12 Stunden im Kühlschrank ruhen lassen, mit der Brust nach oben. So kann die Haut vollständig trocknen und wird im Ofen dann schön knusprig.

3. Wenn es an der Zeit ist, die Ente zu schmoren, den Ofen auf 135 °C vorheizen. (Die Ente sollte immer noch mit der Brustseite nach oben auf einem Gitterrost sitzen, der auf einem Backblech steht.)

4. Im vorgeheizten Ofen 1 Stunde schmoren, dann aus dem Ofen holen und die Haut rundherum mit einem scharfen Messer einstechen, um das Fett auszulassen. Falls sich bereits eine Menge Fett im Backblech gesammelt hat, die Ente auf dem Rost vorsichtig beiseitestellen und das Fett in ein Einmachglas gießen, um es für eine andere Verwendung aufzubewahren. (Ich fülle es gerne in meiner Küchenspüle um.)

5. Den Gitterrost mit der Ente vorsichtig wieder zurück auf das Backblech stellen und 2 Stunden weiter schmoren. Zwischendurch die Haut alle 30-45 Minuten wieder einstechen und das Fett nach Bedarf abgießen. Nach insgesamt 2 1/2 Stunden Garzeit die Kerntemperatur an der dicksten Stelle der Brust messen. Weiter garen, bis eine Kerntemperatur von 74 °C erreicht ist (bei einer etwa 2270 g schweren Ente dauert das in der Regel 3 bis 3 1/2 Stunden).

6. Die Ente auf ein sauberes Backblech setzen und, solange die Haut noch warm ist, mit Salz und Zucker (falls verwendet) bestreuen. Die Mischung mit einem Backpinsel auf der Haut verteilen. Die Ente nun 20 Minuten abkühlen lassen, damit sie beim abschließenden Grillen nicht zäh wird.

7. Restliches Fett aus dem ursprünglichen Backblech abgießen und auf Raumtemperatur abkühlen lassen, bevor man es zurück in den Kühlschrank stellt. (Der Grund dafür, dass man die Bleche wechselt, ist, den köstlichen Entenschmalz nicht mit Salz und Zucker zu »kontaminieren«.)

8. Den Ofengrill vorheizen und die Ente für 5-8 Minuten darunter schieben, bis die Haut schön gebräunt und knusprig ist. Aus dem Ofen nehmen, portionieren und sofort servieren. Der Entenschmalz ist im Kühlschrank bis zu 3 Monate haltbar.

HÄHNCHEN-*Eintopf* *mit Koriander*

ZUBEREITUNG: 40 MINUTEN (SCHNELLKOCHTOPF) BIS 60 MINUTEN (AUF DEM HERD)
FÜR 6 PORTIONEN

3 dicke Scheiben (ungepökelter) Speck, gehackt
1 Zwiebel, gehackt
6 Knoblauchzehen, sehr fein gehackt
2 EL getrockneter Oregano
960 ml Knochenbrühe (600 ml für die Schnellkochtopf-Version)
2 Steckrüben, in 1,5 cm große Stücke geschnitten
1 TL geräuchertes Meersalz
1 TL Knoblauchpulver
1 TL Zwiebelpulver
900 g Hähnchenbrustfilets aus Freilandhaltung, in 2 cm große Stücke geschnitten
1 helle Süßkartoffel, in 1,5 cm große Stücke geschnitten
1 EL Ingwersaft oder frisch geriebener Ingwer
3 EL frisch gepresster Zitronensaft (von etwa 1 Zitrone)
1 Bund Koriandergrün, Stiele und Blätter gehackt

ZUBEREITUNG AUF DEM HERD

1. Den Speck in einem Topf mit dickem Boden unter gelegentlichem Rühren auf mittlerer Stufe braten, bis das Fett größtenteils ausgelassen ist und die Speckstückchen knusprig sind. Die Speckstückchen beiseitelegen, das ausgelassene Fett im Topf lassen.

2. Die Zwiebel im ausgelassenen Fett 5 Minuten dünsten. Knoblauch und Oregano zufügen und noch 1 Minute dünsten, bis sie aromatisch duften.

3. Brühe, Steckrüben, Salz, Knoblauch- und Zwiebelpulver ebenfalls in den Topf geben. Abgedeckt 10 Minuten sanft köcheln lassen.

4. Hähnchenfleisch und Süßkartoffeln zufügen und 12 Minuten weiter köcheln lassen, bis das Gemüse zart und das Hähnchenfleisch durchgegart ist. Vom Herd nehmen.

5. Ingwer, Zitronensaft und Koriandergrün untermischen. Garniert mit den Speckstückchen servieren.

ZUBEREITUNG IM SCHNELLKOCHTOPF

1. Für die Zubereitung im Schnellkochtopf die Schritte 1 und 2 (siehe oben) mit der »Sautieren«-Funktion befolgen.

2. Die 600 ml Brühe, Steckrüben, Salz, Knoblauch- und Zwiebelpulver, Hähnchenfleisch und Süßkartoffeln in den Topf geben. Mit dem Deckel verschließen, einrasten und auf der Einstellung »Manueller Hochdruck« 10 Minuten garen. Wenn der Alarm der Zeitschaltuhr losgeht, den Druck mit der »Schnelles Abdampfen«-Methode entweichen lassen.

3. Ingwer, Zitronensaft und Koriandergrün unterrühren. Garniert mit den Speckstückchen servieren.

ROTES FLEISCH

GRANATAPFEL-THYMIAN-RINDEREINTOPF *mit Pastinaken-Süßkartoffel-Stampf*

ZUBEREITUNG: 1 STUNDE (SCHNELLKOCHTOPF) BIS 3 STUNDEN (AUF DEM HERD)
FÜR 4 PORTIONEN

FÜR DAS RINDFLEISCH

1 EL festes Kochfett
900 g Rindfleisch (zum Schmoren) von Tieren aus Weidehaltung
120 ml Knochenbrühe (60 ml für die Schnellkochtopf-Version)
180 ml ungesüßter Granatapfelsaft (120 ml für die Schnellkochtopf-Version)
1/2 EL Apfelessig
1 Lorbeerblatt
1 EL frisch gehackter Thymian
1/2 TL Meersalz

FÜR DEN PASTINAKEN-SÜSSKARTOFFEL-STAMPF

680 g Pastinaken, geschält und grob gehackt
680 g helle Süßkartoffeln, geschält und grob gehackt
120 ml Vollfett-Kokosmilch, gekauft oder hausgemacht
1/2 TL Meersalz
Schnittlauchröllchen zum Garnieren

ZUBEREITUNG AUF DEM HERD

1. Den Ofen auf 135 °C vorheizen.

2. Das Fett in einem Schmortopf auf mäßig hoher Stufe zerlassen. Sobald das Fett geschmolzen und die Pfanne heiß ist, das Fleisch darin in mehreren Portionen anbraten.

3. Sobald das gesamte Fleisch angebraten ist, alles zurück in den Topf geben. Dann Knochenbrühe, Granatapfelsaft, Essig, Lorbeer, Thymian und Salz zufügen. Das Fleisch sollte etwa zur Hälfte mit Flüssigkeit bedeckt sein. Ist es das nicht, entsprechend mehr Brühe oder Wasser zufügen.

4. Den Topf sorgfältig mit dem passenden Deckel verschließen und das Rindfleisch 2 Stunden im vorgeheizten Ofen schmoren. Regelmäßig nachsehen, ob noch ausreichend Flüssigkeit im Topf ist (wenn der Deckel gut schließt, sollte das kein Problem sein), die sehr sanft siedet. Das Fleisch ist so weit, wenn es unheimlich zart ist und noch ein paar Reste in der Pfanne sind.

5. Inzwischen den Pastinaken-Süßkartoffel-Stampf zubereiten: Das Wurzelgemüse in einem großen Topf mit Wasser bedecken und zum Kochen bringen. Die Temperatur reduzieren und 15 Minuten sanft köcheln lassen, bis das Gemüse zart ist.

6. Abseihen, das Gemüse zurück in den Topf geben, Kokosmilch und Salz zufügen und mit dem Kartoffelstampfer zur gewünschten Konsistenz verarbeiten. Beiseitestellen, bis das Fleisch fertig geschmort ist.

7. Das geschmorte Rindfleisch auf dem Pastinaken-Stampf servieren (wenn nötig aufwärmen), garniert mit Schnittlauchröllchen.

ZUBEREITUNG IM SCHNELLKOCHTOPF

1. Für die Zubereitung im Schnellkochtopf mit Schritt 2 (siehe oben) beginnen, auf der »Sautieren«- Funktion.

2. Die 60 ml Knochenbrühe, 120 ml Granatapfelsaft, Essig, Lorbeer, Thymian und Salz zufügen. Den Topf mit dem Deckel verschließen, einrasten und auf der Einstellung »Manueller Hochdruck« 30 Minuten garen.

3. Inzwischen den Pastinaken-Süßkartoffel-Stampf zubereiten wie in den Schritten 5 und 6 oben beschrieben.

4. Wenn der Alarm der Zeitschaltuhr losgeht, den Dampf mit der »Schnelles Abdampfen«-Methode ablassen. Das geschmorte Rindfleisch auf dem Pastinaken-Stampf servieren (wenn nötig aufwärmen), garniert mit Schnittlauchröllchen.

SCHNELLE RINDFLEISCH-
»Pho«

ZUBEREITUNG: 45 MINUTEN
FÜR 4 PORTIONEN

FÜR DIE BRÜHE

2 l Knochenbrühe (siehe Seite 86)
1/2 gelbe Zwiebel, gehackt
1 Stück (12 cm) Ingwer, in 4 große Stücke geschnitten
4 Knoblauchzehen, sehr fein gehackt
1 Lorbeerblatt
1 Zimtstange
1 1/2 TL Meersalz
1/4 TL gemahlene Kurkuma
1 Prise Gewürznelken

FÜR DIE SUPPE

450 g mageres Rindfleisch von Tieren aus Weidehaltung (Brust oder Flanke), in feine Streifen geschnitten*
60 ml Kokosaminos
3 EL frisch gepresster Limettensaft
1 TL Fischsoße
2 mittlere Zucchini, die Enden abgeschnitten
100 g Pilze, in feine Scheiben geschnitten

AUSSERDEM

4 Radieschen, in feine Scheiben geschnitten
1 Limette, geviertelt
Thai-Basilikum-Blättchen

1. Zunächst die Brühe zubereiten: Knochenbrühe, Zwiebeln, Ingwer, Knoblauch, Lorbeer, Zimtstange, Salz, Kurkuma und Gewürznelken in einem großen Topf zum Kochen bringen. Mit dem Deckel verschließen und die Temperatur reduzieren. Etwa 20 Minuten sanft köcheln lassen.

2. Die Zucchini mit dem Spiralschneider oder in der Küchenmaschine mit dem entsprechenden Aufsatz zu Spiralen verarbeiten. Beiseitestellen.

3. Ingwer, Lorbeer und Zimt mit der Schaumkelle aus der Suppe nehmen und entsorgen. Die Temperatur auf hohe Stufe erhöhen. Sobald die Brühe wieder kocht, das Rindfleisch zufügen und 1 Minute sieden lassen (falls die Scheiben nicht ganz so dünn sind, dauert es gegebenenfalls etwas länger). Vom Herd nehmen, Kokosaminos, Limettensaft und Fischsoße unterrühren.

4. Vier Suppenschüsseln bereitstellen und jeweils eine Portion Zucchini-Nudeln und Pilze hineingeben. Die heiße Brühe und je eine Portion Rindfleisch darauf verteilen. Das Gemüse wird in der heißen Brühe zart. Zum Servieren mit Radieschen-Scheiben und frischem Thai-Basilikum garnieren. Dazu Limettenspalten reichen.

**HINWEIS: Sie können den Metzger bitten, das Rindfleisch für Sie in extra dünne Scheiben zu schneiden oder es zu Hause selbst machen. Das geht einfacher, wenn man das Rindfleisch zunächst 15 Minuten im Gefrierschrank ruhen lässt – gerade eben lang genug, dass es etwas fester ist. Mit einem sehr scharfen Messer entgegen der Faserung Streifen schneiden, die höchstens 0,5 cm dick sind.*

KÜCHEN-TIPP: Mit einem Spiralschneider lässt sich Gemüse leicht zu »Nudeln« verarbeiten.

Knochenbrühe // Pho ist ein Beispiel für ein traditionelles Gericht, das mit reichhaltiger und nahrhafter Knochenbrühe (auf der Grundlage knochenmarkreicher Knochen) zubereitet wird. Die Nährstoffe aus Knochenbrühe sorgen für ein gesundes Gewebe in unserem ganzen Körper und unterstützen vor allem das Gewebe, das Kollagen braucht: Darmschleimhaut, Haut, Nägel, Gelenke und Haar.

MARINIERTES STEAK
mit Gemüse

ZUBEREITUNG: 1 STUNDE, PLUS 2 STUNDEN MARINIEREN
ERGIBT 4–6 PORTIONEN

FÜR DAS STEAK

120 ml Kokosaminos
60 ml Avocadoöl
3 EL frisch gepresster Zitronensaft (etwa 1 Zitrone)
4 Knoblauchzehen, sehr fein gehackt
1 EL frisch geriebener Meerrettich
1 TL Meersalz
900 g Sirloin Steak (Lendenstück) von Rind aus Weidehaltung

FÜR DIE SALSA

1/2 Bund sehr fein gehacktes Koriandergrün
1/2 Bund sehr fein gehackte Petersilie
75 g sehr fein gehackte weiße Zwiebel
120 ml Olivenöl
2 TL Apfelessig
6 Knoblauchzehen, sehr fein gehackt
1/2 TL Meersalz

FÜR DAS GEMÜSE

3 Portabella-Pilze, Stiele entfernt, halbiert
3 gelbe Zucchini, längs halbiert
1 Bund grüner Spargel, untere Enden entfernt
1 Bund Frühlingszwiebeln, längs halbiert
80 ml Avocadoöl
1 TL Meersalz
1 1/2 TL getrockneter Oregano

1. Kokosaminos, Öl, Zitronensaft, Knoblauch, Meerrettich und Salz in einer Schüssel mit dem Schneebesen glatt rühren. Das Steak in einen widerverschließbaren Gefrierbeutel oder in einen Kunststoffbehälter mit Deckel legen. Die Marinade darüber gießen und 2 Stunden im Kühlschrank ziehen lassen, dabei einmal wenden.

2. Als Nächstes die Salsa zubereiten. Koriandergrün, Petersilie, Zwiebel, Öl, Essig, Knoblauch und Salz in einer kleinen Schüssel gründlich mischen. Soll die Salsa für mehrere Stunden aufbewahrt werden, muss sie in den Kühlschrank. Vor dem Servieren aber wieder auf Raumtemperatur kommen lassen.

3. Den Grill auf höchste Stufe vorheizen. Das Gemüse auf einem großen Blech verteilen und mit Avocadoöl beträufeln. Salz und Oregano darüber streuen und das Gemüse im Öl schwenken, sodass es gleichmäßig benetzt und gewürzt ist. Das Steak aus der Marinade nehmen und auf einen Teller geben.

4. Das Gemüse auf dem heißen Grill 8-12 Minuten garen, dabei nach Bedarf wenden und gegartes Gemüse beiseitelegen (es gart wahrscheinlich in dieser Reihenfolge: Spargel, Zucchini, Pilze, Zwiebeln). Beiseitestellen.

5. Als Nächstes das Steak auf den Grill legen. Von jeder Seite 4-5 Minuten grillen, bis es eine Kerntemperatur von 55 °C hat (Garstufe medium). Beiseitestellen und 5 Minuten ruhen lassen.

6. Das Steak warm servieren, beträufelt mit Koriander-Salsa. Dazu das bunte Gemüse servieren.

Portabella-Pilze // Die großen Portabella-Pilze enthalten eine ganze Reihe von B-Vitaminen und darüber hinaus Ballaststoffe, Selen und Kupfer. Pilze haben einen hohen Gehalt an Antioxidantien und sind eines der wenigen Lebensmittel, die Vitamin D liefern.

RINDERHACKBRATEN
mit Wurzelgemüse

ZUBEREITUNG: 1 STUNDE 15 MINUTEN
FÜR 6 PORTIONEN

900 g Rinderhackfleisch von Tieren aus Weidehaltung
100 g Möhren, geraspelt
100 g Pastinaken, geraspelt
3 Knoblauchzehen, sehr fein gehackt
2 EL sehr fein gehackte gemischte Kräuter (Thymian, Rosmarin und/oder Salbei)
1/2 gelbe Zwiebel, sehr fein gehackt
50 g Maniokmehl/Tapiokastärke
1 TL Meersalz
Etwa 4 Scheiben ungepökelter Speck

1. Den Ofen auf 190 °C vorheizen.

2. In einer großen Schüssel das Rinderhackfleisch mit allen anderen Zutaten (bis auf den Speck) sorgfältig per Hand vermengen. Die Mischung in einer Kastenform verteilen und sorgfältig andrücken.

3. Die Speckscheiben auf die Oberfläche legen, sodass sie vollständig bedeckt ist. Im vorgeheizten Ofen 50-60 Minuten backen, bis der Speck gebräunt ist und der Hackbraten eine Kerntemperatur von 65 °C hat. Beiseitestellen und vollständig abkühlen lassen, damit das Fleisch Zeit hat, beim Braten ausgetretene Flüssigkeit wieder aufzunehmen.

4. Vor dem Servieren im Ofen oder der Mikrowelle vorsichtig aufwärmen.

HINWEIS: Maniokmehl verhält sich etwas anders als traditionelles Mehl. Daher muss man diese Zubereitung vollständig abkühlen lassen und dann wieder aufwärmen, damit sie eine angenehme Textur bekommt.

TIPP ZUM ZEITSPAREN: Eine Küchenmaschine macht das Vorbereiten von Gemüse und Kräutern für dieses Rezept kinderleicht. Möhren und Pastinaken mit dem Raspel-Aufsatz zerkleinern und die Kräuter danach mit einem Schneide-Aufsatz sehr fein hacken. Die Zwiebel zufügen und mit der Impulsstufe untermischen, bis die gewünschte Konsistenz erreicht ist.

LAMMSPIESSE
mit Blumenkohl-»Reis« und grüner Curry-Soße

ZUBEREITUNG: 45 MINUTEN
FÜR 4 PORTIONEN

FÜR DIE CURRY-SOSSE

1 EL Kokosfett
1/4 große gelbe Zwiebel, gehackt
2 Bund Koriandergrün
2 Stangen Zitronengras, die zähen Blätter und Enden entfernt, angedrückt*
3/4 EL sehr fein gehackter frischer Ingwer
3/4 EL sehr fein gehackte frische Kurkuma
2 Knoblauchzehen, sehr fein gehackt
240 ml Vollfett-Kokosmilch, gekauft oder hausgemacht
1/4 TL Meersalz
2 EL frisch gepresster Limettensaft (von etwa 1 Limette)

FÜR DAS LAMMFLEISCH

680 g Lammhackfleisch von Tieren aus Weidehaltung
3/4 TL Meersalz
1 TL Zwiebelpulver

FÜR DEN »REIS«

2 EL Kokosfett
1 mittlerer Kopf Blumenkohl, zu feinem Reis gehackt
2 Knoblauchzehen, sehr fein gehackt
1 TL Meersalz
1 Apfel, zu »Reis« gehackt
1/2 Bund Koriandergrün, gehackt
75 g getrocknete Rosinen

1. Zunächst die Curry-Soße zubereiten. Das Kokosfett in einer Pfanne oder einem Topf mit dickem Boden auf mittlerer Stufe zerlassen. Sobald das Fett geschmolzen und die Pfanne heiß ist, die Zwiebeln zufügen und unter gelegentlichem Rühren 7 Minuten glasig dünsten.

2. Während die Zwiebeln garen, das Koriandergrün vorbereiten. Ein Drittel vom Bund beiseitelegen, den Rest fein hacken.

3. Wenn die Zwiebeln glasig gedünstet sind, Zitronengras, Ingwer, Kurkuma, Knoblauch und gehackten Koriander zufügen und unter Rühren 3 Minuten dünsten.

4. Kokosmilch und Salz zufügen, dann die Temperatur reduzieren und abgedeckt 10 Minuten sanft köcheln lassen.

5. Das Zitronengras entfernen und den Limettensaft unterrühren. Beiseitestellen und abkühlen lassen, während der Rest der Mahlzeit zubereitet wird.

6. Inzwischen Lammfleisch, Salz und Zwiebelpulver in einer Schüssel mit den Händen vermengen. Acht längliche Bratlinge formen und leicht flach drücken. Jeweils zwei Bratlinge auf einen Spieß stecken. Den Grill auf hohe Stufe vorheizen, während der »Reis« zubereitet wird.

7. Für den Blumenkohl-»Reis« das Kokosfett in einer Pfanne mit dickem Boden zerlassen. Wenn das Fett geschmolzen und die Pfanne heißt ist, Blumenkohl und Knoblauch zufügen und unter gelegentlichem Rühren 5 Minuten sautieren, bis der Blumenkohl gerade eben zart ist. Vom Herd nehmen und Apfel, Salz, die Blättchen vom beiseitegelegten Koriandergrün und die Rosinen untermischen. Beiseitelegen.

8. Wenn der Grill heiß ist, die Spieße 2-3 Minuten darauf garen (bei verschlossenem Deckel), bis die gewünschte Garstufe erreicht ist. Beiseitestellen, während die Soße zubereitet wird (daran denken, dass das Fleisch noch weiter gart, nachdem es vom Grill genommen wurde).

9. Die Curry-Soße im Standmixer etwa 60 Sekunden glatt pürieren.

10. Den Blumenkohl-»Reis« mit den Lammspießen und der aufgewärmten Curry-Soße servieren, garniert mit dem übrigen Koriandergrün.

**HINWEIS: Zum »Andrücken« vom Zitronengras einfach die Wurzel abschneiden und die Stange mit dem Messerrücken auf ein Schneidebrett drücken.*

MAGISCHES »*Chili*«

ZUBEREITUNG: 40 MINUTEN (SCHNELLKOCHTOPF) BIS 1 STUNDE (AUF DEM HERD)
FÜR 6 PORTIONEN

1 EL festes Kochfett
1 große Zwiebel, gehackt
4 Knoblauchzehen, sehr fein gehackt
960 ml Knochenbrühe (720 ml für die Schnellkochtopf-Version)
2 Pastinaken, in 3 cm große Stücke geschnitten
3 Möhren, in 3 cm große Stücke geschnitten
1 große Rote Bete, geraspelt
2 EL sehr fein gehackter frischer Oregano
1 TL Zwiebelpulver
1/2 TL Meersalz
1/2 TL Knoblauchpulver
1 MSP Zimt
900 g Rinderhackfleisch von Tieren aus Weidehaltung
Petersilienspitzen zum Garnieren

ZUBEREITUNG AUF DEM HERD

1. Das Kochfett in einem Topf mit dickem Boden auf mittlerer Stufe zerlassen. Wenn das Fett geschmolzen und der Topf heiß ist, die Zwiebeln zufügen und unter Rühren etwa 7 Minuten sautieren, bis sie leicht bräunen. Den Knoblauch zufügen und eine weitere Minute aromatisch dünsten.

2. Knochenbrühe, Pastinaken, Möhren, geraspelte Bete, Oregano, Zwiebelpulver, Salz, Knoblauchpulver und Zimt zum Kochen bringen, dann die Temperatur reduzieren und abgedeckt 20 Minuten sanft köcheln lassen. (Wenn ein schwaches Sieden auf niedrigster Stufe auf dem Herd nicht möglich ist, den Deckel einen Spalt öffnen.)

4. Inzwischen das Hackfleisch in einer Bratpfanne auf mäßig hoher Stufe erhitzen. Unter Rühren etwa 10 Minuten braten und das Fleisch dabei in kleine Stücke herunterbrechen, bis es rundherum gebräunt ist und die anfangs herausgetretene Flüssigkeit wieder absorbiert wurde.

5. Wenn das Gemüse gar ist, das gebräunte Hackfleisch untermischen und abgedeckt weitere 15 Minuten sanft köcheln lassen.

6. Zum Servieren mit frisch gehackter Petersilie bestreuen.

ZUBEREITUNG IM SCHNELLKOCHTOPF

1. Schritt 1 (siehe oben) mit der »Sautieren«-Funktion im Schnellkochtopf befolgen.

2. Die 720 ml Knochenbrühe, Pastinaken, Möhren, geraspelte Rote Bete, Oregano, Zwiebelpulver, Salz, Knoblauchpulver und Zimt zufügen. Den Topf mit dem Deckel verschließen, einrasten und bei der Einstellung »Manueller Hochdruck« 5 Minuten garen.

3. Inzwischen das Hackfleisch in einer Bratpfanne auf mäßig hoher Stufe erhitzen. Unter Rühren etwa 10 Minuten braten und das Fleisch dabei in kleine Stücke herunterbrechen, bis es rundherum gebräunt ist und die anfangs herausgetretene Flüssigkeit wieder absorbiert wurde.

4. Wenn der Alarm der Zeitschaltuhr losgeht, den Druck mit der »Schnelles Abdampfen«-Methode entweichen lassen. Den Deckel vorsichtig entfernen und das Hackfleisch untermischen. Den Topf wieder verschließen, den Deckel einrasten und das Ganze bei »Manueller Hochdruck« 2 Minuten fertig garen.

5. Zum Servieren mit frisch gehackter Petersilie bestreuen.

TACO-SALAT
mit pikanter Guacamole

ZUBEREITUNG: 1 STUNDE 30 MINUTEN
FÜR 6 PORTIONEN

FÜR DIE TOSTONES

2 grüne Kochbananen, in 2,5 cm große Scheiben geschnitten*
60 ml Kokosöl*
1/4 TL Meersalz

FÜR DAS FLEISCH

1 TL Meersalz
1 TL Zwiebelpulver
1 TL getrockneter Oregano
3/4 TL Knoblauchpulver
1/4 TL gemahlene Kurkuma
900 g Rinderhackfleisch von Tieren aus Weidehaltung

FÜR DIE GUACAMOLE

1–2 EL frisch geriebener Meerrettich
2 reife Avocados
50 g rote Zwiebel, sehr fein gehackt
1 Knoblauchzehe, sehr fein gehackt
2 EL frisch gepresster Limettensaft (von etwa 1 Limette)
1/2 TL Meersalz
1/3 Bund Koriandergrün, gehackt

FÜR DEN SALAT

1 Kopf Romanasalat, in feine Streifen geschnitten
1/2 Rotkohl, in feine Streifen geschnitten
1/2 große Yambohne, in feine Stäbchen geschnitten
60 ml Olivenöl
2 EL frisch gepresster Limettesaft (von etwa 1 Limette)
1/4 TL Meersalz

1. Zunächst die Tostones (zweifach gebratene Kochbananenchips) zubereiten. In einer großen Pfanne mit dickem Boden 2 EL Kokosfett auf mittlerer Stufe zerlassen. Sobald das Fett geschmolzen und die Pfanne heiß ist, die Kochbananenscheiben in die Pfanne legen und etwa 5 Minuten braten, bis sie gebräunt sind. Mit der Grillzange wenden und von der zweiten Seite ebenfalls 5 Minuten braten. Sie sollen leicht gebräunt und zart sein, aber noch nicht vollkommen durchgegart.

2. Die gebratenen Kochbananenscheiben auf die Arbeitsfläche legen, mit einem Backpapier abdecken und dann einzeln mit einem Einmachglas flach drücken, bis sie jeweils nur noch 0,5 cm dick sind. Das restliche Kokosfett in der Pfanne auf mittlerer Stufe zerlassen und die flach gedrückten Kochbananenscheiben erneut darin braten, von jeder Seite 3 Minuten, bis sie goldbraun und knusprig sind. (Das muss eventuell in zwei Etappen geschehen, weil die Scheiben jetzt einen größeren Umfang haben, und vielleicht braucht man auch mehr Öl.) Mit Salz bestreuen und abkühlen lassen.

3. Jetzt das Fleisch für die Tacos vorbereiten. In einer kleinen Schüssel Salz, Zwiebelpulver, Oregano, Knoblauchpulver und Kurkuma mischen. Das Hackfleisch in der Pfanne, in der die Kochbananen gebraten wurden, unter häufigem Rühren rundherum bräunen und dabei in kleine Stückchen herunterbrechen. Nach etwa 5 Minuten, wenn das Fleisch keine Flüssigkeit mehr abgibt, die Gewürzmischung unterrühren. Etwa 5 Minuten weiter braten, bis die Flüssigkeit wieder absorbiert wurde und das Fleisch schön gebräunt ist. Beiseitestellen.

4. Die Guacamole zubereiten: Die Steine aus den Avocados entfernen und das Fruchtfleisch schälen. Würfeln und dann mit einer Gabel zerdrücken. Einen Esslöffel Meerrettich und die anderen Zutaten sorgfältig mischen. Kosten und nach Belieben allmählich mehr Meerrettich untermischen, bis die gewünschte Schärfe erreicht ist.

5. Für den Salat Romanasalatblätter, Rotkohl und Yambohne in einer großen Schüssel mit Olivenöl, Limettensaft und Meersalz anmachen und gut schwenken.

6. Den Salat auf Tellern verteilen und das Taco-Fleisch darauf servieren. Ein paar Tostones darauf geben und die pikante Guacamole dazu reichen.

**VARIATIONEN: Für eine Low-Carb-Version Gurkenscheiben statt der Tostones verwenden. Für eine kokosfreie Version ein anderes festes Kochfett (z. B. Entenschmalz) statt dem Kokosfett verwenden.*

RINDFLEISCHSPIESSE
mit Sommergemüse

ZUBEREITUNG: 45 MINUTEN
FÜR 4 PORTIONEN

FÜR DIE MARINADE

60 ml frisch gepresster Orangensaft (von etwa 1 Orange)
60 ml frisch gepresster Limettensaft (von etwa 2 Limetten)
60 ml Kokosaminos
120 ml Avocadoöl
2 Knoblauchzehen, sehr fein gehackt
1 TL Meersalz

FÜR DIE SPIESSE

680 g Sirloin Steak von Rindern aus Weidehaltung, in 5 cm große Würfel geschnitten
3 Zucchini, in 2,5 cm dicke Scheiben geschnitten
220 g Champignons
400 g frische Ananas, in 2,5 cm große Stücke geschnitten*
1 Limette, geviertelt und gepresst
Frisches Koriandergrün, gehackt

1. Die Zutaten für die Marinade in einer Schüssel mit dem Schneebesen glatt rühren. In einen wiederverschießbaren Gefrierbeutel mit 4 l Fassungsvermögen (oder einen entsprechenden Kunststoffbehälter mit Deckel) geben und Fleisch, Zucchini, Pilze und Ananas zufügen. Die Zutaten 30 Minuten in der Marinade ziehen lassen und zwischendurch immer wieder darin schwenken.

2. Etwa 10 Minuten, bevor Fleisch und Gemüse fertig mariniert sind, den Grill auf hohe Stufe vorheizen. Das fertig marinierte Fleisch, Gemüse und Ananas aus dem Beutel nehmen und die Marinade entsorgen. Die Zutaten abwechselnd auf Spieße stecken und die fertigen Spieße auf ein Backblech legen.

3. Wenn der Grill heiß ist, die Spieße darauf bei verschlossenem Deckel etwa 5 Minuten grillen, bis leichte Grillspuren darauf zu erkennen sind. Wenden und weitere 5 Minuten grillen (Garstufe medium) oder länger, bis die gewünschte Garstufe erreicht ist.

4. Zum Servieren mit Limettensaft beträufeln und mit Koriandergrün garnieren.

**VARIATION: Für eine Low-Carb-Version in Spalten geschnittene weiße Zwiebeln statt der Ananas verwenden.*

Steak // Rindfleisch und andere Sorten rotes Fleisch sind gute Lieferanten der B-Vitamine – vor allem für Vitamin B12 – und außerdem für Mineralstoffe wie Eisen und Zink. Wenn man Rindfleisch von Tieren aus Weidehaltung verwendet, kommt man außerdem in den Vorteil eines größeren Gehalts an Omega-3-Fettsäuren.

STEAK-SALAT
mit Champagner-Vinaigrette

ZUBEREITUNG: 40 MINUTEN
FÜR 4 PORTIONEN

FÜR DAS DRESSING

120 ml Avocadoöl
60 ml Champagneressig
1 1/2 EL Zitronensaft
1 TL Abrieb von 1 Bio-Zitrone
1 Anchovis
1 TL frische Thymianblättchen
1/2 TL Honig
1 MSP Meersalz

FÜR DIE GEWÜRZMISCHUNG

1 TL Meersalz
1/2 TL frische Thymianblättchen, sehr fein gehackt
1/2 TL Knoblauchpulver*
1/2 TL Zwiebelpulver*

FÜR DEN SALAT

680 g Steak (aus der Flanke)
140 g pfeffriger Blattsalat, z. B. Rucola
1 Bund Radieschen, Grün entfernt und in feine Scheiben geschnitten
1/2 rote Zwiebel, halbiert und in feine Scheiben geschnitten*
1 Avocado, in feine Scheiben geschnitten

1. Das Steak aus dem Kühlschrank nehmen, damit es Raumtemperatur annehmen kann, und den Grill auf hohe Stufe vorheizen.

2. Die Zutaten für das Dressing in der Küchenmaschine pürieren. Kosten und nach Bedarf mit Salz abschmecken (einige Anchovis sind salziger als andere, man muss also entsprechend anpassen).

3. Die Zutaten für die Gewürzmischung in einer kleinen Schüssel vermischen. Kurz vor dem Grillen das Steak rundherum damit einreiben. Das Steak von jeder Seite 3-4 Minuten grillen (bei geschlossenem Deckel), bis es eine Kerntemperatur von 54 °C hat (Garstufe: medium). Vom Grill nehmen und ruhen lassen, während der Salat zubereitet wird.

4. Salatblätter, Radieschen, Zwiebel und Avocado in einer großen Salatschüssel mischen. (Wird der Salat für später zubereitet, Blätter, Dressing, Fleisch und Avocado getrennt aufbewahren.)

5. Den Salat in Portionen aufteilen, mit etwas Dressing beträufeln und ein paar Scheiben Steak darauf arrangieren. Abschließend mit mehr Dressing beträufeln.

**VARIATION: Für eine Low-FODMAP-Version, Knoblauchpulver, Zwiebelpulver und rote Zwiebel weglassen.*

VARIATION: Alternativ zum Grill kann das Steak auch in Grillpfanne und Ofen gegart werden. Den Ofen auf 200 °C vorheizen. Einen Esslöffel Kochfett in der ofenfesten Grillpfanne auf mäßig hoher Stufe zerlassen. Das Steak darin 2 Minuten grillen, dann wenden und für 5-10 Minuten in den vorgeheizten Ofen schieben, bis die gewünschte Garstufe erreicht ist.

***Rucola* //** Ebenso wie andere aromatische Sorten Blattgemüse versorgt Rucola uns mit viel Vitamin K und den Mineralstoffen Kalzium und Kalium. Rucola enthält außerdem Flavonole und einigen dieser Verbindungen wurde nachgewiesen, dass sie gegen Krebs und entzündungshemmend wirken.

LAMMKOTELETTS
in Joghurt-Marinade

ZUBEREITUNG: 30 MINUTEN
PLUS 8 STUNDEN MARINIEREN
FÜR 4 PORTIONEN

---

120 g einfacher Kokosjoghurt*
60 ml Avocadoöl
3 EL frisch gepresster Zitronensaft (etwa 1 Zitrone)
3/4 TL Meersalz
1 TL getrockneter Oregano
1/2 TL Kurkuma
2 Knoblauchzehen, sehr fein gehackt
1 TL frisch geriebener Ingwer
900 g Lammkoteletts aus Weidehaltung

1. Alle Zutaten (mit Ausnahme der Lammkoteletts) in einer Schüssel glatt rühren und dann in einen großen, wiederverschließbaren Gefrierbeutel oder einen Kunststoffbehälter mit Deckel gießen. Die Lammkoteletts zufügen und darauf achten, dass jedes Stück rundherum benetzt ist. Im Kühlschrank 8-12 Stunden marinieren lassen und gelegentlich wenden, damit das Fleisch gleichmäßig mariniert.

2. Bevor die Koteletts gegrillt werden, müssen sie aus dem Kühlschrank genommen werden, damit sie wieder Raumtemperatur annehmen. Den Grill auf hohe Stufe vorheizen.

3. Die Lammkoteletts auf dem heißen Grill bei verschlossenem Deckel von jeder Seite etwa 5 Minuten grillen, bis die gewünschte Garstufe erreicht ist. (Eine Kerntemperatur von 54 °C ist medium.)

**EINKAUFSTIPP:* Darauf achten, dass der Kokosjoghurt nur Kokosnuss und Probiotika enthält. Produkte mit Zuckerzusatz und/oder Verdickungsmittel vermeiden.*

Lammkoteletts // Dieser Teilschnitt ist eines der köstlichsten und nährstoffreichsten Fleischstücke mit Knochen, die es zu kaufen gibt. Über das exzellente Nährstoffprofil hinaus, das Lammkoteletts von Tieren aus Weidehaltung bieten, liefert das Fleisch am Knochen auch eine höhere Dichte an Bindegewebe und Mineralstoffen. Und nicht vergessen, die Knochen für die Zubereitung von Brühe aufzubewahren (siehe Seite 86)!

STECKRÜBENNUDELN MIT KLÖSSEN
in herzhafter »Sahnesoße«

ZUBEREITUNG: 1 STUNDE
FÜR 4–6 PORTIONEN

2 große Steckrüben (etwa 900 g), Enden abgeschnitten

FÜR DIE SOSSE
1 EL festes Kochfett
1/2 gelbe Zwiebel, gehackt
4 Knoblauchzehen, sehr fein gehackt
240 ml Knochenbrühe (siehe Seite 86)
1 helle Süßkartoffel, gehackt
240 ml Vollfett-Kokosmilch, gekauft oder hausgemacht
3 EL Nährhefe
1/2 TL Meersalz

FÜR DIE KLÖSSE
900 g Rinderhackfleisch von Tieren aus Weidehaltung
1 EL sehr fein gehackter Rosmarin
1 EL sehr fein gehackter Thymian
1/2 TL Meersalz
1 EL festes Kochfett
60 ml Knochenbrühe
200 g Champignons, halbiert
Frische Petersilie zum Garnieren

1. Den Ofen auf 110 °C vorheizen. Die Steckrüben mit dem Spiralschneider oder in der Küchenmaschine mit dem entsprechenden Aufsatz zu »Nudeln« verarbeiten. Im Ofen aufwärmen.

2. Die Soße zubereiten: Das Kochfett in einem Topf auf mittlerer Stufe zerlassen. Sobald das Fett zerlassen und der Topf heiß ist, die Zwiebeln zufügen und unter gelegentlichem Rühren 5 Minuten sautieren, bis sie leicht gebräunt sind. Den Knoblauch zufügen und unter Rühren 30 Sekunden aromatisch dünsten.

3. Knochenbrühe und Süßkartoffeln zufügen. Zum Kochen bringen, dann den Topf mit Deckel verschließen, die Temperatur reduzieren und das Ganze etwa 10 Minuten sanft köcheln lassen, bis die Süßkartoffeln zart sind.

4. Kokosmilch, Nährhefe und Salz untermischen und dann mit dem Pürierstab glatt pürieren. (Das geht auch im Standmixer oder der Küchenmaschine. Dafür sollte man die Zutaten aber erst 10 Minuten abkühlen lassen, da sich die heiße Flüssigkeit ausdehnen und spritzen könnte.) Kosten und nach Belieben abschmecken. Beiseitestellen.

5. Für die Klöße Rinderhackfleisch, Kräuter und Meersalz in einer großen Schüssel mit den Händen sorgfältig vermengen. Große Klöße (etwa 5 cm Durchmesser) aus der Masse formen und beiseitestellen.

6. Das Kochfett in einer Pfanne mit dickem Boden auf mittlerer Stufe zerlassen. Sobald das Fett geschmolzen und die Pfanne heiß ist, die Klöße hineingeben und etwa 3 Minuten bräunen, dann mit der Grillzange

vorsichtig wenden. Die Knochenbrühe und Pilze zufügen, und abgedeckt etwa 7 Minuten sanft köcheln lassen, bis die Fleischklöße durchgegart sind.

7. Die Soße nach Bedarf wieder aufwärmen. Klöße und Pilze auf eine große Portion Steckrübennudeln geben, mit Soße beträufeln und mit frisch gehackter Petersilie garniert servieren.

KÜCHEN-TIPP: Mit einem Spiralschneider lässt sich Gemüse leicht zu »Nudeln« verarbeiten.

VARIATION: Steckrüben ergeben hier eine leckere Knusper-Textur. Aber das Rezept schmeckt auch gut mit anderen rohen Wurzelgemüse-"Nudeln" wie Möhren, Pastinaken oder Rüben.

BISONFLEISCH *Shepherd's Pie*

ZUBEREITUNG: 1 STUNDE 30 MINUTEN
FÜR 6 PORTIONEN

FÜR DAS TOPPING

680 g helle Süßkartoffeln, in große Stücke geschnitten
680 g Pastinaken, in große Stücke geschnitten
60 g festes Kochfett
3/4 TL Meersalz
Pfeffer

FÜR DIE FÜLLUNG

1 EL festes Kochfett
1 Zwiebel, gehackt
3 Möhren, in 1 cm große Stücke geschnitten
100 g Pilze, gehackt
4 Knoblauchzehen, sehr fein gehackt
1 EL sehr fein gehackter Rosmarin
1 EL sehr fein gehackter Salbei
900 g Bisonhackfleisch von Tieren aus Weidehaltung
60 ml Knochenbrühe (siehe Seite 86)
1 TL Meersalz
1 TL Knoblauchpulver
Frischer Schnittlauch zum Garnieren

1. Den Ofen auf 170 °C vorheizen.

2. Das Wurzelgemüse für das Topping in einem Topf mit Wasser bedecken. Zum Kochen bringen und 20 Minuten sanft köcheln lassen, bis es zart ist. Abgießen und beiseitestellen.

3. Inzwischen die Füllung vorbereiten. Das Fett in einer großen, ofenfesten Pfanne mit dickem Boden auf mittlerer Stufe zerlassen. Sobald das Fett geschmolzen und die Pfanne heiß ist, die Zwiebeln zufügen und unter Rühren 5 Minuten dünsten. Die Möhren zufügen und unter Rühren 5 Minuten sautieren. Jetzt Pilze, Knoblauch und Kräuter untermischen und eine weitere Minute aromatisch dünsten. Vom Herd nehmen und das Gemüse in eine große Schüssel füllen.

4. Die Pfanne ein paar Minuten abkühlen lassen, dann zurück auf den Herd stellen und auf mittlerer Stufe erhitzen. Das Bisonfleisch zufügen und mit dem Holzkochlöffel in kleine Stücke herunterbrechen. Unter gelegentlichem Rühren 10-15 Minuten braten, bis die ausgetretene Flüssigkeit wieder absorbiert wurde.

5. Brühe, Salz und Knoblauchpulver sorgfältig unter das Fleisch mischen. Das Gemüse zurück in die Pfanne geben, unterheben und die Mischung nun fest in die Pfanne drücken. Beiseitestellen, während das Topping fertiggestellt wird.

6. Süßkartoffeln und Pastinaken mit 60 g Kokosfett und 3/4 TL Salz zurück in den Topf geben. Mit dem Kartoffelstampfer zur gewünschten Konsistenz verarbeiten. Mit Salz und Pfeffer abschmecken und dann gleichmäßig auf der Bison-Füllung verteilen.

7. Etwa 40 Minuten backen, bis das Topping leicht gebräunt ist. Zum Servieren mit frischem Schnittlauch garnieren.

VARIATION: Ist kein Bisonfleisch erhältlich, ist Rinderhackfleisch eine gute Alternative. (Aber Bison ist besser!)

RINDERSCHMORTOPF
mit Curry

ZBUBEREITUNG: 1 STUNDE (SCHNELLKOCHTOPF) BIS 3 STUNDEN (IM OFEN)
FÜR 4–6 PORTIONEN

1 EL festes Kochfett
2 große Schalotten, gewürfelt
1 EL sehr fein gehackter Ingwer
3 Knoblauchzehen, sehr fein gehackt
1 EL frische Thymianblättchen
120 g Apfelmus
2 EL frisch gepresster Limettensaft (von etwa 1 Limette)
1/2 TL gemahlene Kurkuma
1 Prise Zimt
1 TL Salz
680 g Rindfleisch (für Gulasch) von Tieren aus Weidehaltung
1/2 Bund Koriandergrün, gehackt

ZUBEREITUNG IM OFEN

1. Den Ofen auf 135 °C vorheizen.

2. Das Kochfett im Schmortopf auf mittlerer Stufe zerlassen. Sobald das Fett geschmolzen und der Topf heiß ist, die Schalotten zufügen und etwa 5 Minuten sautieren, bis sie beginnen zu bräunen. Knoblauch, Ingwer und Thymian zufügen und unter Rühren 1 Minute aromatisch dünsten.

3. Vom Herd nehmen und Apfelmus, Limettensaft, Kurkuma, Zimt und Salz untermischen. Die Mischung vorsichtig im Standmixer oder der Küchenmaschine pürieren. Dann zurück in den Schmortopf geben, das Rindfleisch unterheben, sodass es gleichmäßig bedeckt ist, und 2-2 1/2 Stunden im Ofen schmoren, bis das Fleisch zart ist.

4. Das Koriandergrün unterrühren und servieren.

ZUBEREITUNG IM SCHNELLKOCHTOPF

1. Für die Zubereitung im Schnellkochtopf Schritte 1 und 2 (siehe oben) mit der »Sautieren«-Funktion befolgen.

2. Den Topf abstellen und Apfelmus, Limettensaft, Kurkuma, Zimt und Salz untermischen. Die Mischung vorsichtig im Standmixer oder der Küchenmaschine pürieren. Dann zurück in den Schnellkochtopf geben und das Rindfleisch sorgfältig unterheben. Mit dem Deckel verschließen, einrasten und auf »Manueller Hochdruck« 35 Minuten garen.

3. Wenn der Alarm der Zeitschaltuhr losgeht, den Druck mit der »Schnelles Abdampfen«-Methode ablassen.

4. Das Koriandergrün unterrühren und servieren.

Koriandergrün // Der eng mit Petersilie verwandte Koriander ist für seine medizinischen Eigenschaften bekannt. Koriandergrün enthält nicht nur viele Antioxidantien, sondern auch Verbindungen, die den Körper dabei unterstützen, Schwermetalle loszuwerden.

Indisch gewürzte LAMMFLEISCHPFANNE

ZUBEREITUNG: 45 MINUTEN
FÜR 6 PORTIONEN

1 EL festes Kochfett
1/2 gelbe Zwiebel, gewürfelt
2 EL Knochenbrühe (siehe Seite 86) oder Wasser
1 mittlere helle Süßkartoffel,
in 1 cm große Stücke geschnitten
1 Bund Grünkohl, gehackt
680 g Lammhackfleisch von Tieren aus Weidehaltung
1 TL Meersalz
1 TL gemahlene Kurkuma
1 TL gemahlener Ingwer
1/2 TL Knoblauchpulver
1/2 TL Zwiebelpulver
1/2 TL gemahlener Zimt
1 Prise gemahlene Gewürznelken
1/4 Bund Minze, gehackt
30 g Rosinen (optional)
1 1/2 EL frisch gepresster Zitronensaft

1. Das feste Kochfett in einer großen Pfanne mit dickem Boden auf mittlerer Stufe zerlassen. Sobald das Fett geschmolzen und die Pfanne heiß ist, die Zwiebel zufügen und unter Rühren 5 Minuten zunächst glasig dünsten und dann leicht bräunen.

2. Brühe und Süßkartoffeln zufügen, gut umrühren und 7-10 Minuten köcheln lassen, bis die Süßkartoffeln gerade eben zart werden. Falls die Flüssigkeit zu schnell verdampft, ein paar Esslöffel Brühe oder Wasser zufügen.

3. Den Grünkohl untermischen und kurz köcheln lassen, bis er zart ist. Das Gemüse in eine große Schüssel füllen und beiseitestellen. Die Pfanne ein paar Minuten abkühlen lassen.

4. Das Lammhackfleisch in die Pfanne geben und mit dem Kochlöffel zügig in kleine Stücke herunterbrechen. Die Gewürze untermischen und unter gelegentlichem Rühren sautieren, bis die aus dem Fleisch austretende Flüssigkeit wieder absorbiert wurde und das Fleisch durchgegart ist.

5. Gemüse, Minze, Rosinen und Zitronensaft unterheben. Kurz aufwärmen und servieren.

HINWEIS: Dieses Rezept kann auch gut mit anderen Hackfleischsorten zubereitet werden. Wenn man Geflügel verwendet, muss man allerdings etwas mehr Kochfett zufügen, um den Mangel an natürlichen Fetten auszugleichen.

***Lammfleisch* //** Ebenso wie andere rote Fleischsorten ist Lamm aus Weidehaltung eine reichhaltige Quelle für viele wichtige Vitamine und Mineralstoffe, vor allem Vitamin B12, Eisen, Selen und Zink. Lämmer werden in der Regel komplett auf der Weide großgezogen, sodass das Verhältnis von Omega-3- zu Omega-6-Fettsäuren von Lamm dem von anderen Sorten roten Fleischs vorzuziehen ist.

Geschmorte QUERRIPPE MIT KIRSCHEN

ZUBEREITUNG: 1 1/2 STUNDEN (SCHNELLKOCHTOPF) BIS 3 1/2 STUNDEN (IM OFEN)
FÜR 4 PORTIONEN

FÜR DIE QUERRIPPEN
1 EL festes Kochfett
1300 g Querrippen von Rindern aus Weidehaltung
1 Zwiebel, gehackt
4 Knoblauchzehen, sehr fein gehackt
120 ml Knochenbrühe (2 EL für die Schnellkochtopf-Version)
170 g TK-Süßkirschen (entsteint)
2 EL frische Thymianblättchen
1 TL Meersalz

FÜR DAS BLUMENKOHLPÜREE
2 mittlere Köpfe Blumenkohl, Strunk entfernt, halbiert und Blätter entfernt
480 ml Knochenbrühe (siehe Seite 86)
2 EL festes Kochfett
1 EL sehr fein gehackter frischer Rosmarin
1 TL Meersalz

ZUBEREITUNG IM OFEN

1. Den Ofen auf 150 °C vorheizen. Das Fett in einem großen Topf mit dickem Boden auf mäßig hoher Stufe zerlassen. Das Fleisch darin in mehreren Portionen rundherum bräunen. Beiseitestellen.

2. Die Zwiebeln in den Topf geben und etwa 5 Minuten sautieren, bis sie beginnen zu bräunen. Den Knoblauch untermischen und 1 Minute aromatisch dünsten.

3. Vom Herd nehmen und die Brühe, Kirschen sowie das Fleisch in den Topf geben. Thymian und Salz darüber streuen. Zurück auf den Herd stellen, zum Kochen bringen und dann mit dem Deckel verschließen und zum Schmoren 2 1/2 Stunden in den Ofen schieben, bis sich das Fleisch von den Knochen löst. Zwischendurch immer wieder nachsehen, sodass die Flüssigkeit nur sanft siedet.

4. Inzwischen das Blumenkohlpüree zubereiten: Einen Topf 5 cm hoch mit Wasser füllen und zum Kochen bringen. Den Blumenkohl im Dampfeinsatz über das Wasser hängen und abgedeckt 10-15 Minuten zart dünsten. Vom Herd nehmen, den Deckel entfernen und kurz abkühlen lassen. Blumenkohl, Brühe, Fett, Rosmarin und Salz dann im Standmixer oder der Küchenmaschine glatt pürieren.

5. Das Fleisch nach Belieben abschmecken, wenn es gar ist. Auf Blumenkohlpüree servieren, zusammen mit etwas Bratensaft aus dem Schmortopf.

ZUBEREITUNG IM SCHNELLKOCHTOPF

1. Für die Zubereitung im Schnellkochtopf Schritte 1 und 2 (siehe oben) mit der »Sautieren«-Funktion befolgen.

2. Die Querrippen zurück in den Topf geben, zusammen mit den Kirschen. Mit Thymian und Salz bestreuen. Den Deckel auf den Topf geben, einrasten und auf der Einstellung »Manueller Hochdruck« 40 Minuten garen.

3. Inzwischen das Blumenkohlpüree auf dem Herd zubereiten, wie oben in Schritt 4 beschrieben.

4. Wenn der Alarm der Zeitschaltuhr losgeht, den Druck mit der »Schnelles Abdampfen«-Methode entweichen lassen.

5. Kosten und das Fleisch nach Belieben abschmecken. Auf Blumenkohlpüree servieren, zusammen mit etwas Bratensaft aus dem Topf.

LAMM-EINTOPF *mit Knollensellerie und frischen Kräutern*

ZUBEREITUNG: 1 1/2 STUNDE (SCHNELLKOCHTOPF) BIS 2 1/2 STUNDEN (AUF DEM HERD)
FÜR 6 PORTIONEN

- 2 EL festes Kochfett
- 1 Zwiebel, gehackt
- 4 Knoblauchzehen, sehr fein gehackt
- 360 ml Knochenbrühe (240 ml für die Schnellkochtopf-Version)
- 240 ml trockener Rotwein
- 900 g Lammfleisch (z. B. Dünnung oder Schulter) von Tieren aus Weidehaltung
- 6 Möhren, in 2,5 cm große Stücke geschnitten
- 1 TL Meersalz
- 2 EL sehr fein gehackter frischer Rosmarin
- 1 EL sehr fein gehackter frischer Thymian
- 1 große Knollensellerie, geschält und in 2,5 cm große Stücke geschnitten
- 100 g Champignons, in dünne Scheiben geschnitten
- 2 EL Pfeilwurzelmehl
- Frühlingszwiebeln, in Ringe geschnitten, zum Garnieren

ZUBEREITUNG AUF DEM HERD

1. Das Kochfett in einem Suppentopf mit dickem Boden auf mittlerer Stufe zerlassen. Sobald das Fett geschmolzen und der Topf heiß ist, die Zwiebel zufügen und unter Rühren etwa 7 Minuten sautieren, bis sie leicht gebräunt ist. Den Knoblauch zufügen und noch 30 Sekunden aromatisch dünsten.

2. Brühe, Wein, Fleisch, Möhren, Salz, Rosmarin und Thymian in den Topf geben. Zum Kochen bringen, dann mit dem Deckel verschließen und sanft köcheln lassen. Je sanfter der Eintopf köchelt, um so zarter werden Fleisch und Gemüse. (Wenn ein schwaches Sieden auf niedrigster Stufe auf dem Herd nicht möglich ist, den Deckel einen Spalt öffnen.) Den Eintopf so 1 Stunde sieden lassen.

3. Knollensellerie und Pilze untermischen. Wieder zum Kochen bringen und dann die Temperatur erneut auf ein sanftes Sieden reduzieren. Eine weitere Stunde köcheln lassen, bis das Fleisch sehr zart ist. Vom Herd nehmen.

4. Etwa 60 ml der Flüssigkeit in eine kleine Schüssel füllen und ein paar Minuten abkühlen lassen. Das Pfeilwurzelmehl mit dem Schneebesen unter die abgekühlte Flüssigkeit rühren und diese Mischung dann unter den Eintopf rühren, sodass er innerhalb von ein paar Minuten andickt.

5. Garniert mit frischen Frühlingszwiebelringen servieren.

ZUBEREITUNG IM SCHNELLKOCHTOPF

1. Für die Zubereitung im Schnellkochtopf Schritt 1 (siehe oben) mit der »Sautieren«-Funktion des Schnellkochtopfs befolgen.

2. Nun 240 ml Knochenbrühe, Wein, Fleisch, Möhren, Salz, Kräuter, Knollensellerie und Pilze zufügen. Es wird nach wenig Flüssigkeit aussehen, aber für die Zubereitung im Schnellkochtopf ist das in Ordnung.

3. Den Deckel verschließen, einrasten und das Ganze mit der Einstellung »Manueller Hochdruck« 35 Minuten garen. Den Dampf mit der »Schnelles Abdampfen«-Methode entweichen lassen.

4. Etwa 60 ml der Flüssigkeit in eine kleine Schüssel füllen und ein paar Minuten abkühlen lassen. Das Pfeilwurzelmehl mit dem Schneebesen unter die abgekühlte Flüssigkeit rühren und diese Mischung dann unter den Eintopf rühren, sodass er innerhalb von ein paar Minuten andickt.

5. Garniert mit frischen Frühlingszwiebelringen servieren.

SCHWEINEFLEISCH

GESCHMORTE SCHWEINEKOTELETTS *mit Feigen-Balsamicoessig*

ZUBEREITUNG: 45 MINUTEN
FÜR 2 PORTIONEN

1 TL Meersalz
1 EL festes Kochfett
900 g Schweinekoteletts (4 cm dick, mit Knochen – das sind 3 kleine oder 2 große) von Tieren aus Freilandhaltung
4 Schalotten, in feine Scheiben geschnitten
2 Knoblauchzehen, sehr fein gehackt
60 ml Knochenbrühe (siehe Seite 86)
2 EL Feigen-Balsamicoessig
1 1/2 EL frischer Zitronensaft
4 Zweige Rosmarin

1. Den Ofen auf 160 °C vorheizen.

2. Die Koteletts rundherum mit 3/4 TL Salz einreiben. Das Kochfett in einer ofenfesten Pfanne auf mäßig hoher Stufe zerlassen. Sobald das Fett zerlassen und die Pfanne heiß ist, die Koteletts hineinlegen und von der ersten Seite 5-7 Minuten braten, bis sie schön gebräunt sind. Die Koteletts aus der Pfanne nehmen und beiseitestellen (Richtig, sie werden nur von einer Seite gebräunt).

3. Die Temperatur auf mittlere Stufe reduzieren und die Schalotten zufügen. Unter gelegentlichem Rühren 5 Minuten sautieren, bis sie gebräunt sind. Den Knoblauch zufügen und 30 Sekunden erhitzen, bis er aromatisch duftet. Brühe, Balsamicoessig, Zitronensaft, Rosmarinzweige und das restliche Salz in die Pfanne geben und umrühren.

4. Die Zutaten an den Rand der Pfanne schieben, sodass in der Mitte Platz ist, und die Koteletts mit der gebratenen Seite nach oben wieder hineinlegen (so werden sie von der anderen Seite auch gebräunt). Im vorgeheizten Ofen 18-20 Minuten schmoren, bis das Fleisch eine Kerntemperatur von 63 °C hat. (Falls die Koteletts dünner sind, brauchen sie nicht so lange.)

5. Etwas Bratensaft aus der Pfanne über die Koteletts träufeln und servieren.

Schweinekoteletts // Wenn man Schweinefleisch aus wirklicher Freilandhaltung kauft, das von Tieren stammt, die nicht mit Getreide gefüttert wurden, sondern sich ihre Nahrung auf der Weide selbst suchen konnten, muss man sich keine Gedanken über den Fettgehalt der Koteletts machen! Studien haben ergeben, dass Schweinefleisch von Tieren aus Freilandhaltung ein 4:1-Verhältnis von Omega-3- zu Omega-6-Fettsäuren hat – verglichen zum Verhältnis von 29:1 im Fleisch von Tieren aus konventioneller Haltung.

BASILIKUM-SCHWEINE-HACKFLEISCH-*Pfanne*

ZUBEREITUNG: 40 MINUTEN
FÜR 4 PORTIONEN

120 ml Olivenöl
ca. 100 g Basilikum
1 Knoblauchzehe*
3 EL frisch gepresster Zitronensaft (von etwa 1 Zitrone)
1/2 TL Meersalz
900 g Schweinehackfleisch von Tieren aus Weidehaltung
1 Bund Grünkohl, zähe Stiele entfernt, die Blätter in Streifen geschnitten

1. Olivenöl, Basilikum, Knoblauch, Zitronensaft und Salz in der Küchenmaschine 30 Sekunden glatt pürieren. Gegebenenfalls zwischendurch die Masse von den Schüsselwänden lösen, damit alle Zutaten gleichmäßig vermengt werden. Beiseitestellen.

2. Das Schweinehack in eine kalte Pfanne geben. Auf mittlerer Stufe unter Rühren erhitzen und das Fleisch dabei in kleinere Stücke herunterbrechen.

3. Braten, bis die ausgetretene Flüssigkeit fast wieder vollständig absorbiert wurde und das Fleisch vollkommen gebräunt ist. Den Grünkohl untermischen und unter gelegentlichem Rühren noch ein paar Minuten sautieren.

4. Vom Herd nehmen und die Basilikum-Mischung unterrühren. Warm servieren.

**VARIATION*: Für eine Low-FODMAP-Version den Knoblauch durch frisch geriebenen Meerrettich ersetzen.*

Basilikum // Dieses köstliche Kraut enthält gute Mengen Vitamin K, Mangan und Kupfer und hat außerdem einen hohen Gehalt an sekundären Pflanzenstoffen, die Basilikum den intensiven Geschmack verleihen.

LENDENBRATEN
mit Pastinakenrisotto

ZUBEREITUNG: 1 STUNDE 30 MINUTEN
FÜR 8 PORTIONEN

FÜR DEN LENDENBRATEN

1 1/2 TL Meersalz
1 TL Knoblauchpulver
1 TL Zwiebelpulver
1/2 TL Ingwerpulver
1 TL getrockneter Oregano
1 Schweinelende (etwa 1360 g) von Tieren aus Weidehaltung

FÜR DAS RISOTTO

680 g Pastinaken, zu »Reis« verarbeitet (siehe Hinweis)
1 EL festes Kochfett
1/2 gelbe Zwiebel, sehr fein gehackt
100 g Pilze, fein gehackt
3 Knoblauchzehen
2 EL sehr fein gehackter frischer Salbei
1/2 TL Meersalz
1 EL Apfelessig
180 ml Knochenbrühe (siehe Seite 86)

1. Mit dem Lendenbraten anfangen. Das Fleisch muss dafür Raumtemperatur haben. Den Ofen auf 230 °C vorheizen.

2. In einer kleinen Schüssel Salz, Knoblauch, Zwiebel, Ingwer und Oregano mischen.

3. Das Schweinefleisch auf ein tiefes Backblech setzen, rundherum mit der Gewürzmischung einreiben und im vorgeheizten Ofen 20 Minuten braten.

4. Prüfen, ob ausreichend Fett oder Flüssigkeit ausgelassen wurde, damit das Blech nicht anbrennt. Wenn es zu trocken wirkt, mehr Brühe zufügen. Die Ofentemperatur auf 150 °C reduzieren und das Fleisch 20 Minuten weiter braten.

5. Die Kerntemperatur (an der dicksten Stelle der Lende) prüfen. Beträgt sie weniger als 63 °C, muss das Fleisch länger braten. Alle 10-15 Minuten die Kerntemperatur messen.

6. Während die Schweinelenden im Ofen sind, das Risotto zubereiten. Das Kochfett in einer großen Pfanne oder einem Topf mit dickem Boden auf mittlerer Stufe zerlassen. Sobald das Fett geschmolzen und die Pfanne heiß ist, Zwiebeln und Pilze zufügen. Unter Rühren 5 Minuten glasig dünsten. Knoblauch, Salbei und Salz untermischen und 2 Minuten aromatisch dünsten.

7. Mit dem Apfelessig ablöschen und Bratensatz vom Pfannenboden lösen. Die gehackten Pastinaken und die Knochenbrühe in den Topf geben und gut umrühren. Ohne Deckel 5-7 Minuten unter gelegentlichem Rühren auf mittlerer Stufe köcheln lassen, bis die Flüssigkeit vollständig absorbiert wurde und die Pastinaken gar sind

8. Den fertigen Lendenbraten aus dem Ofen nehmen, mit Alufolie abdecken und vor dem Portionieren 20 Minuten ruhen lassen. Auf »Pastinakenrisotto« servieren.

HINWEIS: Um die Pastinaken zu »Reis« zu verarbeiten, die Hälfte in die Küchenmaschine geben und auf der Impulsstufe in etwa 20 Sekunden in Stückchen in der Größe von Reiskörnern hacken. Nicht zu lange verarbeiten, damit kein Brei entsteht. Die gehackten Pastinaken beiseitestellen und die zweite Hälfte fein hacken. Nach Belieben können auch die Zwiebeln und Pilze für dieses Rezept in der Küchenmaschine gehackt werden statt mit der Hand.

ZUCCHININUDELN
mit Hackfleischsoße

ZUBEREITUNG: 1 STUNDE
FÜR 6 PORTIONEN

1 EL festes Kochfett
1 gelbe Zwiebel, gehackt
4 Knoblauchzehen, sehr fein gehackt
300 g Rote Bete, gewürfelt
300 g Möhren, gewürfelt
1 EL sehr fein gehackter frischer Thymian
1 EL sehr fein gehackter frischer Rosmarin
480 ml Knochenbrühe (siehe Seite 86)
240 ml Wasser
1 TL Meersalz
900 g Schweinehackfleisch von Tieren aus Freilandhaltung
1/2 Bund Basilikum, grob gehackt
1 EL Zitronenabrieb (von etwa 1 Zitrone)
1 1/2 EL frisch gepresster Zitronensaft
2 EL sehr fein gehackte Kalamata-Oliven
2 große Zucchini (etwa 900 g), die Enden abgeschnitten

1. Das Kochfett in einem mittleren Topf auf mittlerer Stufe zerlassen. Sobald das Fett zerlassen und der Topf heiß ist, die Zwiebeln zufügen und unter Rühren 5 Minuten sautieren, bis sie leicht gebräunt sind. Den Knoblauch zufügen und noch etwa 30 Sekunden aromatisch dünsten.

2. Rote Bete, Möhren, Thymian, Rosmarin, Brühe, 240 ml Wasser und Salz zufügen. Zum Kochen bringen, dann den Topf mit dem Deckel verschließen und die Temperatur reduzieren. Das Ganze 20 Minuten sieden lassen, bis das Gemüse zart ist. Beiseitestellen und abkühlen lassen.

3. Inzwischen das Schweinehackfleisch in einer Pfanne auf mittlerer Stufe rundherum bräunen. Braten, bis das Fett ausgelassen ist und alle Fleischsäfte wieder absorbiert wurden. Gelegentlich umrühren.

4. Die abgekühlte Gemüsemischung in der Küchenmaschine glatt pürieren. Dieses Püree unter das Hackfleisch mischen, dann Basilikum, Saft und Abrieb der Zitrone sowie die Oliven zufügen und umrühren.

5. Die Zucchini mit dem Spiralschneider oder dem entsprechenden Aufsatz der Küchenmaschine zu »Nudeln« verarbeiten.

6. Zum Servieren die Zucchininudeln auf Tellern anrichten und die warme Soße darauf verteilen.

KÜCHEN-TIPP: Mit einem Spiralschneider lässt sich Gemüse leicht zu »Nudeln« verarbeiten.

Oliven // Die bitteren Früchte des Olivenbaums müssen eingelegt werden, bevor man sie essen kann. Sie sind nicht nur ein guter Lieferant von Kupfer, Eisen, Vitamin E und Ballaststoffen, sie enthalten auch große Mengen der einfach ungesättigten Fettsäure Oleinsäure. Oliven gehören zu den Lebensmitteln mit dem höchsten und abwechslungsreichsten Gehalt an Antioxidantien und sekundären Pflanzenstoffen – Verbindungen, die große Vorteile für die Gesundheit mit sich bringen, wie in wissenschaftlichen Studien bewiesen wurde.

CARNITAS *in Salatblättern*

ZUBEREITUNG: 1 STUNDE (SCHNELLKOCHTOPF) BIS 3 STUNDEN (AUF DEM HERD)
FÜR 6 PORTIONEN

FÜR DIE CARNITAS

1300 g Schweineschulter (ohne Knochen) aus Freilandhaltung, in 4–5 Stücke geschnitten
1 TL Meersalz
240 ml Knochenbrühe (120 ml für die Schnellkochtopf-Version)
2 EL frisch gepresster Limettensaft (von etwa 1 Limette)
1 TL Knoblauchpulver*
1 TL getrockneter Oregano

FÜR DIE TACOS

2 Kopf Romanasalat, die Blätter abgelöst, gewaschen und getrocknet
2 Avocados, in feine Scheiben geschnitten*
1/4 rote Zwiebel, in feine Scheiben geschnitten*
1 Bund Radieschen, in feine Scheiben geschnitten
1/2 Bund Koriandergrün, gehackt
Frisch geriebener Meerrettich (optional)

ZUBEREITUNG AUF DEM HERD/IM OFEN

1. Das Schweinefleisch rundherum mit Salz einreiben und in einen Schmortopf füllen. Brühe und Limettensaft zufügen und zum Kochen bringen. Den Topf mit dem Deckel verschließen, die Temperatur reduzieren und das Ganze 2-3 Stunden sanft sieden lassen (das Fleisch stündlich wenden), bis es so zart ist, dass es auseinanderfällt. (Wenn ein schwaches Sieden auf niedrigster Stufe auf dem Herd nicht möglich ist, den Deckel einen Spalt öffnen.) Den Topf vom Herd nehmen, den Deckel beiseitelegen und das Fleisch ein paar Minuten abkühlen lassen.

2. Den Ofen auf 220 °C vorheizen. Das Schweinefleisch aus dem Topf nehmen und mit zwei Gabeln in Stücke reißen. Auf einem Backblech verteilen. Knoblauchpulver und Oregano darüber streuen. Im vorgeheizten Ofen 15 Minuten backen, bis es kross ist.

3. Die schönsten Blätter Romanasalat auswählen und mit Fleisch, wie Tacos, füllen. Jede Portion mit ein paar Avocadospalten, Zwiebelscheiben, Radieschen, Koriandergrün und geriebenem Meerrettich garnieren. Sofort servieren.

ZUBEREITUNG IM SCHNELLKOCHTOPF

1. Das Schweinefleisch rundherum mit Salz einreiben, in den Schnellkochtopf füllen und 120 ml Knochenbrühe sowie den Limettensaft zufügen. Den Topf mit dem Deckel verschließen, einrasten und mit der Einstellung »Manueller Hochdruck« 35 Minuten garen. Wenn der Alarm der Zeitschaltuhr losgeht, den Dampf mit der »Schnelles Abdampfen«-Methode ablassen.

2. Den Ofen auf 220 °C vorheizen. Das Schweinefleisch aus dem Topf nehmen und mit zwei Gabeln in Stücke reißen. Auf einem Backblech verteilen. Knoblauchpulver und Oregano darüber streuen. Im vorgeheizten Ofen 15 Minuten backen, bis es kross ist.

3. Die schönsten Blätter Romanasalat auswählen und mit Fleisch, wie Tacos, füllen. Jede Portion mit ein paar Avocadospalten, Zwiebelscheiben, Radieschen, Koriandergrün und geriebenem Meerrettich garnieren. Sofort servieren.

**VARIATION: Für eine Low-FODMAP-Version Ingwerpulver statt Knoblauchpulver verwenden und die Avocado durch geraspelte Möhren ersetzen. Die Zwiebel weglassen.*

SPARERIBS AUS DEM OFEN *mit BBQ-Soße*

ZUBEREITUNG: 5 STUNDEN
FÜR 4 PORTIONEN

FÜR DIE SPARERIBS

1300 g Schälrippe von Schweinen aus Freilandhaltung
1 1/2 TL geräuchertes Meersalz

FÜR DIE SOSSE

2 EL festes Kochfett
1 große gelbe Zwiebel, gewürfelt
1 Knoblauchzehe, sehr fein gehackt
120 ml Knochenbrühe (siehe Seite 86)
120 ml Wasser
150 g Möhren, gehackt
150 g Rote Bete, gehackt
120 g Apfelmus
3 EL Apfelessig
1 1/2 EL Ahornsirup
2 TL Melasse
1 1/2 TL geräuchertes Meersalz
1 Anchovis
2 Knoblauchzehen, geschält, aber intakt

1. Die Schälrippe 1-2 Stunden vor der Zubereitung aus dem Kühlschrank nehmen, damit das Fleisch Raumtemperatur annimmt.

2. Wenn das Fleisch Raumtemperatur hat, den Ofen auf 120 °C vorheizen.

3. Die Schälrippe mit Küchenpapier festhalten und die Membran (eine dünne Gewebeschicht an der unteren Seite der Schälrippe) entfernen. Die Oberfläche rundherum trocken tupfen. Ist die Schälrippe zu groß für das Bratenblech, muss sie halbiert werden. Das Fleisch rundherum mit geräuchertem Meersalz einreiben, auf dem Bratenblech in den Ofen schieben und 4 Stunden schmoren.

4. Inzwischen die Soße zubereiten. Das Kochfett in einem Topf auf mittlerer Stufe zerlassen. Die Zwiebel darin 5 Minuten glasig dünsten. Den Knoblauch zufügen und unter Rühren ein paar Minuten sautieren, bis er aromatisch duftet. Die Brühe, 120 ml Wasser, Möhren, Rote Bete, Apfelmus, Essig, Ahornsirup, Melasse und Salz untermischen.

5. Abgedeckt 45-50 Minuten köcheln lassen, bis das Gemüse zart ist und die Flüssigkeit andickt. Beiseitestellen und ein paar Minuten abkühlen lassen.

6. Anchovis und 1 rohe Knoblauchzehe in die Soße geben und sie im Standmixer oder der Küchenmaschine glatt pürieren. Probieren. Ist die Soße noch nicht pikant genug, eine zweite rohe Knoblauchzehe zufügen und pürieren. Beiseitestellen, während das Fleisch fertig gart.

7. Die Schälrippe aus dem Ofen nehmen und die Oberfläche mit ein paar EL der Soße glasieren. Für 5 Minuten unter den Ofengrill schieben, bis sie schön gebräunt ist.

SCHWEINEFLEISCH-KÜRBIS-EINTOPF *mit Äpfeln und Salbei*

ZUBEREITUNG: 1 STUNDE (SCHNELLKOCHTOPF) BIS 2 STUNDEN 15 MINUTEN (AUF DEM HERD)
FÜR 4–6 PORTIONEN

---

2 EL festes Kochfett
450 g Schweinefleisch für Gulasch (z. B. Schulter oder Bug) von Tieren aus Freilandhaltung, in 3 cm große Stücke geschnitten
1 große gelbe Zwiebel, gehackt
5 Knoblauchzehen, sehr fein gehackt
1 Stück (5 cm) Ingwer, sehr fein gehackt
480 ml Knochenbrühe (240 ml für die Schnellkochtopf-Version)
1 Lorbeerblatt
1 kleiner Butternusskürbis, geschält und Kerne entfernt, Fruchtfleisch gewürfelt
1/2 TL Zimt
1/2 TL Meersalz
2 knackige Äpfel, geschält und gehackt
100 g Pilze, in feine Scheiben geschnitten
1 EL sehr fein gehackter frischer Salbei zum Garinieren

ZUBEREITUNG AUF DEM HERD

1. Das Kochfett in einem Topf mit dickem Boden auf mäßig hoher Stufe zerlassen. Wenn das Fett geschmolzen und der Topf heiß ist, das Fleisch darin in mehreren Etappen rundherum bräunen. Aus dem Topf nehmen und beiseitestellen.

2. Die Temperatur auf mittlere Stufe reduzieren und die Zwiebeln unter Rühren dünsten, bis sie zart werden. Knoblauch und Ingwer zufügen und unter gelegentlichem Rühren etwa 1 Minute aromatisch anbraten.

3. Knochenbrühe, Lorbeer und Schweinefleisch (zurück) in den Topf geben. Zum Kochen bringen, die Temperatur sofort reduzieren und das Fleisch eine Stunde sanft sieden lassen. (Wenn ein schwaches Sieden auf niedrigster Stufe auf dem Herd nicht möglich ist, den Deckel einen Spalt öffnen.)

4. Kürbis, Zimt und Salz zufügen und abgedeckt weitere 10 Minuten sanft sieden lassen. Äpfel und Pilze untermischen und weitere 10-15 Minuten sieden lassen, bis das Fleisch und Kürbis zart sind.

5. Den Lorbeer entfernen. In Schüsseln servieren, garniert mit frisch gehacktem Salbei.

ZUBEREITUNG IM SCHNELLKOCHTOPF

1. Für die Zubereitung im Schnellkochtopf Schritte 1 und 2 (siehe oben) mit der »Sautieren«-Funktion befolgen.

2. Knochenbrühe, Lorbeer und Fleisch zu den anderen Zutaten in den Schnellkochtopf geben. Mit dem Deckel verschließen und auf der Einstellung »Manueller Hochdruck« 25 Minuten garen. Wenn der Alarm der Zeitschaltuhr losgeht, den Dampf mit der »Schnelles Abdampfen«-Methode ablassen.

3. Den Deckel vorsichtig entfernen. Kürbis, Zimt, Salz, Äpfel und Pilze zufügen, den Topf erneut mit dem Deckel verschließen und das Ganze mit »Manueller Hochdruck« 2 Minuten fertig garen. Wenn der Alarm der Zeitschaltuhr losgeht, den Dampf mit der »Schnelles Abdampfen«-Methode ablassen.

4. Den Lorbeer entfernen. In Schüsseln servieren, garniert mit frisch gehacktem Salbei.

Klassische SCHWEINEFRIKADELLEN

ZUBEREITUNG: 45 MINUTEN
FÜR 6–8 PORTIONEN

900 g Schweinehackfleisch von Tieren aus Freilandhaltung
2 EL frisch gehackter Salbei
1 EL frisch geriebener Meerrettich
1 TL Ingwerpulver
1 1/2 TL Meersalz

1. Alle Zutaten in einer großen Schüssel mischen und mit den Händen sorgfältig vermengen. Aus der Masse 6-8 Frikadellen formen.

2. Eine Pfanne mit dickem Boden auf mittlerer Stufe erhitzen. Sobald die Pfanne heiß ist, die Hälfte der Frikadellen darin von jeder Seite 5-6 Minuten braten, bis eine Kerntemperatur von 63 °C erreicht ist und das Fleisch an keiner Stelle mehr rosa ist. Mit den übrigen Frikadellen wiederholen.

HINWEIS: Diese Frikadellen lassen sich zwischen Wachspapierscheiben gut einfrieren. Dann ist es besonders wichtig, sie komplett durchzugaren – vor allem, wenn das Fleisch, mit dem sie zubereitet wurden, bereits gefroren war. Wenn man sie für eine Mahlzeit unter der Woche vorbereiten möchte, empfehle ich, die Frikadellen zu formen und dann roh im Kühlschrank aufzubewahren. Frisch gebraten schmecken sie am besten.

Schweinefleisch von Tieren aus Freilandhaltung // Die Nährstoffdichte von Schweinefleisch ist unheimlich variabel – abhängig davon, wie die Tiere gehalten wurden. Wer Schweinefleisch von Tieren bekommen kann, die sich ihre Nahrung draußen auf der Weide hauptsächlich selbst suchen konnten, profitiert von einem fast fünffach höheren Gehalt entzündungshemmender Omega-3-Fettsäuren. Außerdem enthält Fleisch von diesen Tieren auch Vitamin D.

SCHWEINEKOTELETTS AUS DER PFANNE *mit Koriander-Salsa*

ZUBEREITUNG: 45 MINUTEN
FÜR 2–3 PORTIONEN

FÜR DAS GEMÜSE

1 Bund Grüner Spargel
1 Bund Brokkolini
2 EL festes Kochfett, zerlassen
Salz

FÜR DIE SALSA

1/2 Bund sehr fein gehacktes Koriandergrün
1/2 Bund sehr fein gehackte Petersilie
75 g weiße Zwiebel, sehr fein gehackt
120 ml natives Olivenöl extra
2 TL Apfelessig oder Limettensaft
1/2 TL Meersalz
6 Knoblauchzehen, sehr fein gehackt

FÜR DIE KOTELETTS

2 Schweinekoteletts am Knochen
(je etwa 2,5 cm dick und 225 g schwer)
1 TL Meersalz
1 EL festes Kochfett

1. Den Ofen auf 175 °C vorheizen. Das Schweinefleisch aus dem Kühlschrank nehmen, damit es Raumtemperatur hat, wenn es gebraten werden soll.

2. Zunächst das Gemüse zubereiten. Spargel und Brokkolini auf einem großen Backblech verteilen. Mit dem zerlassenen Kochfett beträufeln und Salz darüber streuen. Auf unterer Einschubleiste im Ofen etwa 25 Minuten rösten, bis das Gemüse zart und leicht gebräunt ist.

3. Inzwischen die Salsa zubereiten: Alle Zutaten in einer kleinen Schüssel sorgfältig mischen und dann beiseitestellen.

4. Jetzt das Schweinefleisch vorbereiten: Die äußere, fettige Schicht der Koteletts mit einem scharfen Messer vorsichtig an ein paar Seiten einschneiden, ohne das Fleisch einzuschneiden. Die Koteletts mit Küchenpapier sorgfältig trocken tupfen.

5. Das Kochfett in einer ofenfesten Pfanne auf mäßig hoher Stufe zerlassen. Die Koteletts rundherum mit Salz einreiben.

6. Sobald das Fett zerlassen und die Pfanne heiß ist, die Koteletts darin 2-3 Minuten von der ersten Seite anbraten, bis das Fett gebräunt ist. Ein Kotelett mit der Grillzange anheben und die Fettschicht auf den Pfannenboden drücken. Das Fett so etwa 30 Sekunden braten und das Ganze dann mit dem zweiten Kotelett wiederholen. Beide Koteletts mit der nicht angebratenen Seite nach unten in die Pfanne legen.

7. Die Pfanne in den vorgeheizten Ofen schieben und die Koteletts so 5-10 Minuten fertig garen, bis eine Kerntemperatur von 60 °C erreicht ist. Falls die Koteletts dünner sind als 2,5 cm, brauchen sie wahrscheinlich nicht so lange im Ofen zu bleiben.

8. Gemüse und Koteletts sollten etwa zur gleichen Zeit fertig sein. Wenn nicht, einfach die eine Komponente ruhen lassen, während die andere fertig gegart wird. Mit der Salsa servieren.

KOHLSUPPE

ZUBEREITUNG: 1 STUNDE
FÜR 6 PORTIONEN

450 g Schweinehackfleisch von Tieren aus Freilandhaltung
1 Zwiebel, gehackt
3 Knoblauchzehen, sehr fein gehackt
2 EL sehr fein gehackter frischer Oregano
1,4 l Knochenbrühe (siehe Seite 86)
4 Möhren, grob gewürfelt
2 große Pastinaken, grob gewürfelt
1 TL Meersalz
1 Lorbeerblatt
1/2 Kopf Weißkohl, in Streifen geschnitten
75 g Sauerkraut*

1. Das Schweinehackfleisch in einem Suppentopf mit dickem Boden auf mittlerer Stufe anbraten. Das Fleisch dabei mit dem Kochlöffel in kleine Stückchen teilen und etwa 10 Minuten unter Rühren braten, bis es vollkommen gebräunt wurde und ausgetretene Säfte vollständig wieder absorbiert hat. Das Fleisch in einer Schüssel beiseitestellen, ausgelassenes Fett aber im Topf lassen.

2. Die Zwiebel zufügen und unter gelegentlichem Rühren 5 Minuten sautieren. Knoblauch und Oregano zufügen und noch 1 Minute aromatisch dünsten. Brühe, Möhren, Pastinaken, Salz und Lorbeerblatt ebenfalls in den Topf geben. Zum Kochen bringen, dann die Temperatur gleich reduzieren und abgedeckt etwa 10 Minuten sanft köcheln lassen. (Wenn ein schwaches Sieden auf niedrigster Stufe auf dem Herd nicht möglich ist, den Deckel einen Spalt öffnen.)

3. Den Kohl unterrühren, den Topf wieder mit dem Deckel verschließen und das Ganze 10 Minuten weiter sanft köcheln lassen. Dann das gebratene Hackfleisch zufügen, erneut abdecken und wieder 10 Minuten sanft köcheln lassen. Das Gemüse sollte jetzt zart sein.

4. Das Sauerkraut unterrühren und servieren.

**EINKAUFSTIPP: Beim Einkauf von Sauerkraut ein rohes (nicht-pasteurisiertes) Produkt wählen, damit man auch wirklich in den Vorteil der ganzen wunderbaren Probiotika kommt. Außerdem muss man auch darauf achten, dass es keine anderen Zutaten enthält, die man vermeiden sollte, z. B. Gemüse aus der Familie der Nachtschattengewächse oder bestimmte Gewürze.*

Kopfkohl // Ebenso wie andere grüne Gemüsesorten enthält Weißkohl die Vitamine K und C sowie Ballaststoffe und B-Vitamine wie Folsäure. Weißkohl enthält außerdem unheimlich viele sekundäre Pflanzenstoffe, z. B. Glucosinolate, die vor bestimmten Krebsarten schützen und Entgiftungsprozesse unterstützen.

FISCH & MEERESFRÜCHTE

Brokkolini und JAKOBSMUSCHELN

ZUBEREITUNG: 30 MINUTEN
FÜR 2 PORTIONEN

FÜR DAS GEMÜSE

2 EL festes Kochfett
2 große Schalotten, in feine Scheiben geschnitten
1 Bund Brokkolini, Stiele und Röschen gehackt
100 g Pilze, gehackt
2 Knoblauchzehen, sehr fein gehackt
1 TL sehr fein gehackter frischer Ingwer (oder 1/2 TL gemahlener Ingwer)
1/2 TL Meersalz
1/2 Bund Basilikum, gehackt
1 1/2 EL frisch gepresster Zitronensaft

FÜR DIE JAKOBSMUSCHELN

1 TL festes Kochfett
230 g Jakobsmuscheln
1/4 TL Meersalz
Natives Olivenöl extra

1. Einen EL Kochfett in einer Pfanne mit dickem Boden auf mittlerer Stufe zerlassen. Sobald das Fett geschmolzen und die Pfanne heiß ist, die Schalotten darin 2 Minuten anbraten. Die Brokkolini zufügen und unter gelegentlichem Rühren 5 Minuten sautieren, bis sie außen kross werden.

2. Das restliche Kochfett in die Pfanne geben, gefolgt von den Pilzen, Knoblauch, Ingwer und Salz. Unter Rühren 2 Minuten weiter sautieren.

3. Vom Herd nehmen und Basilikum sowie Zitronensaft unterrühren. Die Mischung in einer Schüssel beiseitestellen, während die Jakobsmuscheln in der gleichen Pfanne gebraten werden.

4. Das Fett für die Jakobsmuscheln in der Pfanne auf mittlerer Stufe zerlassen. Die Muscheln sorgfältig mit Küchenpapier trocken tupfen und mit Meersalz bestreuen. Sobald das Fett geschmolzen und die Pfanne heiß ist, die Jakobsmuschelns darin 60-90 Sekunden von jeder Seite braten, bis sie außen schön gebräunt und in der Mitte nicht mehr durchscheinend sind. Sofort aus der Pfanne nehmen und auf dem Gemüse anrichten. Zum Servieren mit Olivenöl beträufeln.

HINWEIS: Jakobsmuscheln sind nicht besonders lange haltbar, dieses Gericht ist also für den sofortigen Verzehr gedacht. Wenn Sie nur für sich selbst kochen, empfehle ich ihnen, einen Vorrat an TK-Jakobsmuscheln im Gefrierschrank zu haben und dann aufzutauen und zu garen, wie viel sie gerade brauchen. Wenn mehr als zwei Personen satt werden sollen, kann man die Zutatenmengen dieses Rezeptes ganz einfach verdoppeln.

Jakobsmuscheln // Ebenso wie andere Weichtiere sind Jakobsmuscheln reich an Mineralstoffen wie Jod, Zink und Selen. Außerdem enthalten sie ordentliche Mengen Cholin und Vitamin B12.

THUNFISCHSALAT *mit knackigem Gemüse und Seetang*

ZUBEREITUNG: 25 MINUTEN
FÜR 4 PORTIONEN

FÜR DIE MAYO

110 g Palmfett
120 ml Olivenöl
2 EL Wasser
1 1/2 EL frisch gepresster Zitronensaft
2 Knoblauchzehen*
1/4 TL Meersalz

FÜR DEN SALAT

4 Dosen (à 140 g) Thunfisch, abgetropft
1/2 weiße Zwiebel, fein gewürfelt*
1 große Möhre, gewürfelt
2 Stangen Staudensellerie, gewürfelt
1 EL sehr fein gehackter frischer Dill
1 EL sehr fein gehackte frische Petersilie
1/4 TL Nori-Flocken (Seetang-Flocken)
110 g gemischter Blattsalat
1 Avocado, in Spalten geschnitten (optional)

1. Die Zutaten für die Mayo im Standmixer 2-3 Minuten auf hoher Stufe pürieren, bis eine dicke Masse entstanden ist. Beiseitestellen.

2. Thunfisch, Zwiebel, Möhren, Staudensellerie, Dill, Petersilie und Nori-Flocken in einer großen Schüssel mischen. Die Mayo zufügen und vorsichtig unterheben. Auf einem Bett Blattsalat servieren, garniert mit Avocado-Spalten.

**VARIATION: Für eine Low-FODMAP-Version statt dem Knoblauch frisch geriebenen Meerrettich verwenden und die Zwiebel weglassen.*

Seetang // Der Hauptvorteil im Verzehr von Meeresgemüse wie Seetang liegt in der Versorgung mit Jod, einem Nährstoff, der in Fisch und Algen reichlich vorhanden ist. Seetang ist außerdem ein guter Lieferant von Spurenelementen.

LACHS MIT KROSSER HAUT *und Frühlingsgemüse*

ZUBEREITUNG: 45 MINUTEN
FÜR 4 PORTIONEN

450 g Wildlachsfilet mit Haut
1 TL Meersalz
2 Bund kleine bunte Möhren, längs halbiert
1 Fenchelknolle, in dicke Scheiben geschnitten
1 Bund Grüner Spargel, die Enden abgeschnitten
60 g festes Kochfett, zerlassen
1 TL sehr fein gehackter frischer Rosmarin
1 EL Avocadoöl

1. Den Ofen auf 200 °C vorheizen.

2. Den Lachs mit der Haut nach oben auf ein Schneidebrett legen und entschuppen, indem man das Messer vom Körper weg über die Fischhaut zieht. Nur die Schuppen entfernen, nicht die Haut. Das Messer zwischendurch immer wieder mit fließendem Wasser abspülen. Die Schuppen haben die Angewohnheit, sich über die ganze Arbeitsfläche zu verteilen, also muss der Fisch auch abgespült werden, bevor man ihn weiter vorbereitet. Den Lachs in vier gleichmäßige Portionen schneiden und diese auf einen mit Küchenpapier ausgelegten Teller setzen. Die Haut sorgfältig mit Küchenpapier trocken tupfen und dann mit 1/2 TL Meersalz bestreuen (nur die Haut). Beiseitestellen, während das Gemüse zubereitet wird.

3. Das Gemüse in einer großen Schüssel mit dem zerlassenen Fett, Rosmarin und dem restlichen 1/2 TL Salz mischen und darauf achten, dass es gleichmäßig benetzt ist. Auf einem tiefen Backblech verteilen und im vorgeheizten Ofen 20-25 Minuten backen, bis man eine Gabel hineinstechen kann, das Gemüse aber immer noch knackig ist.

4. Während das Gemüse gart, den Lachs zubereiten. Das Avocadoöl in einer großen Pfanne auf mäßig hoher Stufe erhitzen (eine gusseiserne Pfanne oder eine mit Antihaftbeschichtung sind hier am besten geeignet). Sobald das Fett geschmolzen und die Pfanne sehr heiß ist, vier Stücke Lachs vorsichtig mit der Haut nach unten in die Pfanne legen. Vorsicht, das Fett spritzt. Jedes Stück mit dem Pfannenwender nach unten drücken, damit die Haut vollständig mit der heißen Pfanne in Kontakt kommt. Die Filets so 3-4 Minuten braten und immer wieder mit dem Pfannenwender nach unten drücken, bis die Haut goldbraun und knusprig ist (den Fisch nicht in der Pfanne hin und her bewegen). Wenden und von der zweiten Seite noch 1-2 Minuten braten.

5. Zu jedem Stück Lachs eine großzügige Portion Gemüse servieren.

HINWEIS: Den Lachs am besten frisch zubereiten, denn er ist nicht lange haltbar. Falls Sie keine vier Portionen benötigen, halbieren Sie die Mengen einfach.

All-Clad

Ofen-gegrillte MAKRELE

ZUBEREITUNG: 25 MINUTEN
FÜR 4 PORTIONEN

680 g Makrelenfilets
1 Schalotte, in feine Scheiben geschnitten*
1 EL sehr fein gehackter frischer Rosmarin
1/2 TL Meersalz
1 Zitrone, geviertelt

1. Den Ofengrill auf hohe Stufe vorheizen und ein Gitterrost auf der zweiten Stufe von oben in den Ofen schieben. Die Makrelenfilets mit der Hautseite nach unten auf ein Backblech legen und mit Küchenpapier trocken tupfen. Schalotten, Rosmarin und Salz gleichmäßig darüber streuen. Im vorgeheizten Ofen 5-7 Minuten grillen, bis der Fisch nicht länger durchscheinend ist.

2. Mit Zitronenspalten servieren (frisch über den Fisch geträufelter Zitronensaft verleiht diesem Gericht besondere Strahlkraft).

**VARIATION: Für eine Low-FODMAP-Version die Schalotte weglassen.*

Makrele // Wie die meisten Sorten Fisch und Meeresfrüchte sind Makrelen eine gute Quelle für B-Vitamine, vor allem B12, und Mineralstoffe wie Selen. Herausragend ist jedoch ihr Gehalt an Omega-3-Fettsäuren: Makrele ist ein Kaltwasserfisch mit hohem Fettgehalt und hat einen der höchsten Anteile dieser entzündungshemmenden Fette.

GELBFLOSSEN-THUN-SALAT *mit Koriander-Limetten-Dressing*

ZUBEREITUNG: 40 MINUTEN
FÜR 4 PORTIONEN

FÜR DEN SALAT

6 bunte Möhren, halbiert und in 5 cm lange Stücke geschnitten
110 g Rucola
110 g Microgreens
1/2 Bund Koriandergrün, gehackt
2 Avocados, gewürfelt
1 Bund Radieschen, in dünne Scheiben geschnitten
1 Bund Frühlingszwiebeln, zähe grüne Enden abgeschnitten, in dünne Scheiben geschnitten

FÜR DAS DRESSING

120 ml Avocadoöl
3 EL frisch gepresster Limettensaft
1 Knoblauchzehe
2 EL frisch gehacktes Koriandergrün
1/2 TL Meersalz

FÜR DEN FISCH

1 TL festes Kochfett
450 g Gelbflossen-Thunfischsteaks, etwa 2,5 cm dick
1/4 TL Meersalz
1/4 TL gemahlener Ingwer

1. Mit der Zubereitung des Salats beginnen. Einen mittleren Topf Wasser zum Kochen bringen. Die Möhren darin etwa 7 Minuten zart kochen. Inzwischen alle Zutaten für das Dressing im Standmixer glatt pürieren, dann beiseitestellen. (Alternativ Knoblauch und Koriander sehr fein hacken und die Zutaten dann mit dem Schneebesen glatt rühren.)

2. Wenn die Möhren gar sind, das Wasser abgießen und die Möhren mit kaltem Wasser abspülen. Abtropfen und trocknen lassen, während der Rest des Salats zubereitet wird.

3. Rucola, Microgreens, Koriandergrün, Avocados, Radieschen und Frühlingszwiebeln in einer großen Schüssel mischen. Beiseitestellen.

4. Den Thunfisch vorsichtig mit Küchenpapier trocken tupfen und dann von beiden Seiten mit Salz und Ingwer bestreuen. In einer Pfanne mit Antihaftbeschichtung das Kochfett auf mittlerer Stufe zerlassen. Sobald das Fett zerlassen und die Pfanne heiß ist, den Thunfisch darin 60-90 Sekunden von jeder Seite anbraten (Garstufe: medium-rare), bis er schön gebräunt ist. (Falls eine gusseiserne Pfanne verwendet wird, braucht man eventuell mehr Fett, damit der Fisch nicht am Pfannenboden haftet.)

5. Die abgekühlten Möhren unter den Salat mischen und ihn mit dem Dressing anmachen. Den Thunfisch in Scheiben schneiden und auf dem Salat anrichten.

Gelbflossen-Thunfisch // Reich an den Vitaminen B12 und B6 sowie Mineralstoffen wie Phosphor und Selen, ist Gelbflossen-Thunfisch (auch als Ahi bekannt) eines der wenigen Lebensmittel, das auch Vitamin D liefert.

TROPISCHER KABELJAU
in Taco-Häppchen

ZUBEREITUNG: 45 MINUTEN
FÜR 4 PORTIONEN

FÜR DIE GUACAMOLE

2 Avocados, Steine entfernt und geschält
115 g rote Zwiebel, sehr fein gehackt
2 EL frisch gepresster Limettensaft
1/2 TL Meersalz
1/3 Bund Koriandergrün, gehackt
200 g Ananas, gewürfelt

FÜR DEN KABELJAU

1 1/2 TL Meersalz
3/4 TL Knoblauchpulver
3/4 TL gemahlener Ingwer
3/4 TL getrockneter Oregano
1 EL festes Kochfett
680 g Kabeljaufilets

FÜR DIE TACOS

1 große Yambohne, geschält, längs halbiert und in 0,5 cm dicke Scheiben geschnitten
4 Radieschen, in dünne Scheiben geschnitten
1/4 Bund Koriandergrün, gehackt

1. Zunächst die Guacamole zubereiten: Avocado, Zwiebel, Limettensaft, Salz und Koriandergrün in einer kleinen Schüssel vermengen, bis die Mischung die gewünschte Konsistenz hat. Die Ananas unterrühren. Nach Belieben mit Salz abschmecken und beiseitestellen, während der Kabeljau zubereitet wird.

2. In einer kleinen Schüssel Salz, Knoblauch, Ingwer und Oregano mischen. Die Kabeljaufilets mit Küchenpapier trocken tupfen und dann rundherum mit der Gewürzmischung einreiben.

3. Das Fett in einer Pfanne auf mäßig hoher Stufe zerlassen. Sobald das Fett geschmolzen und die Pfanne heiß ist, die Kabeljaufilets darin von jeder Seite 2 Minuten braten, bis der Fisch in Flocken auseinanderfällt, wenn man mit einer Gabel daran zieht, und nicht mehr durchscheint. Sofort aus der Pfanne nehmen.

4. Den Kabeljau mit einem Löffel in kleinere Stücke brechen. Zum Anrichten jeweils einen Löffel Kabeljau auf eine Scheibe Yambohne geben und etwas Guacamole darauf setzen. Mit ein paar Radieschenscheiben und Korianderblättchen garnieren. Sofort servieren.

Yambohne // Dieses Wurzelgemüse enthält viel Vitamin C und Kalium. Außerdem enthält es einige B-Vitamine und Mineralstoffe. Yambohnen gehören zu den besonders reichhaltigen Ballaststoffquellen, vor allem auch von Inulin, einem exzellenten probiotischen Ballaststoff, der eine gesunde Darmflora unterstützt.

TERIYAKI-GARNELEN
aus der Pfanne

ZUBEREITUNG: 35 MINUTEN
FÜR 4 PORTIONEN

FÜR DIE SOSSE

60 ml Wasser
60 ml Kokosaminos
1 EL Kokoszucker
1 Knoblauchzehe, sehr fein gehackt
1 TL sehr fein gehackter frischer Ingwer
1/2 EL Pfeilwurzelmehl
60 ml Wasser
Meersalz

FÜR PFANNENGEMÜSE UND GARNELEN

1 EL festes Kochfett
1/2 gelbe Zwiebel, halbiert und in feine Scheiben geschnitten
2 Knoblauchzehen, sehr fein gehackt
1 Stück (2,5 cm) Ingwer, sehr fein gehackt
2 Möhren, in dünne Scheiben geschnitten
2 Köpfe Baby-Pak-Choi, Stiele und Blätter separat gehackt
200 g Champignons, geviertelt
450 g große Garnelen mit Schwanz, geschält, Darmfäden entfernt
Meersalz
Frühlingszwiebeln, in feine Ringe geschnitten, zum Garnieren

1. Für die Soße Kokosaminos, Kokoszucker, 60 ml Wasser, Knoblauch und Ingwer in einem kleinen Topf auf mittlerer Stufe erhitzen. Inzwischen das Pfeilwurzelmehl mit dem Schneebesen in 60 ml kaltes Wasser rühren, bis es aufgelöst ist. Diese Mischung unter die Soße im Topf rühren und zum Kochen bringen. Sobald die Mischung kocht, die Temperatur auf schwache Stufe reduzieren und die Soße etwa 10 Minuten unter Rühren sanft köcheln lassen, bis sie deutlich angedickt ist. Mit Salz abschmecken, in einen Behälter umfüllen und beiseitestellen, während das Pfannengemüse zubereitet wird.

2. Das Kochfett in einem Wok oder einer großen Pfanne auf mittlerer Stufe zerlasse. Wenn das Fett geschmolzen und die Pfanne heiß ist, die Zwiebeln darin unter Rühren 3 Minuten dünsten. Knoblauch und Ingwer zufügen und unter Rühren etwa 30 Sekunden aromatisch dünsten.

3. Möhren und Pak-Choi-Stiele zufügen und unter Rühren 3 Minuten sautieren. Die Pilze und die Pak-Choi-Blätter zufügen und 2 weitere Minuten braten. Falls die Mischung zu irgendeinem Zeitpunkt zu trocken scheint, einen weiteren Esslöffel Fett zufügen.

4. Die Garnelen zufügen und unter Rühren 2-3 Minuten rosa braten.

5. Die Soße sorgfältig unterrühren und das Ganze durcherhitzen. Nach Belieben mit Salz abschmecken.

6. Garniert mit Frühlingszwiebelringen servieren.

HINWEIS: Wie salzig das fertige Gericht ist, hängt von den verwendeten Kokosaminos ab. Daher empfehle ich, erst am Ende des Garprozesses zu salzen.

VENUSMUSCHELN
in Kurkuma-Brühe

ZUBEREITUNG: 40 MINUTEN
FÜR 4 PORTIONEN

1 EL festes Kochfett
3 Schalotten, halbiert und in feine Scheiben geschnitten*
3 Knoblauchzehen, sehr fein gehackt*
360 ml Knochenbrühe (siehe Seite 86)
1 EL sehr fein gehackter Rosmarin
1 TL gemahlene Kurkuma
1/2 TL Meersalz
1360 g Venusmuscheln (Pazifischer »Steamer«)
110 g Babyspinat
2 EL frisch gepresster Zitronensaft

1. Die Venusmuscheln in eine große Schüssel füllen und mit kaltem Wasser bedecken. Die Muscheln mit beiden Händen anheben, hin und her bewegen und gegeneinander reiben. Wenn sie dabei viel Schlamm und Sand abgeben, den Vorgang noch mal wiederholen. Die sauberen Muscheln aus dem Wasser heben und die Exemplare entsorgen, die sich nicht verschlossen haben oder die aufgebrochen sind. Nachsehen, dass keine der Venusmuscheln mit Schlamm gefüllt ist (diese Exemplare müsen ebenfalls entsorgt werden). Jetzt kann es losgehen!

2. Das Fett in einem Topf mit dickem Boden auf mittlerer Stufe zerlassen. Sobald es geschmolzen und der Topf heiß ist, die Schalotten darin 4 Minuten sautieren, bis sie beginnen zu bräunen. Den Knoblauch zufügen und noch eine Minute aromatisch dünsten.

3. Brühe, Rosmarin, Kurkuma und Salz in den Topf geben und zum Kochen bringen. Die Venusmuscheln zufügen, die Herdplatte auf hohe Stufe einstellen und das Ganze zum Kochen bringen. Sobald die Brühe kocht, die Temperatur auf mäßig schwache Stufe reduzieren und sie 8-10 Minuten sanft köcheln lassen, bis die meisten Schalen geöffnet sind. Vom Herd nehmen und alle Venusmuscheln entsorgen, die sich zu diesem Zeitpunkt nicht geöffnet haben.

4. Spinat und Zitronensaft untermischen, den Topf mit dem Deckel verschließen und 1 Minute ziehen lassen. Die Venusmuscheln sofort in der Brühe servieren, solange sie noch warm sind.

**VARIATION: Für eine Low-FODMAP-Version statt Schalotten und Knoblauch gehackten Staudensellerie verwenden.*

***Venusmuscheln* //** Wie die meisten Schalentiere liefern Venusmuscheln eine Menge Vitamine und Mineralstoffe. Sie haben einen sehr hohen Gehalt an Vitamin B12 und Eisen und liefern außerdem gute Mengen der Mineralstoffe Kupfer, Jod, Mangan, Selen und Zink.

LACHS IN KRÄUTERKRUSTE
mit Blumenkohlpüree

ZUBEREITUNG: 45 MINUTEN
FÜR 4 PORTIONEN

FÜR DAS BLUMENKOHLPÜREE

2 Kopf Blumenkohl, Blätter entfernt, grob gehackt
480 ml Knochenbrühe (siehe Seite 86)
1 EL sehr fein gehackter Rosmarin
1 TL Meersalz

FÜR DEN LACHS

1 großer Bund Petersilie, sehr fein gehackt
3 Knoblauchzehen, sehr fein gehackt
3 Frühlingszwiebeln, die zähen grünen Enden entfernt, sehr fein gehackt
3 EL frisch gepresster Zitronensaft (von etwa 1 Zitrone)
1/2 TL Meersalz
2 EL festes Kochfett, zerlassen
450-680 g Wildlachsfilet mit Haut

1. Zunächst das Blumenkohlpüree zubereiten. Für die Zubereitung auf dem Herd einen großen Topf 5 cm hoch mit Wasser füllen und auf mittlerer Stufe erhitzen. Den Blumenkohl im Dämpfeinsatz in den Topf setzen und abgedeckt 10-15 Minuten zart garen. Vom Herd nehmen, den Deckel entfernen und etwa 1 Minute abkühlen lassen. Für die Zubereitung im Schnellkochtopf den Topf ebenfalls 5 cm hoch mit Wasser füllen, den Blumenkohl im Dampfeinsatz in den Topf setzen, den Deckel einrasten und auf der Einstellung »Manueller Hochdruck« 2 Minuten garen. Wenn der Alarm der Zeitschaltuhr losgeht, den Druck mit der »Schnelles Abdampfen«-Methode ablassen. Den Deckel abnehmen und den Blumenkohl etwa 1 Minute abkühlen lassen.

2. Den gegarten Blumenkohl zusammen mit der Brühe, dem Rosmarin und Salz in der Küchenmaschine oder im Standmixer etwa 1 Minute glatt pürieren.

3. Den Ofen auf 200 °C vorheizen und den Lachs mit der Hautseite nach unten auf ein Backblech legen. Petersilie, Knoblauch, Zwiebeln, Zitronensaft und Salz in einer kleinen Schüssel mischen. Das Fett untermischen und die Masse dann gleichmäßig auf dem Lachs verteilen. Im vorgeheizten Ofen 11-15 Minuten backen (das hängt von der Dicke der Filets ab), bis der Lachs sich leicht in Flocken teilen lässt, wenn man ihn an der dicksten Stelle mit einer Gabel auseinanderzieht.

4. Den Lachs auf warmem Blumenkohlpüree servieren.

Lachs // **Dieser fetthaltige Kaltwasserfisch gehört zu den nährstoffdichtesten und entzündungshemmendsten Lebensmitteln auf diesem Planeten. Lachs bietet Mineralstoffe wie Selen und Kalium und außerdem eine ordentliche Portion der entzündungshemmenden Omega-3-Fettsäuren.**

FISCH-CURRY-SUPPE
mit Kräuterseitlingen

ZUBEREITUNG: 1 STUNDE
FÜR 4 PORTIONEN

1 EL Kokosfett
1 große gelbe Zwiebel, gehackt
2 Stangen Zitronengras, zähe äußere Blätter und Enden entfernt, angedrückt*
1 Bund Koriandergrün, Blätter von den Stielen gezupft und beiseitegelegt, die Stiele gehackt,
1 Stück (2,5 cm) Ingwer, sehr fein gehackt
3 Knoblauchzehen, sehr fein gehackt
480 ml Wasser oder Hühnerknochenbrühe (siehe Seite 86)
1 1/2 EL gemahlene Kurkuma
1 1/4 TL Meersalz
3 Möhren, in 1 cm dicke Scheiben geschnitten
2 Steckrüben, in 1 cm dicke Scheiben geschnitten
420 ml Vollfett-Kokosmilch, gekauft oder hausgemacht
450 g fester weißer Fisch, filetiert, in Würfel geschnitten
200 g Garnelen, geschält und Darmfäden entfernt
2 EL frisch gepresster Limettensaft
150 g Kräuterseitlinge (alternativ Champignons oder eine andere Speisepilzsorte)
1 Bund Frühlingszwiebeln, zähe grüne Enden entfernt, in feine Ringe geschnitten
Meersalz
Korianderblättchen

1. Das Kokosfett in einem großen Topf mit dickem Boden auf mittlerer Stufe zerlassen. Sobald das Fett geschmolzen und der Topf heiß ist, Zwiebel, Zitronengras und Korianderstiele darin unter Rühren 5 Minuten dünsten, bis die Zwiebeln glasig sind.

2. Ingwer und Knoblauch untermischen und 2 Minuten aromatisch sautieren. Das Zitronengras aus dem Topf nehmen (Zwiebelstückchen so gut wie möglich abschütteln!) und beiseitelegen.

3. Die Zwiebelmischung in den Standmixer füllen. Wasser oder Brühe zufügen und etwa 1 Minute glatt pürieren. Das Püree zurück in den Topf geben, das Zitronengras wieder zufügen, gefolgt von Kurkuma, Salz, Möhren und Steckrüben. Zum Kochen bringen, dann die Temperatur reduzieren und abgedeckt 30 Minuten sanft sieden lassen.

4. Inzwischen in einer kleinen Pfanne etwas Kokosfett zerlassen und die Pilze darin etwa 5 Minuten goldbraun und knusprig braten. Beiseitestellen.

5. Die Kokosmilch in den Topf geben, unterrühren und die Flüssigkeit erneut zum Sieden bringen. Fisch und Garnelen zufügen und 1-2 Minuten ziehen lassen, bis sie gar sind (nicht mehr durchscheinend und die Garnelen rosa).

6. Das Zitronengras entfernen und den Limettensaft unterrühren. Kosten und nach Bedarf mit Salz abschmecken. In individuellen Suppenschüsseln servieren und auf jede Portion ein paar knusprige Pilze geben. Mit Frühlingszwiebelringen und Korianderblättchen garnieren.

**HINWEIS: Zum »Andrücken« vom Zitronengras einfach die Wurzel abschneiden und die Stange mit dem Messerrücken auf ein Schneidebrett drücken.*

TEMPURA-GARNELEN-SALAT
mit pikantem Ingwer-Dressing

ZUBEREITUNG: 40 MINUTEN
FÜR 4 PORTIONEN

FÜR DAS DRESSING
180 ml Avocadoöl
3 EL frisch gepresster Limettensaft
1 EL frisch geriebener Ingwer
1 Knoblauchzehe
1/2 TL Meersalz

FÜR DEN SALAT
1 Kopf Romanasalat, die Blätter gehackt
200 g Rotkohl, fein gehackt
300 g Yambohne, geschält und fein gehackt
1 Bund Koriandergrün, gehackt
1 Bund Frühlingszwiebeln, zähe grüne Enden entfernt, in dünne Ringe geschnitten
1 Apfel, fein gehackt

FÜR DIE GARNELEN
1 1/2 EL frisch gepresster Zitronensaft
1 EL Avocadoöl
60 g Maniokmehl/Tapiokastärke
1 EL gemahlener Ingwer
1/2 TL Meersalz
680 g große Garnelen mit Schwanz, geschält und Darmfäden entfernt
60 ml Avocadoöl zum Braten

1. Alle Zutaten für das Dressing im Standmixer oder der Küchenmaschine 30-60 Sekunden glatt pürieren. Beiseitestellen.

2. Die Zutaten für den Salat in einer großen Schüssel mischen und beiseitestellen.

3. Für die Zubereitung der Garnelen Zitronensaft und Avocadoöl in einer mittleren Schüssel mit dem Schneebesen glatt rühren. In einer kleinen Schüssel Maniokmehl/Tapiokastärke, Ingwer und Salz glatt rühren. Die Garnelen in der großen Schüssel mit der Flüssigkeit schwenken, sodass sie rundherum benetzt sind. Die Mehlmischung darüber streuen und vorsichtig unterheben, sodass die Garnelen rundherum gleichmäßig damit bedeckt sind.

4. Zum Braten der Garnelen das Avocadoöl in einer Pfanne auf mäßig-hoher Stufe erhitzen. Sobald Pfanne und Öl heiß sind, die Garnelen hineingeben – in mehreren Portionen nacheinander, damit die Pfanne nicht überfüllt wird. Zunächst jedoch die Temperatur prüfen, indem man eine der Garnelen in die Pfanne gibt. Das Öl rund um die Garnele sollte sofort stark zischen. Falls es das nicht tut, die Garnele mit dem Schaumlöffel wieder aus der Pfanne nehmen und das Öl weiter erhitzen. Die Garnelen von jeder Seite 2 Minuten braten (mit der Grillzange am Schwanz nehmen und wenden) bis sie vollkommen durchgegart und goldbraun sind. Nach Bedarf mehr Öl zufügen (und jedes Mal wieder auf die richtige Temperatur erhitzen), damit die »Panade« an den Garnelen haftet und schön knusprig wird.

5. Den Salat mit dem Dressing anmachen und die Garnelen zum Servieren darauf anrichten.

Garnelen // Die zur Familie der Krustentiere zählenden Garnelen sind ein guter Lieferant für Mineralstoffe wie Eisen, Kupfer, Magnesium und Jod (die über die Ernährung ansonsten schwierig zu beziehen sind). Garnelen enthalten außerdem eine ordentliche Portion B-Vitamine und sind eine der seltenen Vitamin-D-Quellen unter den Lebensmitteln.

LACHS-*Chowder*

ZUBEREITUNG: 40 MINUTEN (SCHNELLKOCHTOPF) BIS 1 STUNDE (AUF DEM HERD)
FÜR 6 PORTIONEN

1 EL Kokosfett
1 Zwiebel, gehackt
4 Knoblauchzehen, sehr fein gehackt
720 ml Knochenbrühe (360 ml für die Schnellkochtopf-Version)
4 Möhren, in 1 cm dicke Stücke geschnitten
4 Stangen Staudensellerie, in 1 cm dicke Stücke geschnitten
1 TL Meersalz
1 mittlere helle Süßkartoffel, in 1 cm dicke Scheiben geschnitten
680 g Wildlachsfilets ohne Haut, in 2,5 cm große Stücke geschnitten
360 ml Vollfett-Kokosmilch, gekauft oder hausgemacht (240 ml für die Schnellkochtopf-Version)
3 EL frisch gepresster Zitronensaft (von etwa 1 Zitrone)
2 EL frisch gehackter Dill

ZUBEREITUNG AUF DEM HERD

1. Das Kokosfett in einem Topf mit dickem Boden auf mittlerer Stufe zerlassen. Wenn das Fett geschmolzen und der Topf heiß ist, die Zwiebeln darin unter Rühren 7 Minuten leicht bräunen. Den Knoblauch zufügen und 30 Sekunden aromatisch dünsten.

2. Brühe, Möhren, Staudensellerie und Salz in den Topf geben. Zum Kochen bringen, den Topf mit dem Deckel verschließen und die Temperatur reduzieren. Die Flüssigkeit 15 Minuten sanft köcheln lassen, dann die Süßkartoffeln zufügen und 10-15 Minuten weiter köcheln lassen, bis das Gemüse zart ist.

3. Vom Herd nehmen, den Lachs zufügen und 2 Minuten ziehen lassen. Der Fisch wird in der Brühe garen, obwohl sie nicht mehr erhitzt wird, und dabei eine matte, orange Farbe annehmen und leicht auseinanderfallen.

4. Kokosmilch, Zitronensaft und Dill unterrühren. Vorsichtig aufwärmen und sofort servieren.

ZUBEREITUNG IM SCHNELLKOCHTOPF

1. Für die Zubereitung im Schnellkochtopf Schritt 1 mit der »Sautieren«-Funktion befolgen.

2. Knochenbrühe, Möhren, Staudensellerie, Salz und Süßkartoffeln zufügen. Den Topf mit dem Deckel verschließen, den Deckel einrasten und das Ganze mit der Einstellung »Manueller Hochdruck« 4 Minuten garen. Wenn der Alarm der Zeitschaltuhr losgeht, den Druck mit der »Schnelles Abdampfen«-Methode ablassen.

3. Den Lachs zufügen und 2-4 Minuten ziehen lassen, bis die Stücke nicht mehr durchscheinend sind. Der Fisch wird in der Brühe garen, obwohl sie nicht mehr erhitzt wird, und dabei eine matte, orange Farbe annehmen und leicht auseinanderfallen.

4. Kokosmilch, Zitronensaft und Dill unterrühren. Vorsichtig aufwärmen und sofort servieren

KURKUMA-LACHS-*Schüssel*

ZUBEREITUNG: 30 MINUTEN
FÜR 4 PORTIONEN

FÜR DIE SOSSE
1 EL Kokosfett
1/2 Zwiebel, grob gehackt
1 Knoblauchzehe, sehr fein gehackt
1 Stück (2,5 cm) Ingwer, sehr fein gehackt
120 ml Knochenbrühe (siehe Seite 86)
150 g helle Süßkartoffel, geschält und gewürfelt
1 EL gemahlene Kurkuma
1/4 TL Ingwerpulver
1 Prise gemahlener Zimt
3/4 TL Meersalz
180 ml Vollfett-Kokosmilch, gekauft oder hausgemacht
1 1/2 EL frisch gepresster Zitronensaft

FÜR DIE SCHÜSSEL
1 Dose (425 g) Lachs (mit Haut und Gräten)
2 Steckrüben, ungeschält zu »Reis« verarbeitet (siehe Hinweis)
1 große Avocado zum Garnieren
Koriandergrün zum Garnieren

1. Das Kokosfett in einem mittleren Topf auf mittlerer Stufe zerlassen. Sobald das Fett geschmolzen und der Topf heiß ist, die Zwiebeln darin unter Rühren 5 Minuten zunächst glasig dünsten und dann leicht bräunen.

2. Knoblauch und frischen Ingwer zufügen und unter Rühren 1 Minute aromatisch dünsten.

3. Knochenbrühe, Süßkartoffel, Kurkuma, Ingwer, Zimt und Salz untermischen. Zum Kochen bringen, dann den Topf mit dem Deckel verschließen, die Temperatur reduzieren und das Ganze 10 Minuten sanft köcheln lassen, bis die Süßkartoffeln zart sind. Die Mischung 5 Minuten abkühlen lassen.

4. Kokosmilch, Zitronensaft und Kurkuma-Mischung im Standmixer glatt pürieren (den Deckel dabei zusätzlich mit einem Handtuch abdecken, damit man sich am heißen Dampf nicht verbrennt).

5. Den zimmerwarmen Steckrüben-»Reis« auf Schüsseln verteilen und jeweils eine Portion Lachs darauf geben, mit Kurkuma-Soße beträufeln und mit Avocadospalten sowie Koriandergrün garnieren.

HINWEIS: Um die Steckrüben zu »Reis« zu verarbeiten, die Hälfte der grob gehackten Wurzeln in der Küchenmaschine mit der Impulsstufe etwa 20 Sekunden zur Größe von Reiskörnern hacken. Auf keinen Fall zu lange mixen, sonst entsteht ein Püree. Beiseitestellen und mit der zweiten Hälfte wiederholen.

Wildlachs // Lachs gehört zu den nährstoffdichtesten Lebensmitteln unseres Planeten. Der Fisch liefert die Mineralstoffe Selen und Kalium und außerdem eine große Portion der entzündungshemmenden Omega-3-Fettsäuren. Keine Angst vor der Haut und den Gräten, die bei diesem Rezept in der Dose zu finden sind. Sie bedeuten, dass man eine noch größere Menge an Mineralstoffen und Omega-3-Fettsäuren abbekommt, da diese in Haut und Gräten in höherer Konzentration vorhanden sind.

SÜSSE LECKEREIEN

KÜRBIS-*Fudge*

ZUBEREITUNG: 20 MINUTEN, PLUS 2 STUNDEN RUHEN
FÜR 6 PORTIONEN

225 g Kürbispüree/-mus, gekauft (Dose) oder hausgemacht*
170 g Ahornsirup
1 TL Vanilleextrakt
1/2 TL Zimt
1/4 TL Meersalz
1/4 TL gemahlener Ingwer
1 Prise Gewürznelken
240 g Kokosmanna**

1. Kürbismus, Ahornsirup, Vanille, Zimt, Salz, Ingwer und Gewürznelken in der Küchenmaschine auf niedriger Stufe glatt pürieren. Zwischendurch die Maschine anhalten, die Masse von den Schüsselwänden lösen und erneut pürieren, bis alles gut vermengt ist. Beiseitestellen.

2. Das Kokosmanna in einem mittleren Topf auf niedriger Stufe zerlassen. Wenn es vollkommen geschmolzen ist, die Kürbismischung zufügen und unter Rühren etwa 5 Minuten erhitzen, bis die Mischung dickflüssig ist.

3. In eine quadratische Backform (20 cm × 20 cm) füllen und mit der Palette gleichmäßig bis in die Ecken verteilen. Mindestens 2 Stunden im Kühlschrank ruhen lassen, damit die Mischung stockt. In quadratische Stücke schneiden und gekühlt servieren.

**HINWEIS: Um Kürbispüree selbst zu machen, einen Speisekürbis halbieren. Stielansatz und Kerne entfernen. Die Hälften mit der Schnittseite nach unten auf ein Backblech legen und im auf 200 °C vorgeheizten Ofen 45 Minuten bis 1 Stunde backen. Abkühlen lassen, dann das Fruchtfleisch mit einem Löffel aus den Hälften schaben und im Hochleistungsstandmixer oder der Küchenmaschine glatt pürieren.*

***EINKAUFSTIPP: Kokosmanna (auch Kokosbutter oder Kokoskonzentrat) ist bei Raumtemperatur fest und wird in der Regel in Gläsern verkauft.*

Speisekürbis // Kürbisse enthalten gute Mengen Vitamin C, Ballaststoffe, Kalium, Kupfer und Mangan. Dank seiner intensiv orangenen Farbe enthält Speisekürbis außerdem eine abwechslungsreiche Auswahl sekundärer Pflanzenstoffe, vor allem von Carotinoiden, bei denen es sich um Vorläufer für Vitamin A handelt.

KOKOS-AHORN-*Cookies*

ZUBEREITUNG: 40 MINUTEN
ERGIBT 15–18 STÜCK

75 g Maniokmehl/Tapiokastärke
30 g Kokosmehl
20 g ungesüßte Kokosraspeln
1 EL Pfeilwurzelmehl
3/4 TL Natron
3/4 TL Zimt
1/4 TL gemahlener Ingwer
1/4 TL Meersalz
110 g Palmfett
90 g Ahornsirup
55 g Kokosblütenzucker
1 TL Vanilleextrakt
3 EL ungesüßtes Apfelmus
20 g ungesüßte Kokosflocken
75 g Rosinen

1. Den Ofen auf 175 °C vorheizen und ein Backblech mit Backpapier auslegen.

2. In einer großen Schüssel Maniokmehl, Kokosmehl, Kokosraspeln, Pfeilwurzelmehl, Natron, Zimt, Ingwer und Salz mischen. Beiseitestellen.

3. Palmfett, Ahornsirup, Kokosblütenzucker und Vanilleextrakt in einer mittleren Schüssel mischen. Mit dem Handrührgerät oder Schneebesen glatt rühren (etwa 1 Minute). Das Apfelmus und die trockenen Zutaten untermischen, bis eine leicht klebrige Masse entstanden ist. Kokosflocken und Rosinen unterheben.

4. Mit zwei Esslöffeln etwa 2,5 cm große Haufen der Masse mit etwa 5 cm Abstand auf das vorbereitete Backblech setzen. Im vorgeheizten Ofen 12 Minuten hellgolden backen.

5. Die Cookies auf dem Backblech vollkommen abkühlen lassen. Dann in einem luftdicht verschlossenen Behälter im Kühlschrank aufbewahren. Frisch aus dem Ofen sind die Cookies zu weich. Sie müssen gekühlt werden, um die richtige Konsistenz zu bekommen. Im Kühlschrank sind sie bis zu einer Woche haltbar.

Maniok // Die auch als Cassava bekannte Wurzelknolle aus Zentral- und Südamerika ist reich an Vitamin C, Folsäure, Kalium und den B-Vitaminen. Sie enthält große Mengen probiotischer Ballaststoffe, die eine gesunde Darmflora unterstützen.

VANILLEKUCHEN
mit Beeren und Joghurt-Glasur

ZUBEREITUNG: 1 1/2 STUNDEN, PLUS ETWA 1 1/2 STUNDE KÜHLEN
FÜR 8–10 PORTIONEN

FÜR DEN RÜHRKUCHEN
200 g Maniokmehl/Tapiokastärke
200 g Ahornzucker
60 g Kokosmehl
2 EL Pfeilwurzelmehl
1 1/2 TL Natron
1/2 TL Meersalz
120 ml plus 2 EL Avocadoöl
2 EL frisch gepresster Zitronensaft
2 TL Vanilleextrakt
320 ml kaltes Wasser

FÜR GLASUR UND TOPPING
60 g Kokosfett, zerlassen
2 EL Kokosjoghurt*
2 TL flüssiger Honig
400 g gemischte Beeren (Erdbeeren, Brombeeren, Blaubeeren oder Himbeeren)

1. Den Ofen auf 175 °C vorheizen. Eine Gugelhupfform (25 cm Durchmesser) mit Avocadoöl ausfetten und beiseitestellen.

2. In einer mittleren Schüssel Maniokmehl, Ahornzucker, Kokosnussmehl, Pfeilwurzelmehl, Natron und Meersalz mischen. Beiseitestellen.

3. Avocadoöl, Zitronensaft und Vanille in einer großen Schüssel mit dem Schneebesen glatt rühren. Die trockenen Zutaten zufügen, kurz unterrühren, dann 320 ml kaltes Wasser mit dem Teigschaber unterrühren, bis sich die Zutaten gerade eben zu einer Masse verbunden haben. In die vorbereitete Kuchenform füllen und im vorgeheizten Ofen 50 Minuten backen, bis die Oberfläche leicht gebräunt ist. (Der Kuchen wird kaum aufgehen, aber das ist normal beim Backen mit Maniokmehl/Tapiokastärke.)

4. Den Kuchen etwa 20 Minuten in der Form abkühlen lassen, dann vorsichtig wenden und die Kuchenform nach oben abnehmen. Den Kuchen auf einem Gitter etwa 40 Minuten vollständig abkühlen lassen. Nun mindestens 20 Minuten im Kühlschrank kalt stellen, damit die Glasur fest wird, wenn man sie darüber gießt.

5. Wenn der Kuchen glasiert werden kann, Kokosfett, Kokosjoghurt und Honig in einer Schüssel mit dem Schneebesen glatt rühren. Die Mischung sollte dickflüssig sein, sodass man sie gut gießen kann. Ist sie zu dick, muss sie kurz in der Mikrowelle oder über einem warmen Wasserbad aufgewärmt werden. Die Glasur über den Kuchen gießen oder löffeln, sodass sie an den Seiten herunterläuft. Bevor sie fest wird, ein paar Beeren auf dem Kuchen verteilen.

6. Gekühlt servieren und zu jeder Scheibe noch eine Handvoll Beeren reichen.

EINKAUFSTIPP: Darauf achten, dass der Kokosjoghurt nur Kokosnuss und Probiotika enthält. Produkte mit Zuckerzusatz und/oder Verdickungsmittel vermeiden.

AUFBEWAHRUNG: Dank der Zugabe des Avocadoöls ist dieser Kuchen lange haltbar und schmeckt am Tag nach der Zubereitung sogar noch besser, sodass er sich hervorragend dafür eignet, für eine Party oder einen Event im Voraus zubereitet zu werden. Der mit Glasur überzogene Kuchen hält bei Raumtemperatur zwar einige Stunden durch, aber ich empfehle, ihn bis zum Servieren im Kühlschrank aufzubewahren. Falls es Reste gibt, halten sich die Scheiben individuell in Frischhaltefolie gewickelt ein paar Tage im Kühlschrank und können so auch eingefroren werden.

PFIRSICHE *mit Sahne*

ZUBEREITUNG: 45 MINUTEN
FÜR 4 PORTIONEN

FÜR DIE PFIRSICHE

4 Pfirsiche, entsteint, geviertelt
1 TL Kokosfett, zerlassen
1 MSP Zimt
1 MSP Meersalz
1 Prise gemahlener Ingwer

FÜR DIE SAHNE

240 g Kokoscreme (die Masse, die sich an der Oberfläche einer Dose Koksmilch sammelt, wenn diese länger steht)*
1 TL Ahornsirup
1/2 TL Vanilleextrakt
1 Prise Meersalz

1. Um dieses Rezept zubereiten zu können, muss sich die Kokoscreme vollständig von der Kokosmilch getrennt haben – siehe dazu den Hinweis unten. Den Ofen auf 220 °C vorheizen.

2. Die geviertelten Pfirsiche auf einem mit Backpapier ausgelegten Backblech verteilen und die Schnittseiten mit Kokosfett bepinseln. Zimt, Salz und Ingwer mischen und die Pfirsiche damit bestäuben. Im vorgeheizten Ofen 20 Minuten backen, bis die Pfirsiche am Rand schön gebräunt und zart sind, wenn man mit der Gabel hinein sticht.

3. Inzwischen die Sahne zubereiten. Kokoscreme, Ahornsirup, Vanilleextrakt und Salz in einer mittleren Schüssel mischen. Mit dem Schneebesen oder de Handrührgerät etwa 5 Minuten aufschlagen, bis eine luftige Masse entstanden ist. Bis die Pfirsiche fertig gebacken und abgekühlt sind, im Kühlschrank aufbewahren.

4. Die zart gebackenen Pfirsiche aus dem Ofen nehmen und vollständig abkühlen lassen. Damit das schneller geht, kann man sie auf einen Teller setzen und in den Kühlschrank stellen. Die Pfirsiche gekühlt mit einem großzügigen Löffel Sahne servieren.

**HINWEIS: Damit die Crème Zeit hat, sich abzusetzen, stellt man die Kokosmilchdosen mindestens 3 Tage vor der Zubereitung in den Kühlschrank und lässt sie dort ungestört stehen. Ich habe immer gerne ein paar Dosen hinten in meinem Kühlschrank, nur für die Creme, damit ich solche Rezepte nicht zu weit im Voraus planen muss. Jede Dose (400 g) ergibt etwa 180-240 g Kokoscreme, wenn sie genügend Zeit zum Absetzen hat.*

ERDBEEREN-GRANATAPFEL-*Schaum*

ZUBEREITUNG: 20 MINUTEN,
PLUS ETWA 2 STUNDEN GELIERZEIT
FÜR 4 PORTIONEN

300 ml Granatapfelsaft
2 TL Gelatine (von Tieren aus Weidehaltung)*
200 g Erdbeeren, halbiert
110 g Avocadofruchtfleisch, zerdrückt
3 EL frisch gepresster Zitronensaft (von etwa 1 Zitrone)
1/2 TL Vanilleextrakt
1 Prise Meersalz

1. Den Granatapfelsaft in einen kleinen Topf füllen, die Gelatine auf die Oberfläche streuen und etwa 5 Minuten ungestört stehen lassen, bis die Gelatine sich mit Flüssigkeit vollgesogen hat.

2. Den Topf auf den Herd stellen und auf niedriger Stufe etwa 5 Minuten unter ständigem Rühren erhitzen, bis die Gelatine vollständig aufgelöst ist. Auf keinen Fall stark erhitzen oder länger als unbedingt nötig, um die Gelatine aufzutauen.

3. Die Flüssigkeit mit Erdbeeren, Avocado, Zitronensaft, Vanilleextrakt und Salz im Standmixer etwa 1 Minute pürieren, bis eine glatte Masse entstanden ist. Auf vier Dessertschüsseln oder Gläser verteilen.

4. Im Kühlschrank mindestens 2 Stunden gelieren lassen. Der fertige »Schaum« sollte samtig sein, wie eine Mousse. Abgedeckt ist das Dessert im Kühlschrank bis zu 3 Tage haltbar.

**EINKAUFSTIPP: Auf jeden Fall hochwertige Gelatine von Tieren aus Weidehaltung verwenden.*

Gelatine // Die aus Bindegewebe und Knochen von Tieren gewonnene Gelatine muss in warmer Flüssigkeit aufgelöst werden, um beim Abkühlen eine gelee-artige Masse zu ergeben. Gelatine ist reich an den Aminosäuren Prolin und Glycin und unterstützt die Bildung von gesunder Haut, gesundem Haar, Fingernägeln, Knochen und Gelenken.

VANILLE-KOLLAGEN-
Glückshäppchen

**ZUBEREITUNG: 30 MINUTEN,
PLUS 30 MINUTEN RUHEZEIT
ERGIBT 25–30 HÄPPCHEN**

175 g Datteln ohne Stein
60 g warmes Kokosfett
10 g Kollagen Hydrolysat*
1 EL Orangenabrieb (von etwa 1 Bio-Orange)
1 TL Zitronenabrieb (von etwa 1 Bio-Zitrone)
3 EL frisch gepresster Zitronensaft (von etwa 1 Bio-Zitrone)
1/4 TL Meersalz
1 Vanilleschote, längs halbiert und das Mark mit dem Messer herausgeschabt
20 g ungesüßte Kokosraspeln
Meersalzflocken zum Garnieren

1. Datteln, Kokosfett, Kollagen, Orangen- und Zitronenabrieb, Zitronensaft, Salz und Vanillemark in der Küchenmaschine zu einer glatten Paste verarbeiten.

2. Die Kokosraspeln auf einem kleinen Teller verteilen. Etwa 1 EL der Dattelmischung zu einer Kugel formen und dann in den Kokosraspeln wälzen, bis die Kugel rundherum damit bedeckt ist. Wiederholen, bis die Masse aufgebraucht ist. Die Kugeln abschließend mit Meersalzflocken bestäuben.

3. Vor dem Servieren 30 Minuten kühl stellen.

**EINKAUFSTIPP: Hochwertiges Kollagen Hydrolysat verwenden, das von Tieren aus Weidehaltung stammt.*

***Kollagen* //** Bei Kollagen Hydrolysat handelt es sich um hydrolyisierte (also in die individuellen Aminosäuren aufgespaltene) Proteine. Im Gegensatz zu Gelatine, die in einer warmen Flüssigkeit aufgelöst werden muss, kann Kollagen Hydrolysat unter kalte und warme Zubereitungen gemischt werden. Kollagen ist eine großartige Proteinquelle und gut für Haut, Fingernägel und Haare.

APFELKUCHEN

ZUBEREITUNG: 1 1/2 STUNDEN,
PLUS 2 STUNDEN ABKÜHLEN
FÜR 8–10 PORTIONEN

FÜR DEN BODEN

150 g Maniokmehl/Tapiokastärke
1 EL Ahornzucker
1 EL Kokosmehl
1 MSP Meersalz
120 g Palmfett
80 ml kaltes Wasser

FÜR DIE FÜLLUNG

5 Äpfel
2 EL Kokosfett
1 TL frisch abgeriebene Zitronenschale
2 EL frisch gepresster Zitronensaft
2 EL Ahornzucker
1 Prise Meersalz
1 Prise gemahlene Gewürznelken
110 g Aprikosenkonfitüre ohne Zuckerzusatz oder Süßungsmittel

FÜR DAS TOPPING

125 g Maniokmehl/Tapiokastärke
2 EL Ahornzucker
1 EL Kokosmehl
1 MSP Meersalz
110 g Palmfett
1/2 TL Vanilleextrakt

1. Den Ofen auf 190 °C vorheizen und eine Springform mit 22 cm Durchmesser leicht mit Palmfett ausfetten.

2. Für den Boden Maniokmehl, Ahornzucker, Kokosmehl und Salz in der Küchenmaschine mit ein paar Impulsen vermengen. Das Palmfett zufügen und mit der Impulsstufe untermischen, bis sich erbsengroße Streusel gebildet haben, dann 80 ml kaltes Wasser zufügen und mit ein oder zwei Impulsen untermischen, sodass die Mischung körnig bleibt. Die Streusel gleichmäßig auf dem Boden der Backform verteilen und andrücken. Dabei von innen nach außen arbeiten, sodass der Boden am Rand der Form etwas dicker ist. Im vorgeheizten Ofen 5 Minuten backen.

3. Inzwischen die Füllung vorbereiten. Die Äpfel schälen, halbieren und das Kerngehäuse entfernen. Längs in 0,5 cm dicke Scheiben schneiden und dann mit Zitronenabrieb und -saft, Zucker, Salz und Gewürznelken in einen Topf mit dem Kokosfett geben und auf mäßig-schwacher Stufe erhitzen. Etwa 15 Minuten sanft köcheln lassen, dabei gelegentlich umrühren, bis die Äpfel zart sind und die Flüssigkeit angedickt ist. Beiseitestellen.

4. Für das Topping Maniokmehl, Ahornzucker, Kokosmehl und Salz in der Küchenmaschine mit ein paar Impulsen vermengen. Palmfett, Vanilleextrakt und 1 EL Wasser untermischen, sodass erbsengroße Streusel entstehen. Nicht zu stark vermengen. Beiseitestellen.

5. Wenn der Boden fertig gebacken ist, die Aprikosenkonfitüre vorsichtig darauf verstreichen. Dann die Apfelfüllung zufügen und mit dem Holzkochlöffel vorsichtig andrücken, sodass sie gleichmäßig verteilt und etwas kompakter ist. Schließlich das Topping gleichmäßig über die Füllung streuen und mit den Händen sanft andrücken. Auf mittlerer Einschubleiste 30-35 Minuten backen, bis die obere Schicht leicht gebräunt ist.

6. Etwa 30 Minuten in der Springform abkühlen lassen. Ein Messer vorsichtig um den äußeren Rand des Kuchens ziehen, um ihn von der Form zu lösen. Den Kuchen weitere 1 1/2 Stunden abkühlen lassen und erst dann die Springform entfernen. Bei Raumtemperatur servieren.

7. Sorgfältig abgedeckt ist der Kuchen im Kühlschrank bis zu 5 Tage haltbar.

All-Clad

KOLLAGEN-BEEREN *Eis am Stiel*

ZUBEREITUNG: 15 MINUTEN, PLUS 4 STUNDEN EINFRIEREN
ERGIBT 6 STÜCK

600 g reife Bananen, zerdrückt
250 g Himbeeren
2 EL Kollagen Hydrolysat*
1/2 TL Vanillepulver
1 Prise Meersalz

1. Die Zutaten in der Küchenmaschine oder dem Standmixer etwa 2 Minuten zu einer glatten, schaumigen Masse pürieren.

2. In Eis-am-Stiel-Formen füllen und mindestens 4 Stunden einfrieren.

AVOCADO-ANANAS *Eis am Stiel*

ZUBEREITUNG: 15 MINUTEN, PLUS 4 STUNDEN EINFRIEREN
ERGIBT 6 STÜCK

2–3 große Avocados
360 ml Ananassaft
Frisch abgeriebene Schale von 1 Bio-Limette (etwa 1 TL)
60 ml frisch gepresster Limettensaft
90 g Ahornsirup
2 EL Kollagen Hydrolysat*
1 Prise Meersalz

1. Die Zutaten in der Küchenmaschine oder dem Standmixer etwa 2 Minuten zu einer glatten, schaumigen Masse pürieren.

2. In Eis-am-Stiel-Formen füllen und mindestens 4 Stunden einfrieren.

**EINKAUFSTIPP: Hochwertiges Kollagen Hydrolysat verwenden, das von Tieren aus Weidehaltung stammt.*

KOKOS-ZITRONEN-*Riegel*

ZUBEREITUNG: 45 MINUTEN,
PLUS MEHRERE STUNDEN ABKÜHLEN
ERGIBT 12 STÜCK

FÜR DEN BODEN

125 g Kokosmanna, aufgewärmt*
90 g Honig, aufgewärmt
2 EL Kokosfett, aufgewärmt
1 EL frisch gepresster Zitronensaft
150 g Maniokmehl/Tapiokastärke
1/4 TL Natron
1 MSP Meersalz

FÜR DIE FÜLLUNG

2 EL frisch abgeriebene Schale von (etwa 2) Bio-Zitronen
360 ml frisch gepresster Zitronensaft (von etwa 10 Zitronen)
690 g Apfelmus
40 g Kokosfett, aufgewärmt
1 1/2 EL Gelatinepulver*
Kokosraspeln zum Garnieren

1. Kokosmanna, Honig und Kokosfett für den Boden müssen so weit aufgewärmt werden, dass sie sich gießen lassen. Ich verwende dafür gerne ein heißes Wasserbad: Es dauert etwa 10 Minuten, bis die Zutaten weich genug sind. Ein paar Sekunden in der Mikrowelle sollten es aber auch tun.

2. Den Ofen auf 175 °C vorheizen und eine quadratische Backform mit 20 cm Seitenlänge mit Backpapier auslegen.

3. Kokosmanna, Honig, Kokosfett und Zitronensaft in der Küchenmaschine mit der Impulsstufe vermengen. (Alternativ in einer Schüssel mit dem Schneebesen glatt rühren.)

4. Maniokmehl, Natron und Meersalz in einer kleinen Schüssel mischen. Die trockenen Zutaten mit ein paar Impulsen unter die Zutaten in der Küchenmaschine mischen, sodass eine gleichmäßige, krümelige Mischung entsteht.

5. Die Mischung auf dem Boden der vorbereiteten Backform verteilen und mit den Händen oder dem Teigschaber gleichmäßig andrücken. Dabei darauf achten, dass die Masse bis in die Ecken reicht. Im vorgeheizten Ofen 20 Minuten goldbraun backen. Beiseitestellen und abkühlen lassen, während die Füllung zubereitet wird.

6. Zitronenabrieb, Zitronensaft, Apfelmus und Kokosfett in einem kleinen Topf glatt rühren. Die Gelatine darauf streuen und 5 Minuten ungestört stehen lassen, damit sich die Gelatine vollsaugen kann.

7. Den Topf nun auf den Herd stellen und auf schwacher Stufe unter ständigem Rühren erhitzen, bis die Mischung lauwarm und die Gelatine vollständig aufgelöst ist. Auf keinen Fall stark erhitzen oder zum Kochen bringen oder länger erhitzen als unbedingt nötig.

8. Die Füllung auf den abgekühlten Boden in der Backform gießen und gleichmäßig mit Kokosraspeln bestreuen. Abgedeckt mehrere Stunden oder über Nacht im Kühlschrank ruhen lassen, bis die Masse geliert ist.

9. In 9 quadratische Stücke schneiden. Einzeln in Frischhaltefolie gewickelt sind die Riegel im Kühlschrank bis zu 1 Woche haltbar. Bei Raumtemperatur servieren.

**EINKAUFSTIPP: Kokosmanna (auch Kokosbutter oder Kokoskonzentrat) ist bei Raumtemperatur fest und wird in der Regel in Gläsern verkauft. Auf jeden Fall hochwertige Gelatine von Tieren aus Weidehaltung verwenden.*

ZITRONEN-BLAUBEER-*Crumble*

ZUBEREITUNG: 1 STUNDE 15 MINUTEN
FÜR 6 PORTIONEN

FÜR DIE FÜLLUNG

680 g TK-Blaubeeren
1 EL frisch abgeriebene Schale von 1 großen Bio-Zitrone
60 ml frisch gepresster Zitronensaft
1 EL Kokoszucker

FÜR DAS TOPPING

150 g Maniokmehl/Tapiokastärke
40 g Kokosblütenzucker
1 TL gemahlener Zimt
1/2 TL gemahlener Ingwer
1 Prise Meersalz
125 g Palmfett, bei Raumtemperatur
1 TL Vanillepulver
60 ml eiskaltes Wasser

1. Den Ofen auf 175 °C vorheizen.

2. In einer quadratischen Backform (20 cm Seitenlänge) die gefrorenen Blaubeeren, Zitronenabrieb und -saft sowie Kokosblütenzucker mischen. Beiseitestellen, während das Topping zubereitet wird.

3. Maniokmehl, Kokosblütenzucker, Zimt, Ingwer und Salz in der Küchenmaschine mit der Impulsstufe vermengen.

4. Das Palmfett in mehreren großen Klumpen hinzufügen. Das Vanillepulver darüber streuen und dann alles mit kurzen Impulsen zu groben Streuseln verarbeiten. Auf keinen Fall zu stark vermengen. Das eiskalte Wasser zufügen und ebenfalls mit wenigen kurzen Impulsen untermischen, bis erbsengroße Streusel entstanden sind. Auch hier gilt: Nicht zu stark vermengen, sonst bekommt man einen Teig. Die Mischung sollte trocken und krümelig sein.

5. Die Streusel auf der Blaubeer-Mischung verteilen. Im vorgeheizten Ofen 45 Minuten backen, bis die Streusel schön gebräunt sind. Vor dem Servieren mindestens 15 Minuten abkühlen lassen.

Blaubeeren // Sie enthalten nicht nur viel Vitamin C, Mangan, Folsäure und Ballaststoffe – Blaubeeren bieten außerdem dank ihrer dunklen, intensiven Farbe, die in der Pflanzenwelt einzigartig ist, eine spektakuläre Auswahl von sekundären Pflanzenstoffen mit antioxidativen und entzündungshemmenden Eigenschaften.

MÖHRENKUCHEN-*Häppchen*

ZUBEREITUNG: 30 MINUTEN,
PLUS 40 MINUTEN ABKÜHLEN
ERGIBT 12 HÄPPCHEN

FÜR DIE HÄPPCHEN

20 g ungesüßte Kokosflocken
2 EL Kokosmehl
2 EL Pfeilwurzelmehl
2 EL Kollagen Hydrolysat*
1 TL Zimt
1/4 TL gemahlener Ingwer
1 Prise Meersalz
90 g entsteinte Datteln
25 g Möhren, geraspelt
70 g Kokosfett, zerlassen
2 TL Vanilleextrakt

FÜR DIE GLASUR

2 EL Kokosfett, zerlassen
1 EL Kokosjoghurt*
1 TL Honig, zerlassen

1. Einen Teller mit einem Backpapier auslegen und bereitstellen.

2. Kokosflocken, Kokosmehl, Pfeilwurzelmehl, Kollagen, Zimt, Ingwer und Salz in der Küchenmaschine mit der Impulsstufe vermengen. Datteln, Möhren, Kokosfett und Vanilleextrakt zufügen und zu einer dicken Masse vermengen.

3. Einen Esslöffel der Masse zwischen den Handflächen zu einer Kugel formen und auf den vorbereiteten Teller setzen. Wiederholen, bis die gesamte Masse aufgebraucht wurde. Vor dem Überziehen mit der Glasur mindestens 30 Minuten im Kühlschrank ziehen lassen.

4. Die Zutaten für die Glasur in einer Schüssel mit dem Schneebesen glatt rühren. Die Mischung sollte dick, aber streichzart sein. Ist das nicht der Fall, muss man sie kurz in der Mikrowelle oder einem Wasserbad aufwärmen. Auf jedes Möhren-Häppchen einen Kleks der Glasur setzen. Zurück in den Kühlschrank stellen und 5 Minuten ruhen lassen, bis die Glasur fest ist.

**EINKAUFSTIPP: Hochwertiges Kollagen Hydrolysat verwenden, das von Tieren aus Weidehaltung stammt. Darauf achten, dass der Kokosjoghurt nur Kokosnuss und Probiotika enthält. Produkte mit Zuckerzusatz und/oder Verdickungsmitteln vermeiden.*

Datteln // Die getrockneten Früchte der Dattelpalme sind eine unglaublich reichhaltige Quelle für Vitamin C, Kalium, Magnesium und Kupfer. Außerdem sind Datteln eine großartige Ballaststoffquelle.

September

Kapitel 5

SPEISEPLÄNE

Mit dem Planen von Speisen ist gemeint, dass man sich überlegt, welche Rezepte man in der kommenden Woche zubereitet und dann entsprechend einkauft und vorbereitet, um das beste aus der in der Küche verbrachten Zeit zu machen. In diesem Kapitel präsentiere ich fünf fertige Speisepläne samt Einkaufslisten, sodass Sie einerseits schnell loslegen und andererseits diese Vorgehensweise selbst lernen können.

Bevor man mit solchen Speiseplänen loslegt, gibt es ein paar Dinge, die man wissen sollte.

PORTIONEN – Alle Speisepläne sind für eine Person ausgelegt – Ausnahme: Speiseplan für zwei (S. 328–329). Die Portionen sind großzügig berechnet, sodass es potenziell Reste als Snack für später gibt. Wem die Mengen zu groß sind, der friert Reste einfach für später ein.

ZEITPLAN – Bei allen Speiseplänen muss nur abends oder am Wochenende gekocht werden, sodass man Frühstück, Mittagessen oder zusätzliche Abendessen einfach nur noch aufwärmen oder schnell zusammenstellen muss. Mahlzeiten, die komplett neu gekocht werden müssen, sind fett gedruckt, ebenso die korrespondierenden Seitenzahlen mit dem Rezept. Als »Resteessen« konzipierte Mahlzeiten erscheinen in regulärem Schrifttyp.

VORBEREITUNGSTAG – Der Tag vor dem Beginn des Speiseplans ist der sogenannte Vorbereitungstag. Die Mahlzeiten auf dieser Liste sollen im Voraus zubereitet und nicht vor Beginn des Speiseplans verzehrt werden. Vergessen Sie nicht, die Klassische Knochenbrühe (siehe Seite 86) zuzubereiten, bevor Sie sich an die Rezepte der Woche machen, denn sie wird häufig benötigt.

AUFBEWAHRUNG – Sie werden feststellen, dass ich in den ersten vier Speiseplänen anmerke, dass Portionen bestimmter Mahlzeiten eingefroren und aufgetaut werden sollen, damit sie frisch bleiben und man Zeit spart. Für einzelne Portionen habe ich zwei Tage Auftauen mit einberechnet, sodass sie nur noch schnell aufgewärmt werden müssen, wenn es an der Zeit ist, sie zu genießen. Das Auftauen kann auch auf nur einen Tag reduziert werden – oder man nutzt die Auftaufunktion der Mikrowelle.

EINKAUFEN FRISCHER ZUTATEN – Alle Speisepläne gehen davon aus, dass man einkaufen geht, bevor man sonntags und mittwochs das Abendessen kocht. Wer an anderen Tagen einkaufen gehen möchte, muss die Speisepläne entsprechend anpassen. Darüber hinaus ist es möglich, an nur einem Tag für die gesamte Woche einkaufen zu gehen. In diesem Fall sollte Fleisch, das erst später in der Woche verwendet wird, eingefroren werden. In diesem Fall muss man daran denken, ausreichend Zeit zum Auftauen mit einzuberechnen. Die Einkaufsliste muss immer mit den Resten vom vorherigen Einkauf abgeglichen werden, damit man keine frischen Kräuter oder kein frisches Gemüse kauft, das man noch im Haus hat.

DIE VORRATSKAMMER AUFSTOCKEN – Die Einkaufslisten sind so konzipiert, dass man zunächst eine Inventur der Vorratskammer machen kann, bevor man Zutaten auf die Liste setzt. Vergleichen Sie meine Einkaufsliste mit den Zutaten, die Sie in der Vorratskammer haben, und markieren Sie dann, was Sie benötigen.

HERBST/WINTER-
Speiseplan

Der Speiseplan für Herbst und Winter beinhaltet Zutaten, die in den kühlen und dunklen Monaten des Jahres in Saison sind. Erdiges Wurzelgemüse, Winterkürbisse und winterfestes Blattgemüse haben hier alle einen Auftritt, ebenso wie großzügige Mengen nahrhafter Brühe und wärmender Kräuter.

WOCHE 1				
	FRÜHSTÜCK	**MITTAGESSEN**	**ABENDESSEN**	***Hinweise***
Vorbereitungstag			**Klassische Knochenbrühe S. 86** **Kürbissuppe mit Hähnchenfleisch S. 183** **Herbstlicher Salat S. 153**	*2 Portionen der Kürbissuppe mit Hähnchenfleisch einfrieren*
Montag	Kürbissuppe mit Hähnchenfleisch	Herbstlicher Salat	**Magisches »Chili« S. 215**	*3 Portionen Magisches »Chili« einfrieren*
Dienstag	Kürbissuppe mit Hähnchenfleisch	Herbstlicher Salat	Magisches »Chili«	
Mittwoch	Kürbissuppe mit Hähnchenfleisch	Herbstlicher Salat	**Hackbraten S. 211** **Geschmorter Blattkohl S. 173**	
Donnerstag	Hackbraten Geschmorter Blattkohl	Herbstlicher Salat	**Schweinefleisch-Eintopf S. 250**	
Freitag	Kürbissuppe mit Hähnchenfleisch	Hackbraten Geschmorter Blattkohl	Schweinefleisch-Eintopf	
Samstag	Schweinefleisch-Eintopf	Hackbraten Geschmorter Blattkohl	**Lachs-Chowder S. 283**	*2 Portionen Lachs-Chowder einfrieren*
Sonntag	Hackbraten Geschmorter Blattkohl	Lachs-Chowder	**Lamm-Eintopf S. 235** **Klassische Knochenbrühe S. 86**	

WOCHE 2

	FRÜHSTÜCK	MITTAGESSEN	ABENDESSEN	*Hinweise*
Vorbereitungstag				
Montag	Schweinefleisch-Eintopf	Lachs-Chowder	**Cremige Hühnersuppe S. 188**	
Dienstag	Lamm-Eintopf	Cremige Hühnersuppe	**Granatapfel-Thymian-Rindereintopf S. 204**	
Mittwoch	Lamm-Eintopf	Cremige Hühnersuppe	Granatapfel-Thymian-Rindereintopf	*3 Portionen Magisches »Chili« zum Auftauen herausnehmen*
Donnerstag	Lamm-Eintopf	Cremige Hühnersuppe	Granatapfel-Thymian-Rindereintopf	*2 Portionen Kürbissuppe mit Hähnchenfleisch zum Auftauen herausnehmen*
Freitag	Granatapfel-Thymian-Rindereintopf	Lamm-Eintopf	Magisches »Chili«	*2 Portionen Lachs-Chowder zum Auftauen herausnehmen*
Samstag	Kürbissuppe mit Hähnchenfleisch	Magisches »Chili«	Lachs-Chowder	
Sonntag	Magisches »Chili«	Kürbissuppe mit Hähnchenfleisch	Lachs-Chowder	

HERBST/WINTER-
Einkaufsliste

WOCHE 1		
VORRATSKAMMER	**SONNTAG**	**MITTWOCH**
ÖL/FETT/ESSIG Apfelessig Kokosfett Olivenöl Festes Kochfett **GEWÜRZE** Lorbeerblätter Zimt Frischer Ingwer Frischer Knoblauch Knoblauchpulver Zwiebelpulver Meersalz **SONSTIGES** Maniokmehl/Tapiokastärke (75 g) Kokosmilch (120 ml)	**FLEISCH (VON TIEREN AUS WEIDE-/FREILANDHALTUNG)** 900 g Knochen (alle möglichen Sorten) 900 g Rinderhackfleisch 1 ganzes Hähnchen (1810-2270 g) **OBST UND GEMÜSE** 1 Avocado 1 große Rote Bete 1 mittlerer Butternusskürbis$1 $2 $3 3 große Möhren 1 grüner Äpfel 1 Bund Frühlingszwiebeln 3 Bund Palmkohl 2 Zitronen 2 gelbe Zwiebeln 2 große Pastinaken 1 Bund Petersilie 1 Bund Radieschen **KRÄUTER** Frisches Basilikum Frisches Zitronengras Frischer Oregano **SONSTIGES** Einfacher Kokosjoghurt (Zutaten überprüfen)	**FLEISCH (VON TIEREN AUS WEIDE-/FREILANDHALTUNG)** 900 g Rinderhackfleisch 450 g Schweinefleisch für Gulasch 340 g dicke Scheiben ungepökelter Speck 230 g Wildlachsfilet **OBST UND GEMÜSE** 2 knackige Äpfel 1 kleiner Butternusskürbis 6 große Möhren 1 Bund Staudensellerie 2 große Bund Blattkohl 1 Zitrone 100 g Champignons 2 gelbe Zwiebeln 1 große Pastinake 1 mittlere helle Süßkartoffel **KRÄUTER** Frischer Dill Frischer Salbei Frischer Thymian oder Rosmarin

WOCHE 2		
VORRATSKAMMER	**SONNTAG**	**MITTWOCH**
ÖL/FETT/ESSIG APFELESSIG Festes Kochfett **GEWÜRZE** Lorbeerblätter Frischer Knoblauch Meersalz **SONSTIGES** Pfeilwurzelmehl (2 EL)$1 $2 $3 Maniokmehl/Tapiokastärke (2 EL) Kokosmilch (540 ml) Granatapfelsaft (180 ml) Rotwein (240 ml)	**FLEISCH (VON TIEREN AUS WEIDE-/FREILANDHALTUNG)** 900 g Knochen, bei Bedarf (alle möglichen Sorten) 900 g Hähnchenschenkelfilets 900 g Lammfleisch für Gulasch/Eintopf 900 g Rindfleisch für Gulasch/Eintopf **OBST UND GEMÜSE** 1 großer Kopf Brokkoli 900 g Möhren 2 große Knollensellerie 1 Zitrone 200 g Champignons 1 Bund Frühlingszwiebeln 2 gelbe Zwiebeln 900 g Pastinaken 680 g helle Süßkartoffeln **KRÄUTER** Frischer Schnittlauch$1 $2 $3 Frischer Majoran Frischer Rosmarin (nach Bedarf) Frischer Thymian (nach Bedarf)	Einkaufen nicht nötig

FRÜHLING/SOMMER-
Speiseplan

Im Frühling/Sommer-Speiseplan profitieren wir von leuchtend bunten Zutaten, die während der hellen, warmen Monate des Jahres in Saison sind. Zartes Frühlingsgemüse und delikate Kräuter haben hier, zusammen mit einigen nährstoffdichten Proteinen, ihren Auftritt.

WOCHE 1				
	FRÜHSTÜCK	**MITTAGESSEN**	**ABENDESSEN**	***Hinweise***
Vorbereitungstag			**Klassische Knochenbrühe S. 86** **Hähnchen-Eintopf mit Koriander S. 200** **Frühlingssalat S. 158**	*2 Portionen Hähnchen-Eintopf mit Koriander einfrieren*
Montag	Hähnchen-Eintopf mit Koriander	Frühlingssalat	**Lammspieße S. 212**	
Dienstag	Hähnchen-Eintopf mit Koriander	Frühlingssalat	Lammspieße	
Mittwoch	Hähnchen-Eintopf mit Koriander	Frühlingssalat	**Zucchininudeln mit Hackfleischsoße S. 245**	
Donnerstag	Lammspieße	Frühlingssalat	Zucchininudeln mit Hackfleischsoße	
Freitag	Lammspieße	Zucchininudeln mit Hackfleischsoße	**Marokkanisches Hähnchen S. 184**	*2 Portionen Marokkanisches Hähnchen einfrieren*
Samstag	Zucchininudeln mit Hackfleischsoße	Marokkanisches Hähnchen	**Basilikum-Schweinehackfleisch-Pfanne S. 241** **Bunte Möhren S. 137**	
Sonntag	Basilikum-Schweine-hackfleisch-Pfanne Bunte Möhren	Zucchininudeln mit Hackfleischsoße	**Gelbe Zucchini-Suppe mit Ingwer S. 154**	*3 Portionen Gelbe Zucchini-Suppe mit Ingwer einfrieren* *2 Portionen Hähnchen-Eintopf mit Koriander zum Auftauen herausholen*

WOCHE 2				
	FRÜHSTÜCK	MITTAGESSEN	ABENDESSEN	*Hinweise*
Vorbereitungstag				
Montag	Basilikum-Schweinehackfleisch-Pfanne Bunte Möhren	Gelbe Zucchini-Suppe mit Ingwer	**Hühnerfrikadellen mit Majoran S. 195** **Rosenkohl-Pfanne S. 134**	
Dienstag	Basilikum-Schweinehackfleisch-Pfanne Bunte Möhren	Hähnchen-Eintopf mit Koriander	Hühnerfrikadellen mit Majoran Rosenkohl-Pfanne	
Mittwoch	Hühnerfrikadellen mit Majoran Rosenkohl-Pfanne	Hähnchen-Eintopf mit Koriander	**Teriyaki-Garnelen S. 272**	
Donnerstag	Hühnerfrikadellen mit Majoran Rosenkohl-Pfanne	Teriyaki-Garnelen	**Steak-Salat S. 220**	*2 Portionen Gelbe Zucchini-Suppe mit Ingwer zum Auftauen herausholen*
Freitag	Hühnerfrikadellen mit Majoran Rosenkohl-Pfanne	Teriyaki-Garnelen	Steak-Salat	*2 Portionen Marokkanisches Hähnchen zum Auftauen herausholen*
Samstag	Hühnerfrikadellen mit Majoran Rosenkohl-Pfanne	Gelbe Zucchini-Suppe mit Ingwer	Steak-Salat	
Sonntag	Gelbe Zucchini-Suppe mit Ingwer	Steak-Salat	Marokkanisches Hähnchen	

FRÜHLING/SOMMER-
Einkaufsliste

WOCHE 1		
VORRATSKAMMER	SONNTAG	MITTWOCH
ÖL/FETT/ESSIG Apfelessig Kokosfett Olivenöl Festes Kochfett Weißer Balsamicoessig **GEWÜRZE** Lorbeerblätter Zimt Getrockneter Oregano Frischer Knoblauch Frischer Ingwer Frische Kurkuma Knoblauchpulver Ingwersaft (optional) Gemahlener Ingwer Zwiebelpulver Meersalz Geräuchertes Meersalz Gemahlene Kurkuma **SONSTIGES** Kokosmilch (240 ml) Honig (1 TL) Kalamata-Oliven (etwa 8 Stück) Grüne Oliven ohne Stein (90 g) Rosinen (115 g)	**FLEISCH** 900 g Knochen (alle möglichen Sorten) 900 g Hähnchenbrustfilets 680 g Lammhackfleisch 113 g dicke Scheiben ungepökelter Speck **OBST UND GEMÜSE** 1 Apfel 1 Bund Grüner Spargel 1 mittlerer Kopf Buttersalat 1 Bund bunte Möhren 1 Kopf Blumenkohl, zu »Reis« verarbeitet oder komplett 2 Bund Koriandergrün 1 Grapefruit 1 Bund Frühlingszwiebeln 2 Zitronen 2 Steckrüben 1 helle Süßkartoffel 2 gelbe Zwiebeln **KRÄUTER** Frisches Zitronengras Frischer Estragon	**FLEISCH** 900 g Hähnchenschenkelfilets 1810 g Schweinehackfleisch von Tieren aus Freilandhaltung **OBST UND GEMÜSE** 2 Bund Basilikum 1 große Rote Bete 900 g Möhren 3-4 Bund bunte Möhren 1 Bund Palmkohl 3 Zitronen 1 Bund Petersilie 1 rote Zwiebel 1 gelbe Zwiebel 900 g Zucchini **KRÄUTER** Frischer Oregano Frischer Rosmarin Frischer Thymian

WOCHE 2

VORRATSKAMMER	SONNTAG	MITTWOCH
ÖL/FETT/ESSIG	**FLEISCH**	**FLEISCH**
Apfelessig	900 g Hähnchenschenkelfilets, gehackt	450 g Garnelen aus Wildfang, mit Schwanz, aber geschält
Avocadoöl		680 g Steak aus der Flanke von Rindern aus Weidehaltung
Champagneressig	**OBST UND GEMÜSE**	
Festes Kochfett	1 Avocado	**OBST UND GEMÜSE**
GEWÜRZE	900 g Rosenkohl	1 Avocado
Lorbeerblätter	3 große Möhren	2 große Köpfe Pak Choi
Frischer Ingwer	1 Bund Koriandergrün	2 große Möhren
Frischer Knoblauch	2 Zitronen	1 Bund Frühlingszwiebeln
Knoblauchpulver	2 gelbe Zwiebeln	1 Zitrone
Zwiebelpulver	4 große Schalotten	200 g Champignons
Meersalz	900 g gelbe Zucchini	1 Bund Radieschen
Geräuchertes Meersalz	**KRÄUTER**	1 rote Zwiebel
Gemahlene Kurkuma	Frischer Thymian	140 g pikanter Blattsalat (z. B. Rucola)
SONSTIGES	Frischer Schnittlauch	1 gelbe Zwiebel
Anchovis (1 Stück)	Frischer Majoran	
Pfeilwurzelmehl (1/2 TL)		
Kokosaminos (60 ml)		
Kokosmehl (40 g)		
Kokoszucker (1 EL)		
Honig (1 TL)		

BUDGET-*Speiseplan*

Der Budget-Speiseplan ist darauf ausgerichtet, maximale Nährstoffdichte bei minimalen Konsequenzen für die Geldbörse zu bieten. Er enthält die Rezepte, die mit den günstigsten Teilschnitten Fleisch zubereitet werden sowie Gemüse, das sowohl kostengünstig als auch das ganze Jahr über in Saison ist.

WOCHE 1				
	FRÜHSTÜCK	MITTAGESSEN	ABENDESSEN	*Hinweise*
Vorbereitungstag			**Klassische Knochenbrühe S. 86** **Magisches »Chili« S. 215** **Marokkanisches Hähnchen S. 184**	*2 Portionen Magisches »Chili« einfrieren* *1 Portion Marokkanisches Hähnchen einfrieren*
Montag	Magisches »Chili«	Marokkanisches Hähnchen	**Thunfischsalat S. 263**	
Dienstag	Magisches »Chili«	Thunfischsalat	Marokkanisches Hähnchen	
Mittwoch	Magisches »Chili«	Thunfischsalat	**Steak-Salat S. 220**	
Donnerstag	Marokkanisches Hähnchen	Steak-Salat	**Kürbissuppe mit Hähnchenfleisch S. 183**	*3 Portionen Kürbissuppe mit Hähnchenfleisch einfrieren*
Freitag	Kürbissuppe mit Hähnchenfleisch	Steak-Salat	**Gelbe Zucchini-Suppe mit Ingwer S. 154**	
Samstag	Kürbissuppe mit Hähnchenfleisch	Steak-Salat	Gelbe Zucchini-Suppe mit Ingwer	
Sonntag	Gelbe Zucchini-Suppe mit Ingwer	**Hähnchenbraten und bunte Möhren S. 180**	**Hühnerfrikadellen mit Majoran S. 195** **Geschmorter Blattkohl S. 173** **Klassische Knochenbrühe S. 86**	

WOCHE 2

	FRÜHSTÜCK	MITTAGESSEN	ABENDESSEN	*Hinweise*
Vorbereitungstag				
Montag	Hühnerfrikadellen mit Majoran Geschmorter Blattkohl	Gelbe Zucchini-Suppe mit Ingwer	Hähnchenbraten und bunte Möhren	
Dienstag	Hühnerfrikadellen mit Majoran Geschmorter Blattkohl	Gelbe Zucchini-Suppe mit Ingwer	Hähnchenbraten und bunte Möhren	*3 Portionen Kürbissuppe mit Hähnchenfleisch zum Auftauen herausholen*
Mittwoch	Hühnerfrikadellen mit Majoran Geschmorter Blattkohl	Hähnchenbraten und bunte Möhren	**Goldenes Dal S. 169**	
Donnerstag	Hühnerfrikadellen mit Majoran Geschmorter Blattkohl	Goldenes Dal	Kürbissuppe mit Hähnchenfleisch	*2 Portionen Magisches »Chili« zum Auftauen herausholen*
Freitag	Hühnerfrikadellen mit Majoran Geschmorter Blattkohl	Goldenes Dal	Kürbissuppe mit Hähnchenfleisch	*1 Portion Marokkanisches Hähnchen zum Auftauen herausholen*
Samstag	Magisches »Chili«	Goldenes Dal	Kürbissuppe mit Hähnchenfleisch	
Sonntag	Magisches »Chili«	Goldenes Dal	Marokkanisches Hähnchen	

BUDGET-*Einkaufsliste*

WOCHE 1

VORRATSKAMMER	SONNTAG	MITTWOCH
ÖL/FETT/ESSIG Apfelessig Avocadoöl (oder Olivenöl) Champagneressig (oder Apfelessig) Olivenöl Palmfett Festes Kochfett **GEWÜRZE** Lorbeerblätter Zimt Frischer Knoblauch Frischer Ingwer Knoblauchpulver Zwiebelpulver Meersalz Gemahlene Kurkuma **SONSTIGES** Anchovis (1 Stück) Honig (1/2 TL) Seetang-Flocken (1 MSP) Grüne Oliven ohne Stein (90 g) Rosinen (20 g)	**FLEISCH** 900 g Knochen (alle möglichen Sorten) 900 g Rinderhackfleisch von Tieren aus Weidehaltung 900 g Hähnchenschenkelfilets ohne Haut 4 Dosen (à 140 g) Thunfisch im eigenen Saft **OBST UND GEMÜSE** 1 Avocado (optional) 1 große Rote Bete 900 g Möhren 1 Bund Staudensellerie 2 Zitronen 1 Bund Petersilie 2 Pastinake 1 rote Zwiebel 110 g gemischter Blattsalat 1 weiße Zwiebel 1 helle Süßkartoffel 1 gelbe Zwiebel **KRÄUTER** Frischer Dill Frischer Oregano	**FLEISCH** 1 ganzes Hähnchen (1810-2270 g) 680 g Steak aus der Flanke von Rindern aus Weidehaltung **OBST UND GEMÜSE** 2 Avocados 1 mittlerer Butternusskürbis 3 Möhren 2 Zitronen 1 Bund Petersilie 1 Bund Radieschen 1 rote Zwiebel 140 g pikanter Blattsalat (z. B. Rucola) 2 gelbe Zwiebeln 900 g gelbe Zucchini **KRÄUTER** Frischer Schnittlauch Frisches Zitronengras Frischer Thymian

WOCHE 2		
VORRATSKAMMER	SONNTAG	MITTWOCH
ÖL/FETT/ESSIG Apfelessig Kokosfett Festes Kochfett **GEWÜRZE** Lorbeerblätter Zimt Bockshornkleeblätter (optional) Frischer Knoblauch Knoblauchpulver Zwiebelpulver Meersalz Gemahlene Kurkuma **SONSTIGES** Kokosmehl (40 g) Kokosmilch (240 ml) Honig (1/4 TL)	**FLEISCH** 900 g Knochen (alle möglichen Sorten), nach Bedarf 900 g Hähnchenhackfleisch (vom Schenkel) 1 ganzes Hähnchen (1360-1810 g) 230 g dicke Scheiben nicht gepökelter Speck **OBST UND GEMÜSE** 2 große Bund Blattkohl 3-4 Bund Möhren 1 gelbe Zwiebel **KRÄUTER** Frischer Majoran Frischer Oregano	**OBST UND GEMÜSE** 3 große Möhren 1 Kopf Blumenkohl, ganz oder zu »Reis« verarbeitet 1 Bund Koriandergrün 1 Zitrone 2 Pastinaken 140 g Spinat 1 gelbe Zwiebel

NUTRIVOR-*Speiseplan*

Der Nutrivor-Speiseplan ist für diejenigen konzipiert, die für einen kurzen Zeitraum der Genesung besonderen Wert auf die Nährstoffdichte legen möchten. Die Rezepte hier enthalten sehr hohe Mengen von Omega-3-Fettsäuren, von Vitaminen wie B12 und Mineralstoffen wie Eisen. Außerdem steht viel Obst und Gemüse mit hohem Gehalt an sekundären Pflanzenstoffen auf dem Speiseplan.

WOCHE 1				
	FRÜHSTÜCK	**MITTAGESSEN**	**ABENDESSEN**	***Hinweise***
Vorbereitungstag			**Klassische Knochenbrühe S. 86** **Rinderleber-Pâté S. 66** **Rosenkohl-Pfanne S. 134** **Magisches »Chili« S. 215**	*3 Portionen Pâté einfrieren* *3 Portionen Rosenkohl-Pfanne einfrieren* *3 Portionen Magisches »Chili« einfrieren*
Montag	Rinderleber-Pâté Rosenkohl-Pfanne	Magisches »Chili«	**Fisch-Curry-Suppe S. 279**	
Dienstag	Rinderleber-Pâté Rosenkohl-Pfanne	Magisches »Chili«	Fisch-Curry-Suppe	
Mittwoch	Rinderleber-Pâté Rosenkohl-Pfanne	Fisch-Curry-Suppe	**Lammspieße S. 212**	
Donnerstag	Lammspieße	Fisch-Curry-Suppe	**Teriyaki-Garnelen S. 272**	
Freitag	Lammspieße	Teriyaki-Garnelen	**Lachs in Kräuterkruste S. 276**	
Samstag	Lachs in Kräuterkruste	Teriyaki-Garnelen	**Frischer Detox-Salat S. 142**	
Sonntag	Lachs in Kräuterkruste	Lammspieße	Frischer Detox-Salat **Klassische Knochenbrühe S. 86**	*3 Portionen Pâté zum Auftauen herausholen* *3 Portionen Rosenkohl zum Auftauen herausholen*

WOCHE 2				
	FRÜHSTÜCK	MITTAGESSEN	ABENDESSEN	*Hinweise*
Vorbereitungstag				
Montag	Lachs in Kräuterkruste	Frischer Detox-Salat	**Hühnerfrikadellen mit Majoran S. 195** **Geschmorter Blattkohl S. 173**	*2 Portionen Hühnerfrikadellen einfrieren* *2 Portionen Blattkohl einfrieren*
Dienstag	Rinderleber-Pâté Rosenkohl-Pfanne	Hühnerfrikadellen mit Majoran Geschmorter Blattkohl	**Lachs-Chowder S. 283**	*3 Portionen Lachs-Chowder einfrieren*
Mittwoch	Rinderleber-Pâté Rosenkohl-Pfanne	Hühnerfrikadellen mit Majoran Geschmorter Blattkohl	Lachs-Chowder	*3 Portionen Magisches »Chili« zum Auftauen herausholen*
Donnerstag	Rinderleber-Pâté Rosenkohl-Pfanne	Hühnerfrikadellen mit Majoran Geschmorter Blattkohl	**Venusmuscheln in Kurkuma-Brühe S. 275**	*1 Portion Lachs-Chowder zum Auftauen herausholen*
Freitag	Magisches »Chili«	Venusmuscheln in Kurkuma-Brühe	**Steak-Salat S. 220**	*1 Portion Hühnerfrikadellen zum Auftauen herausholen* *1 Portion Blattkohl zum Auftauen herausholen*
Samstag	Magisches »Chili«	Steak-Salat	Lachs-Chowder	
Sonntag	Hühnerfrikadellen mit Majoran Geschmorter Blattkohl	Magisches »Chili«	Steak-Salat	

NUTRIVOR-*Einkaufsliste*

WOCHE 1

VORRATSKAMMER

ÖL/FETT/ESSIG

Apfelessig
Kokosfett
Olivenöl
Festes Kochfett

GEWÜRZE

Lorbeerblätter
Zimt
Frischer Knoblauch
Frischer Ingwer
Frische Kurkuma
Knoblauchpulver
Zwiebelpulver
Geräuchertes Meersalz
Meersalz
Gemahlene Kurkuma

SONSTIGES

Anchovis (2 Stück)
Pfeilwurzelmehl (1/2 TL)
Kokosaminos (60 ml)
Kokosmilch (720 ml)
Kokosblütenzucker (1 EL)
Rosinen (75 g)

SONNTAG

FLEISCH

900 g Knochen (alle möglichen Sorten)
450 g Rinderleber
900 g Rinderhackfleisch von Tieren aus Weidehaltung
1/2 dicke Scheiben ungepökelter Speck
230 g Garnelen mit Schwanz, geschält
450 g fester weißer Fisch, Haut und Gräten entfernt

OBST UND GEMÜSE

1 große Rote Bete
900 g Rosenkohl
900 g Möhren
2 Bund Koriandergrün
1 große Gurke
1 Bund Frühlingszwiebeln
1 Zitrone
1 Limette
2 Pastinaken
4 große Schalotten
110 g Kräuterseitlinge (optional)
2 Steckrüben
1 kleine gelbe Zwiebel
2 große gelbe Zwiebeln

KRÄUTER

Frisches Zitronengras
Frischer Oregano
Frische Petersilie
Frischer Rosmarin
Frischer Thymian

MITTWOCH

FLEISCH

680 g Lammhackfleisch
450-680 g Lachsfilet
450 g große Garnelen mit Schwanz, geschält

OBST UND GEMÜSE

1 Apfel
1 Avocado
2 Köpfe Baby-Pak-Choi
2 kleine oder 1 große Rote Bete
2 kleine oder 1 großer Brokkoli
2 Möhren
3 Köpfe Blumenkohl
1 Bund Koriandergrün
1 Bund Frühlingszwiebeln
1 Limette
2 Zitronen
2 Handvoll Microgreens
200 g Champignons
1 Bund Petersilie
1 Bund Brunnenkresse
2 große gelbe Zwiebeln

KRÄUTER

Frisches Zitronengras (falls benötigt)
Frischer Rosmarin (falls benötigt)

WOCHE 2

VORRATSKAMMER

ÖL/FETT/ESSIG

Apfelessig

Avocadoöl

Champagneressig

Kokosöl

Festes Kochfett

KRÄUTER

Lorbeerblätter

Frischer Knoblauch

Knoblauchpulver

Zwiebelpulver

Meersalz

Gemahlene Kurkuma

SONSTIGES

Anchovis (1 Stück)

Kokosmehl (40 g)

Kokosmilch (360 ml)

Honig (1/2 TL)

SONNTAG

FLEISCH

900 g Knochen, falls benötigt (alle möglichen Sorten)

900 g Hähnchenschenkelhackfleisch

230 g dicke Scheiben ungepökelter Speck

680 g Wildlachsfilet

OBST UND GEMÜSE

6 große Möhren

1 Bund Staudensellerie

2 große Bund Blattkohl

1 Gurke

1 Zitrone

1 mittlere helle Süßkartoffel

2 große gelbe Zwiebeln

KRÄUTER

Frischer Dill

Frischer Majoran

MITTWOCH

FLEISCH

680 g Steak aus der Flanke von Rindern aus Weidehaltung

1360 g Venusmuscheln (Pazifischer »Steamer«)

OBST UND GEMÜSE

1 Avocado

1 Bund Radieschen

1 rote Zwiebel

3 Schalotten

140 g pikanter Blattsalat (z. B. Rucola)

110 g Baby-Blattspinat

2 Zitronen

KRÄUTER

Frischer Rosmarin

Frischer Thymian

Speiseplan FÜR ZWEI

Der Speiseplan für zwei ist für diejenigen gedacht, die sich zusammen auf den Weg zur Heilung machen wollen. Statt große Portionen zu kochen, um sie einzufrieren, wie in den Single-Speiseplänen, macht dieser Plan zwei Personen satt – gekocht wird an den Abenden und am Wochenende.

WOCHE 1				
	FRÜHSTÜCK	**MITTAGESSEN**	**ABENDESSEN**	***Hinweise***
Vorberei-tungstag			**Klassische Knochenbrühe S. 86** **Magisches »Chili« S. 215** **Hühnerfrikadellen mit Majoran S. 195** **Geschmorter Blattkohl S. 173**	
Montag	Magisches »Chili«	Hühnerfrikadellen mit Majoran Geschmorter Blattkohl	**Hähnchenbraten und bunte Möhren S. 180**	
Dienstag	Magisches »Chili«	Hähnchenbraten und bunte Möhren	**Fisch-Curry-Suppe S. 279**	
Mittwoch	Hühnerfrikadellen mit Majoran Geschmorter Blattkohl	Fisch-Curry-Suppe	**Hackbraten S. 211** **Rosenkohl-Pfanne S. 134**	
Donnerstag	Magisches »Chili«	Hackbraten Rosenkohl-Pfanne	**Carnitas S. 246**	
Freitag	Hackbraten Rosenkohl-Pfanne	Carnitas	**Lammspieße S. 212**	
Samstag	Lammspieße	Carnitas	**Lachs in Kräuterkruste S. 276**	
Sonntag	Lachs in Kräuterkruste	**Bisonfleisch Shepherd's Pie S. 227**	**Lachs-Chowder S. 283** **Klassische Knochenbrühe S. 86**	

WOCHE 2				
	FRÜHSTÜCK	MITTAGESSEN	ABENDESSEN	*Hinweise*
Vorbereitungstag				
Montag	Bisonfleisch Shepherd's Pie	Lachs-Chowder	**Indisch gewürzte Lammfleischpfanne S. 231**	
Dienstag	Bisonfleisch Shepherd's Pie	Lachs-Chowder	**Kürbissuppe mit Hähnchenfleisch S. 183**	
Mittwoch	Indisch gewürzte Lammfleischpfanne	Kürbissuppe mit Hähnchenfleisch	**Klassische Schweinefrikadellen S. 253** **Bunte Möhren S. 137**	
Donnerstag	Klassische Schweinefrikadellen Bunte Möhren	Kürbissuppe mit Hähnchenfleisch	**Lendenbraten mit Pastinakenrisotto S. 242**	
Freitag	Klassische Schweinefrikadellen Bunte Möhren	Lendenbraten mit Pastinakenrisotto	**Hähnchen-Eintopf mit Koriander S. 200**	
Samstag	Hähnchen-Eintopf mit Koriander	Lendenbraten mit Pastinakenrisotto	**Steak-Salat S. 220**	Jakobsmuscheln zum Auftauen herausholen
Sonntag	Hähnchen-Eintopf mit Koriander	Steak-Salat	**Brokkolini und Jakobsmuscheln S. 260**	

Einkaufsliste FÜR ZWEI

WOCHE 1

VORRATSKAMMER	SONNTAG	MITTWOCH
ÖL/FETT/ESSIG	**FLEISCH**	**FLEISCH**
Apfelessig	900 g Knochen (alle möglichen Sorten)	900 g Rinderhackfleisch von Tieren aus Weidehaltung
Kokosfett	900 g Rinderhackfleisch von Tieren aus Weidehaltung	900 g Bisonhackfleisch
Festes Kochfett	900 g Hackfleisch vom Hähnchenschenkel	230 g dicke Scheiben ungepökelter Speck
GEWÜRZE	230 g dicke Scheiben ungepökelter Speck	1360 g Schweineschulter ohne Knochen
Lorbeerblätter	1 Hähnchen (1360-1810 g)	680 g Lammhackfleisch
Zimt	230 g Garnelen mit Schwanz, geschält	450-680 g Wildlachsfilet (mit Haut)
Getrockneter Oregano	450 g fester weißer Fisch, Gräten und Haut entfernt	**OBST UND GEMÜSE**
Frischer Knoblauch	**OBST UND GEMÜSE**	2 Avocados
Frischer Ingwer	1 große Rote Bete	900 g Rosenkohl
Frische Kurkuma	900 g Möhren	3 große Möhren (falls benötigt)
Zwiebelpulver	3-4 Bund Möhren	3 Köpfe Blumenkohl
Knoblauchpulver	1 Bund Koriandergrün	2 Bund Koriandergrün
Geräuchertes Meersalz	2 große Bund Blattkohl	1 Bund Frühlingszwiebeln (falls benötigt)
Meersalz	1 Bund Frühlingszwiebeln	2 Zitronen
Gemahlene Kurkuma	1 Limette	2 Limetten
SONSTIGES	1 Bund Petersilie	100 g Pilze
Maniokmehl/Tapiokastärke (75 g)	2 Pastinaken	900 g Pastinaken
Kokosmehl (40 g)	110 g Kräuterseitlinge (optional)	1 Bund Radieschen
Kokosmilch (660 ml)	2 Steckrüben	1 rote Zwiebel
Honig (1 TL)	3 große gelbe Zwiebeln	2 Köpfe Romanasalat
Rosinen (75 g)	**KRÄUTER**	4 große Schalotten
	Frisches Zitronengras	680 g helle Süßkartoffeln
	Frischer Majoran	2 gelbe Zwiebeln
	Frischer Oregano	**KRÄUTER**
		Frischer Meerrettich (optional)
		Frischer Schnittlauch
		Frisches Zitronengras
		Frischer Rosmarin
		Frischer Salbei

WOCHE 2

VORRATSKAMMER

ÖL/FETT/ESSIG

Apfelessig

Avocadoöl

Champagneressig

Kokosfett

Natives Olivenöl extra

Festes Kochfett

GEWÜRZE

Lorbeerblätter

Zimt

Gewürznelken

Getrockneter Oregano

Frischer Knoblauch

Frischer Ingwer

Knoblauchpulver

Ingwersaft (optional)

Gemahlener Ingwer

Zwiebelpulver

Geräuchertes Meersalz

Meersalz

Gemahlene Kurkuma

SONSTIGES

Anchovis (1 Stück)

Kokosmilch (360 ml)

Honig (2 TL)

Rosinen (40 g)

SONNTAG

FLEISCH

900 g Knochen, falls benötigt (alle möglichen Sorten)

680 g Lammhackfleisch

1 Hähnchen (1810-2270 g)

680 g Wildlachsfilet ohne Haut

OBST UND GEMÜSE

1 mittlerer Butternusskürbis

4 Möhren

1 Bund Staudensellerie

1 Bund Palmkohl

3 Zitronen

1 mittlere Süßkartoffel

1 mittlere helle Süßkartoffel

3 gelbe Zwiebeln

KRÄUTER

Frischer Dill

Frisches Zitronengras

Frische Minze

Frische Petersilie

MITTWOCH

FLEISCH

120 g dicke Scheiben ungepökelter Speck

680 g Steak aus der Flanke von Rindern aus Weidehaltung

900 g Hähnchenbrustfilets (ohne Haut)

900 g Schweinehackfleisch

1360 g Schweinelendenbraten (ohne Knochen)

230 g TK-Jakobsmuscheln

OBST UND GEMÜSE

1 Avocado

1 Bund Brokkolini

3-4 Bund Möhren

1 Bund Koriandergrün

3 Zitronen

200 g Pilze

680 g Pastinaken

1 Bund Radieschen

1 rote Zwiebel

2 Steckrüben

2 Schalotten

140 g pikanter Blattsalat (z. B. Rucola)

1 helle Süßkartoffel

2 gelbe Zwiebeln

KRÄUTER

Frisches Basilikum (1/2 Bund)

Frische Meerrettichwurzel

Frischer Rosmarin

Frischer Salbei

Frischer Thymian

Magisches »Chili« // S. 215

ANHÄNGE

REZEPTEVERZEICHNIS

Snacks & Häppchen

Brühen & Getränke

Frühlingsanfang-Vorspeisenplatte // S. 69

Leuchtend grüne Gummibärchen & Grapefruit-Gummibärchen // S. 82

Zichorien-»Kaffee« // S. 94

Soßen & Dressings

Grandioses Gemüse

Geflügel

Tomatenlose Soße // S. 118

Rote Bete aus dem Ofen mit Estragon // S. 170

Joghurt-Dressing // S. 130

Cremige Hühnersuppe mit Brokkoli und Wurzelgemüse // S. 188

Cremige Pilzsuppe mit Speck und Salbei // S. 145

Langsam geschmorte Ente // S. 199

Mariniertes Steak mit Gemüse // S. 208

Kohlsuppe // S. 257

Steckrübennudeln mit Klößen in herzhafter »Sahnesoße« // S. 224

Gelbflossen-Thun-Salat mit Koriander-Limetten-Dressing // S. 268

Spareribs aus dem Ofen mit BBQ-Soße // S. 249

Kollagen-Beeren Eis am Stiel & Avocado-Ananas Eis am Stiel // S. 303

Rotes Fleisch

Schweinefleisch

Fisch & Meeresfrüchte

Süße Leckereien

SPEZIELLE BEDÜRFNISSE

Beim Entwickeln dieser Rezepte habe ich nicht nur die Nährstoffdichte und das Autoimmunprotokoll berücksichtigt, da die Ernährung durchaus vielschichtiger sein kann, wenn Sie z. B. die Low-FODMAP oder eine kohlenhydratarme/ketogene Herangehensweise gewählt haben oder sich frei von Kokosprodukten ernähren möchten. Vielleicht ist Ihnen Bequemlichkeit auch unheimlich wichtig, sodass Eintöpfe, Zubereitungen im Schnellkochtopf und Rezepte, die in weniger als 45 Minuten fertig sind, das Richtige für Sie sind. In der folgenden Tabelle sehen Sie auf einen Blick, welche Rezepte die jeweiligen Kriterien erfüllen. Anleitungen zu eventuell notwenigen Variationen finden Sie direkt unter dem entsprechenden Rezept.

LOW-FODMAP – In diesen Rezepten werden Zutaten vermieden, die einen hohen Anteil gärungsfähiger Kohlenhydrate haben und im Rahmen einer Low-FODMAP-Diät daher in der Regel vermieden werden. (Eine Tabelle kann in deutsch über diesen Link abgerufen werden: www.fodmaps.de/fodmap-liste/; Anm. d. Verlags.)

KOKOS-FREI – Diese Rezepte vermeiden Kokosnüsse und Kokosnussprodukte, auf die manche Menschen empfindlich reagieren.

LOW-CARB/KETO – Diese Rezepte enthalten weniger als 30 g Kohlenhydrate netto pro Portion, und sind daher unter Umständen für diejenigen geeignet, die eine kohlenhydratarme oder Keto-Diät befolgen. In der Tabelle ist der Nettogehalt an Kohlenhydraten pro Portion für jedes Rezept aufgelistet, sodass Sie prüfen können, ob die entsprechende Mahlzeit zu Ihrer Herangehensweise passt.

EINTÖPFE – Bei diesen Rezepten handelt es sich jeweils um eine komplette Mahlzeit (eine Kombination von Protein und Gemüse), die in nur einem Topf zubereitet wird, sodass man sich das Spülen spart.

SCHNELLKOCHTOPF – Bei diesen Rezepten gibt es auch eine Anleitung für die Zubereitung im Schnellkochtopf, um die Garzeit drastisch zu verkürzen. Wer noch keine Erfahrung mit dem Schnellkochtopf hat, sollte sich die Anleitungen auf Seite 345 auf jeden Fall durchlesen.

45 MINUTEN ODER WENIGER – Diese Rezepte sind in weniger als 45 Minuten auf dem Tisch und daher gut für diejenigen geeignet, die nur ein kleines Zeitfenster zum Kochen haben.

Spezielle-Bedürfnisse–Tabelle

Low-FODMAP	Kokos-Frei	Low-Carb	Ein-topf	Schnell-kochtopf	45-Minuten	Rezept	Seite
Snacks + Häppchen							
	X	4,6 g				Gerösteter Knoblauch-Blumenkohl-Hummus	62
		3,6 g			X	Hähnchenherz-Spieße mit Meerrettich-Soße	65
X	X	9,6 g			X	Speck-Rinderleber-Pâté mit Rosmarin und Thymian	66
	X				X	Herbst-Vorspeisenplatte	69
X	X	7,8 g			X	Frühlingsanfang-Vorspeisenplatte	69
	X	2,1 g			X	»Tostones«-Lachs auf Kochbananen-häppchen mit Kapern und frischem Dill	70
	X	7,2 g				Knusprig gebratene Chicken Wings	73
	X	6 g			X	Rauchiges Austern-Pâté	74
	X				X	Feigen-Basilikum-Prosciutto-Türmchen	77
	X	7,4 g			X	Hühnerleber-Mousse mit Äpfeln und Salbei	78
	X				X	Zitrus-Granatapfel-Gummibärchen	81
	X				X	Goldene Kurkuma-Gummibärchen	81
	X				X	Leuchtend grüne Gummibärchen	82
	X				X	Grapefruit-Gummibärchen	82
Brühen + Getränke							
X	X	0 g		X		Klassische Knochenbrühe	86
	X	5 g				Rote Bete-Kwas	89
		4,4 g			X	Cremige Kokosmilch	90
		6,8 g			X	Kurkuma-Tonic	93
		1,6 g			X	Zichorien-»Kaffee«	94
	X	1 g			X	Kräuter-Brühe zum Trinken	97
X	X	1,4 g			X	Entzündungshemmende Kurkuma-Brühe	97
	X				X	Ingwer-Thymian-Soda	98
	X				X	Zimt-Hibiskus-Spritz	98
	X				X	Leuchtend Grüner Smoothie	102

Low-FODMAP	Kokos-Frei	Low-Carb	Ein-topf	Schnell-kochtopf	45-Minuten	Rezept	Seite
Soßen + Dressings							
	X			X	X	BBQ-Soße	106
X	X	1,8 g			X	Koriander-Salsa	109
X	X	1 g			X	Mayo ohne Kokosnuss und ohne Eier	110
		3,3 g			X	Grüne Curry-Soße	113
		1,8 g			X	Meerrettich-Soße	117
	X	5,5 g		X	X	Tomatenfreie Soße	118
	X	4,6 g			X	Pikante Guacamole	121
	X	4,8 g			X	Tropische Guacamole	121
		2 g			X	»Green Goddess«-Dressing	126
X	X	1 g			X	Champagner-Vinaigrette	129
	X	5,4 g			X	Helle Balsamico-Vinaigrette	129
		2 g			X	Joghurt-Dressing	130
Grandioses Gemüse							
	X	15,6 g			X	Rosenkohl-Pfanne mit Schalotten	134
	X	14,9 g				Bunte Möhren mit Ingwerglasur	137
	X					Süßkartoffel-Gnocchi	138
X	X	25,9 g			X	»Pastinakenrisotto« mit Salbei	141
	X	7,7 g	X		X	Frischer Detox-Salat	142
		12 g	X		X	Cremige Pilzsuppe mit Speck und Salbei	145
	X	6,4 g			X	Gemüse vom Grill	146
	X		X		X	Süßkartoffel-Pastinaken-Salat mit Kapern	149
	X	25,6 g			X	Blumenkohl-»Reis« mit Koriander	150
		10,6 g	X		X	Herbstlicher Salat mit »Green Goddess«- Dressing	153
X	X	11,6 g	X		X	Gelbe Zucchini-Suppe mit Ingwer	154
	X	21,8 g				Wurzelgemüse-Mix aus dem Ofen	157
X	X	21,5 g	X		X	Frühlingssalat mit heller Balsamico-Vinaigrette	158
	X	8,4 g		X	X	Blumenkohlpüree	161
	X	8,7 g			X	Knackiger Brokkoli mit Palmkohl	162
	X	10,1 g			X	Daikon-Rettich-Salat	165
					X	Pastinaken-Süßkartoffel-Stampf	166
		20,6 g	X		X	Goldenes Dal	169
	X	24,4 g				Rote Bete aus dem Ofen mit Estragon	170
X	X	1,3 g		X	X	Mit Speck geschmorter Blattkohl	173

Low-FODMAP	Kokos-Frei	Low-Carb	Ein-topf	Schnell-kochtopf	45-Minuten	Rezept	Seite
						Geflügel	
X	X	14 g	X			Hähnchenschenkel mit Pilzen, Rosmarin und Thymian	176
X	X	11,8 g	X	X	X	Herzhafte Lauchsuppe mit Hähnchenfleisch	179
	X	15 g	X			Hähnchenbraten und bunte Möhren mit Ingwerglasur	180
	X	8,4 g	X	X		Kürbissuppe mit Hähnchenfleisch und Zitronengras	183
	X	19,7 g	X	X	X	Marokkanisches Hähnchen	184
X	X		X			Stubenküken mit Herbstgemüse	187
			X	X	X	Cremige Hühnersuppe mit Brokkoli und Wurzelgemüse	188
X	X	11,5 g	X		X	Puten-Speck-Pfanne mit Mangold	191
		5,5 g			X	Griechischer Salat mit Hähnchen und Joghurt-Dressing	192
		2,6 g			X	Hühnerfrikadellen mit Majoran	195
			X			Estragon-Hähnchen-Auflauf	196
X	X	1 g				Langsam geschmorte Ente	199
	X		X	X	X	Hähnchen-Eintopf mit Koriander	200
						Rotes Fleisch	
				X		Granatapfel-Thymian-Rindereintopf mit Pastinaken-Süßkartoffel-Stampf	204
	X	13,1 g	X		X	Schnelle Rindfleisch-»Pho«	207
			X			Mariniertes Steak mit Gemüse	208
	X					Rinderhackbraten mit Wurzelgemüse	211
					X	Lammspieße mit Blumenkohl-»Reis« und Grüner Curry-Soße	212
	X	22,3 g	X	X	X	Magisches »Chili«	215
	X	14,9 g				Taco-Salat mit pikanter Guacamole	216
		17 g	X		X	Rindfleischspieße mit Sommergemüse	219
X	X	4,4 g	X		X	Steak-Salat mit Champagner-Vinaigrette	220
		2,7 g				Lammkoteletts in Joghurtmarinade	223
	X					Bisonfleisch Shepherd's Pie	227
	X	5,7 g		X		Rinderschmortopf mit Curry	228
	X	11 g	X		X	Indisch gewürzte Lammfleischpfanne	231
	X			X		Geschmorte Querrippe mit Kirschen	232
	X	19,4 g	X	X		Lamm-Eintopf mit Knollensellerie und frischen Kräutern	235

Low-FODMAP	Kokos-Frei	Low-Carb	Ein-topf	Schnell-kochtopf	45-Minuten	Rezept	Seite
Schweinefleisch							
	X	25 g			X	Geschmorte Schweinekoteletts mit Feigen-Balsamicoessig	238
X	X	2 g	X		X	Basilikum-Schweinehackfleisch-Pfanne	241
	X	26,5 g				Lendenbraten mit Pastinakenrisotto	242
	X	15,6 g				Zucchininudeln mit Hackfleischsoße	245
X	X	5,5 g	X	X		Carnitas in Salatblättern	246
	X	19,4 g				Spareribs aus dem Ofen mit BBQ-Soße	249
	X	24,3 g	X	X		Schweinefleisch-Kürbis-Eintopf mit Äpfeln und Salbei	250
X	X	0 g			X	Klassische Schweinefrikadellen	253
	X	9,4 g			X	Schweinekoteletts aus der Pfanne mit Koriander-Salsa	254
	X	19,2 g	X			Kohlsuppe	257
Fisch + Meeresfrüchte							
	X	17,1 g	X		X	Brokkolini und Jakobsmuscheln	260
X	X	6,7 g	X		X	Thunfischsalat mit knackigem Gemüse und Seetang	263
	X	13,3 g			X	Lachs mit krosser Haut und Frühlingsgemüse	264
X	X	2,7 g			X	Ofen-gegrillte Makrele	267
	X	11,5 g	X		X	Gelbflossen-Thun-Salat mit Koriander-Limetten-Dressing	268
	X		X		X	Tropischer Kabeljau in Taco-Häppchen	271
					X	Teriyaki-Garnelen aus der Pfanne	272
X	X	19,5 g	X		X	Venusmuscheln in Kurkuma-Brühe	275
	X	10,7 g			X	Lachs in Kräuterkruste mit Blumenkohlpüree	276
		14,7 g	X			Fisch-Curry-Suppe mit Kräuterseitlingen	279
	X				X	Tempura-Garnelen-Salat mit pikantem Ingwer-Dressing	280
		28,8 g	X	X	X	Lachs-Chowder	283
					X	Kurkuma-Lachs-Schüssel	284
SÜSSE LECKEREIEN							
					X	Kokos-Ahorn-Cookies	291
		16 g			X	Pfirsiche mit Sahne	295
	X	13,8 g				Erdbeer-Granatapfel-Schaum	296
	X					Kollagen-Beeren Eis am Stiel	303
	X					Avocado-Ananas Eis am Stiel	303

VERWENDUNG SCHNELLKOCHTOPF

Der Schnellkochtopf ist ein fantastischer Küchenhelfer. Es kann aber etwas dauern, bis einem die Verwendung geläufig ist. Alle Rezepte in diesem Buch mit Schnellkochtopf-Variationen können in allen Modellen mit 5,5–7,5 Liter Fassungsvermögen zubereitet werden: Es werden keine fortgeschrittenen oder spezifischen Funktionen benötigt, die es nur bei einem bestimmten Modell oder einer bestimmten Größe gibt. Falls Sie sich einen Schnellkochtopf neu anschaffen möchten, empfehle ich unbedingt ein Modell mit einer größeren Kapazität, da diese besser für die Zubereitung größerer Mengen geeignet sind.

Wenn Sie noch nicht mit dem Schnellkochtopf gekocht haben, lesen Sie sich bitte die folgenden Anleitungen und hilfreichen Tipps durch, damit Sie über die Anwendung und die Grundfunktionen des Schnellkochtopfs Bescheid wissen.

SAUTIEREN – In vielen Rezepten aus diesem Buch müssen die Zutaten zunächst sautiert oder gebräunt werden, bevor der Deckel des Schnellkochtopfs zum weiteren Garen verschlossen wird. Das geschieht mit der »Sautieren«-Funktion: Einfach die Schaltfläche »Sautieren« drücken – dadurch wird der Topf automatisch auf mittlerer Stufe erhitzt. Um die Temperatur zu erhöhen oder zu reduzieren, können Sie die »Anpassen«-Schaltflächen verwenden.

DECKEL EINRASTEN – Vor dem Verschließen des Deckels des Schnellkochtopfs muss man sichergehen, dass der Dichtungsring perfekt in der Einkerbung im Deckel sitzt. Den Deckel auf den Topf setzen (das Dampfventil nach rechts ausgerichtet) und dann nach rechts gleiten lassen, sodass er einrastet. Sichergehen, dass das Druckventil fest am Deckel sitzt und zum Versiegeln nach rechts zeigt. Der Schnellkochtopf ist jetzt zum Garen bereit.

GAREN – Der Schnellkochtopf hat mehrere Programme zum Garen, aber ich verwende nur eine Einstellung: »Manuell«, die durch das Betätigen der entsprechenden Schaltfläche aktiviert wird. Als Nächstes wählt man Druck und Zeit aus. Die Standardeinstellung des Schnellkochtopfs ist hoher Druck, den ich auch für die Rezepte aus diesem Buch verwende, mit der »Druck«-Schaltfläche kann man aber auch zu niedrigem Druck wechseln. Mit den Schaltflächen »+« oder »-« können Sie die Garzeit einstellen, die auf dem Display angezeigt wird. Sobald der Schnellkochtopf programmiert ist, erscheint auf dem Display »An«, – das bedeutet, dass Druck aufgebaut wird. Es kann 5 bis 30 Minuten dauern, bis der Topf den Druck voll aufgebaut hat – abhängig davon, wie voll er ist und welche Temperatur die Zutaten haben. Wenn der Druck erreicht ist, kann man hören, wie etwas Dampf durch das Ventil am Deckel entweicht. Sobald der korrekte Druck erreicht ist, beginnt die Garzeit (der Countdown erscheint auf dem Display), es piept und der Übergang zur warmen Einstellung beginnt.

DRUCKVENTIL – Sobald der Schnellkochtopf mit einem Signalton das Ende der Garzeit ankündigt, gibt es zwei Möglichkeiten, den Dampf entweichen zu lassen. Entweder man lässt den Dampf natürlich entweichen – das dauert bis zu einer Stunde und ist nur für Rezepte wie die Klassische Knochenbrühe (Seite 86) zu empfehlen, bei denen sich die zusätzliche Garzeit nicht negativ auf das Endergebnis auswirkt. Die zweite Methode, die ich für alle anderen Rezepte aus diesem Buch empfehle, ist die »Schnelles Abdampfen«-Methode, also das schnelle Entweichenlassen des Dampfes. Durch Betätigen der Schaltfläche »Löschen« die Warmhaltefunktion des Topfes abschalten. Dann das Druckventil vorsichtig mit einem Küchentuch abdecken. Das Druckventil vorsichtig nach links bewegen, sodass Dampf in das Küchentuch entweicht. Man muss sehr vorsichtig mit dem Küchentuch sein, nachdem der Dampf hinein entwichen ist, und auch beim Öffnen des Deckels aufpassen, da beides sehr heiß sein wird, sodass man sich leicht verbrennt. Die »Schnelles Abdampfen«-Methode ist hervorragend für das Kochen von Suppen, Eintöpfen und anderen Gerichten geeignet, bei denen man sich genau an die Garzeit halten sollte, damit die Zutaten nicht zu einem Brei verkochen.

UMRECHNUNGEN

Volumen

1/4 TL – 1 ml

1/2 TL – 2,5 ml

3/4 TL – 4 ml

1 TL – 5 ml

2 TL– 10 ml

1 EL – 15 ml

HINWEIS: Für mehr Praktikabilität sind einige dieser Umrechnungen auf- bzw. abgerundet.

BEZUGSQUELLEN

Lebensmittel

Metzgerei Der Ludwig
www.der-ludwig.de

Bio Fisch
www.deutschesee.de/shop/fisch/themen/bio

Pandomar
www.pandomar.net/de

Greenox
www.greenox.de

Kauf ne Kuh
www.kaufnekuh.de

Kauf ein Schwein
www.kaufeinschwein.de

Kauf ein Huhn
www.kaufeinhuhn.de

Zutaten/Snacks

Foodspring Paleo-Zutaten und -Snacks
www.foodspring.de/paleo

Hofladen-Bauernladen.Info
www.hofladen-bauernladen.info

Ingwer und Trockenfrüchte
www.ingwer-und-trockenfruechte.de

Bio-Onlineshop
www.naturata.de

Öle
www.oelwerk.de

Internationale und organische Lebensmittel
www.exclusive-food.com

Bio Gelantine
www.sobo-naturkost.de/bio-gelatine.html

Bio Gelantine
www.ewaldgelatine.de/deutsch/
produkte/biogelatine.php

Meersalz
www.salzgenuss.de/ki.php/Roh-Meersalz.html

Naturkräutergarten
www.naturkraeutergarten.de

Weitere

Die meisten der im Buch erwähnten Produkte sind in gängigen Naturkostläden erhältlich. Sie können sie auch direkt über unseren Online-Shop www.narayana-verlag.de in der Kategorie »Naturkost« erhalten. Dort finden Sie ein großes Sortiment an ausgewählten Naturkostprodukten. Auch Nahrungsergänzungsmittel unserer Eigenmarke »Unimedica« und viele Superfoods sind dort erhältlich.

Online-Informationen zum Autoimmun-Protokoll (englisch)

The AIP Certified Coach Practitioner Directory
www.aipcertified.com

AIP Ernährungspläne
www.autoimmunewellness.com/realplans

Autoimmune Wellness
www.autoimmunewellness.com

The Autoimmune Wellness Podcast
www.autoimmunewellness.com/AWP

Einen Arzt finden

Bundesärztekammer
www.bundesaerztekammer.de/service/arztsuche/

Kassenärztliche Bundesvereinigung
kbv.de/html/arztsuche.php

Autoimmunerkrankungsorganisationen

Deutsche Autoimmun-Stiftung
www.autoimmun.org

Multiple Sklerose Portal
www.amsel.de

Lupus Erythematodes Selbsthilfegemeinschaft e.V.
www.lupus-rheumanet.net

ÜBER DIE AUTORIN

Mickey Trescott ist ständig auf der Suche nach kreativen Lösungen zur Vor- und Zubereitung von allergenfreien Rezepten und für den Erfolg einer allergenfreien Ernährung. Sie ist zertifizierte Ernährungsberaterin und Autorin des Bestsellers *Das Autoimmun-Paleo-Kochbuch*. Zusammen mit Angie Alt schrieb sie außerdem *Das Autoimmun-Wellness-Handbuch*, einen preisgekrönten Ratgeber für eine ganzheitliche Herangehensweise an die Genesung von Autoimmunerkrankungen.

Im Jahr 2012 gründete Mickey die Webseite AutoimmuneWellness.com, die jährlich, zusammen mit den Social-Media-Kanälen, Millionen von Lesern mit Rezepten und Bezugsquellen für ein gutes Leben trotz chronischer Erkrankungen versorgt. Zusammen mit Angie Alt und Sarah Ballantyne gründete sie das Weiterbildungsprogramm *AIP Certified Coach Practitioner Training Program* für Ernährungsberater aus den Bereichen Naturheilkunde und auch der konventionellen Medizin.

Wenn sie nicht gerade in der Küche kreativ ist oder sich zum Thema Wohlbefinden weiterbildet, reitet Mickey auf der Farm ihrer Familie, strickt wie besessen Socken oder versucht herauszufinden, wie man ein nicht-toxisches, nachhaltiges Haus bauen kann. Sie lebt im Willamette Valley, Oregon, mit ihrem Ehemann Noah, der Katze Savannah und dem Pferd Bear.

Instagram // www.instagram.com/mickeytrescott

Facebook // www.facebook.com/autoimmunepaleo

YouTube // www.youtube.com/mickeytrescott

Blog // www.autoimmunewellness.com/blog

Website // www.mickeytrescott.com

DANK

An *Noah*: Ich danke dir für deine Liebe und Hingebung, die dieses Projekt durchweben. Danke, dass du mich bei Laune gehalten und mir geholfen hast, auch in den schweren Teilen Freude zu finden. Ich liebe dich über alles.

An *Charlotte Dupont:* Deine Idee, die Fotos für dieses Buch in der Natur aufzunehmen, war großartig. Dank deinem Talent und deiner guten Zusammenarbeit ist dieses Buch ein Kunstwerk geworden.

An *Amy Shade:* Danke, dass du mir geholfen hast, deutliche, nachvollziehbare und köstliche Rezepte zu entwickeln. Von deiner Freundschaft und der Kätzchen-Liebe ganz zu schweigen!

An *Angie Alt:* Ich bin stolz auf unsere Partnerschaft und Zusammenarbeit. Danke, dass du oft einspringst und mir bei der Arbeit an diesem Projekt Feedback gegeben hast.

An *Rose Sullivan* und *Brian Sullivan:* Danke, dass ihr mich während meiner gesundheitlichen Probleme und meiner geschäftlichen Unternehmungen ohne Unterlass unterstützt habt. Ich habe euch unheimlich lieb.

An *Sarah Ballantyne*, *Terry Wahls*, *Robb Wolf* und *Chris Kresser:* Eure Arbeit hat meine Gesundheit und meine Karriere nachhaltig beeinflusst. Danke, dass ihr die Grundlage für diese Bewegung gelegt habt. Ich fühle mich geehrt, dass ich ein Teil davon bin.

An *Grace Heerman* und *Alicia Valeri:* Danke, dass ihr Autoimmune Wellness professionell über Wasser gehalten habt, während ich in der Schaffensphase steckte.

An *Lisa Gordanier* und *Adelle Dittman:* Danke für eure professionelle Unterstützung beim Lektorat und der Gestaltung. Dank eurer Beiträge ist dieses Buch klar verständlich und schön, ohne dabei meine Vision einzuschränken.

An *Yrmis Barroenta*, *Stacy Pulice* und *Mary Cloos:* Danke für eure Freundschaft, eure Bereitschaft, mir zuzuhören und für eure Problemlösungstipps während dieses Abenteuers der Selbstpublikation eines weiteren Kochbuches.

An die *AIP-Blogger-Community:* Ihr seid eine unglaubliche Gruppe von Veränderern. Danke für eure Freundschaft, euren Enthusiasmus und eure Unterstützung.

An meine *Leser und Unterstützer:* Danke für eure Güte und Ermutigung über die Jahre. Ihr inspiriert mich täglich!!

LITERATURVERZEICHNIS

Arbuckle, J. (2018, August 16). *How grass-fed is healthier - A study of pasture-raised hogs and nutritious pork.* Retrieved September, 2018, from www.butcherbox.com/roam/on-the-range/how-grass-fed-is-healthier-a-study-of-pasture-raised-hogs-and-nutritious-pork/

Ballantyne, S. (2016). *Die Paläo-Therapie: Stoppen Sie Autoimmunerkrankungen mit der richtigen Ernährung und werden Sie wieder gesund.* Riva Verlag. (Erhältlich im Narayana Verlag.)

Ballantyne, S. (2017). *Paleo Principles: The Science Behind the Paleo Template: Step-by-Step Guides, Meal Plans, and 200 Healthy & Delicious Recipes for Real Life.* Las Vegas, NV: Victory Belt Publishing.

Barański, M., Średnicka-Tober, D., Volakakis, N., Seal, C., Sanderson, R., Stewart, G. B., Leifert, C. (2014). Higher antioxidant and lower cadmium concentrations and lower incidence of pesticide residues in organically grown crops: A systematic literature review and meta-analyses. *British Journal of Nutrition,* 112(05), 794-811. doi:10.1017/ s0007114514001366

Calder, S. C. (2017). Omega-3 fatty acids and inflammatory processes: From molecules to man. *Biochemical Society Transactions,* 45(5), 1105-1115. doi:10.1042/bst20160474

Daley, C. A., Abbott, A., Doyle, S. S., Nader, G. A., & Larson, S. (2010). A review of fatty acid profiles and antioxidant content in grass-fed and grain-fed beef. *Nutrition Journal,* 9(1). doi:10.1186/1475-2891-9-10

Davis, D. R., Epp, M. D., & Riordan, H. D. (2004). Changes in USDA Food Composition Data for 43 Garden Crops, 1950 to 1999. *Journal of the American College of Nutrition,* 23(6), 669-682. doi:10.1080/07315724.2004.10719409

Enig, M. G. (2000). *Know Your Fats: The Complete Primer for Understanding the Nutrition of Fats, Oils, and Cholesterol.* Bethesda, MD: Bethesda Press.

Fulgoni, V. L., Keast, D. R., Bailey, R. L., & Dwyer, J. (2011). *Foods, Fortificants, and Supplements: Where Do Americans Get Their Nutrients? The Journal of Nutrition,* 141(10), 1847-1854. doi:10.3945/jn.111.142257

Guyenet, S. J. (2017). *The Hungry Brain: Outsmarting the Instincts That Make Us Overeat.* New York, NY: Flatiron Books.

Haas, E. M. (2006). *Staying Healthy with Nutrition: The Complete Guide to Diet and Nutritional Medicine.* New York, NY: Ten Speed Press.

Haines, A. (2013, July 10). *Dietary Diversity: The Forgotten "Vitamin" in Successful Diets.* Retrieved September, 2018, from www.arthurhaines.com/blog/2014/6/5/dietary-diversity-the-forgotten-vitamin-in-successful-diets

Halwell, B. (2007, September). *Still No Free Lunch - Organic Center.* Retrieved September, 2018, from www.organic-center.org/reportfiles/Yield_Nutrient_Density_Final.pdf

Higdon, J. (2005). *Cruciferous Vegetables.* Retrieved September, 2018, from https://lpi.oregonstate.edu/mic/food-beverages/cruciferous-vegetables

Kresser, C. (2017). *Unconventional Medicine: Join the Revolution to Reinvent Healthcare, Reverse Chronic Disease, and Create a Practice You Love.* Austin, TX: Lioncrest Publishing.

Kresser, C. (2013). *Your Personal Paleo Code: The 3-Step Plan to Lose Weight, Reverse Disease and Stay Fit and Healthy for Life.* New York, NY: Little, Brown and Company.

Maggini, S., Wintergerst, E. S., Beveridge, S., & Hornig, D. H. (2007). Selected vitamins and trace elements support immune function by strengthening epithelial barriers and cellular and humoral immune responses. *British Journal of Nutrition*, 98(S1). doi:10.1017/s0007114507832971

North American Meat Institute. (n.d.). Retrieved September, 2018, from www.Meatinstitute.org/index.php?ht=d/sp/i/47465/pid/47465

Rodgers, D. (2014, October 08). *5 Reasons to Switch to Pastured Pork.* Retrieved September, 2018, from www.robbwolf.com/2014/10/09/5-reasons-switch-pastured-pork/

Rodgers, D. (2015). *The Homegrown Paleo Cookbook: Over 100 Delicious, Gluten-Free, Farm-to-Table Recipes, and a Complete Guide to Growing Your Own Healthy Food.* Las Vegas, NV: Victory Belt Publishing.

Scheer, R., & Moss, D. (n.d.). *Dirt Poor: Have Fruits and Vegetables Become Less Nutritious?* Retrieved September, 2018, from www.scientificamerican.com/article/soil-depletion-and-nutrition-loss/

Shelef, O., Weisberg, S. J., & Provenza, F. D. (2017). The Value of Native Plants and Local Production in an Era of Global Agriculture. *Frontiers in Plant Science, 8.* doi:10.3389/fpls.2017.02069

Średnicka-Tober, D., Barański, M., Seal, C., Sanderson, R., Benbrook, C., Leifert, C. (2016). Higher PUFA and n-3 PUFA, conjugated linoleic acid, Alpha-Tocopherol and iron, but lower iodine and selenium concentrations in organic milk: A systematic literature review and meta- and redundancy analyses. *British Journal of Nutrition, 115*(06), 1043- 60. doi:10.1017/S0007114516000349

Trescott, M., & Alt, A. (2016). *Das Autoimmun-Wellness-Handbuch.* Kirchzarten, VAK Verlag. (Erhältlich im Narayana Verlag.)

Wahls, T. (2014). *Multiple Sklerose erfolgreich behandeln – mit dem Paläo-Programm.* Kirchzarten, VAK Verlag. (Erhältlich im Narayana Verlag.)

Wolf, R. (2010). *The Paleo Solution: The Original Human Diet.* Las Vegas, NV: Victory Belt Publishing.

Wolf, R. (2017). *Wired to Eat: Turn Off Cravings, Rewire Your Appetite for Weight Loss, and Determine the Foods That Work for You.* New York, NY: Harmony Books.

Wunderlich, S. M., Feldman, C., Kane, S., & Hazhin, T. (2008). Nutritional quality of organic, conventional, and seasonally grown broccoli using vitamin C as a marker. *International Journal of Food Sciences and Nutrition,59*(1), 34-45. doi:10.1080/09637480701453637

REGISTER

E

F

G

L

M

N

O

T

V

W

Y

Z

Mickey Trescott

DAS AUTOIMMUN-PALEO-KOCHBUCH

Das erfolgreiche Protokoll bei Allergien, Hashimoto, Zöliakie und weiteren chronischen Krankheiten

320 Seiten, geb., € 29,-

Autoimmunerkrankungen wie Diabetes, Allergien, Multiple Sklerose oder Zöliakie beherrschen den Alltag vieler Menschen, während die heutige Medizin den Betroffenen oft keinen wirksamen Ausweg bietet. Das Autoimmunprotokoll wurde speziell für diese Krankheiten entwickelt. Es entfernt mögliche Auslöser in der Ernährung und schafft einen gesunden Darm – die Voraussetzung für eine Heilung von innen. Mickey Trescotts Buch ist der perfekte Begleiter für den Einstieg. Die Ernährungsberaterin und erfolgreiche Bloggerin hat sich selbst mithilfe dieser speziellen Paleo-Diät von Zöliakie, Hashimoto-Thyreoiditis und chronischer Erschöpfung geheilt.
In ihrem Werk gibt sie einen Einblick in die Wirkungsweise des Autoimmunprotokolls sowie wertvolle Tipps, wie man Küche und Vorratsschrank von allen potenziell schädlichen Lebensmitteln befreien kann. Auch stellt sie Wochenpläne und Einkaufslisten bereit, um den Umstieg so einfach wie möglich zu gestalten.
Das Herzstück des Autoimmun-Paleo-Kochbuchs bilden 112 köstliche Rezepte, die auch für Betroffene in der strengsten Phase des Protokolls geeignet sind – ohne Getreide, Hülsenfrüchte, Eier, Nüsse, Samen oder Nachtschattengewächse.
Trescotts Gerichte sind schmackhaft und vielfältig – klassische Hühnersuppe, mediterran gegrillter Lachs oder grüner Spargel mit Rosmarin lassen die alten Essgewohnheiten vergessen. Schnell zubereitet lassen sich die Rezepte gut in den stressigen Berufsalltag integrieren. Ein Buch, das inspiriert, die eigene Gesundheit selbst in die Hand zu nehmen.

Mark Sisson / Brad Kearns

ULTIMATIVE AUSDAUER

- Werde schneller mit weniger Training
- Werfe den Fettverbrennungs-Turbo an
- Trainiere intuitiv
- Reduziere Stress und hab mehr Spaß!

408 Seiten, geb., € 29,80

Vergessen Sie alles, was Sie über Ausdauertraining zu wissen glauben.
Es ist Zeit für das Primal-Prinzip!

Ultimative Ausdauer bringt gehörig frischen Wind in den verfestigten Status Quo des Ausdauertrainings. Dieses Buch fordert alle konventionellen Ansätze heraus, die eine Überbelastung provozieren und trotzdem nur wenig effektiv sind. Der vorherrschende Cardio-Ansatz führt zu einer Abhängigkeit von Kohlenhydraten, einer extrem stressvollen Lebensweise und einem fast unausweichlichen Burnout. Gleichzeitig sind viele Ausdauersportler, die so trainieren, immer noch zu langsam und schleppen oft zu viel Körperfett mit sich herum.
Mit der Primal-Trainingsmethode, die sich an dem Aktivitätsgrad, der Paleo-Ernährungsweise und den ursprünglichen Bewegungsmustern unserer Urahnen orientiert, stellen sich bereits in kurzer Zeit vielfältige Verbesserungen ein: Überschüssiges Körperfett verschwindet dauerhaft, die Fettverbrennung wird angekurbelt, das Training wird weniger zeitintensiv, dafür aber effektiver, zielgerichteter und zeitlich besser eingetaktet, und übermäßige Erschöpfung, Verletzungen und Krankheiten gehören der Vergangenheit an. Sie trainieren mit mehr Spaß, sind spontaner und müssen sich nicht mehr bedingungslos unflexiblen Trainingsplänen unterwerfen. Im Alltag profitieren Sie von mehr Energie, einer besseren Konzentrationsfähigkeit und mehr Zeit.
Mark Sisson und Brad Kearns beweisen mit »Ultimative Ausdauer« eindrucksvoll Schritt für Schritt, zu welch außergewöhnlichen Leistungen der menschliche Körper mit dem richtigen Training und der richtigen Ernährung fähig ist.

Sally Fallon / Mary Enig

DAS VERMÄCHTNIS UNSERER NAHRUNG

Das freie Kochbuch ohne politisch korrekte Ernährung Mit der Heilkraft von über 700 zeitlosen Rezepten

544 Seiten, geb., € 34,-

Sally Fallon, die bekannte Ernährungsforscherin und Gründerin der Weston A. Price Foundation, vermittelt in ihrem Werk ein überraschende Botschaft: Tierische Fette und Cholesterin sind keine Übeltäter, sondern essenzielle Bestandteile der Ernährung. Sie sind für normales Wachstum, Gehirn- und Nervenfunktionen, Schutz vor Krankheiten und als Energiespender notwendig.

Das Vermächtnis unserer Nahrung ist ein Klassiker und wurde in den USA bereits über 600.000 mal verkauft. Sally Fallon wendet sich darin bewusst gegen politisch korrekte Ernährung und empfiehlt naturbelassene Nahrungsmittel wie die oft verpönte Butter, Eier, Rohmilch, Fleisch aus Weidetierhaltung und andere nährstoffreiche Lebensmittel wie die über enorme Heilkraft verfügenden Knochenbrühen.Das Werk vereint in über 700 köstlichen Rezepte, die anspruchsvolle Gourmets und Küchenneulinge überzeugen, die Weisheit unserer Vorfahren mit den neuesten Forschungsergebnissen. Es verrät uns, warum Getreide und Hülsenfrüchte eine spezielle Zubereitung erfordern, um aus ihnen den optimalen Nutzen zu ziehen, wie gesättigte Fettsäuren das Herz schützen und eine ballaststoffreiche und fettarme Ernährung zu Vitamin- und Mineralstoffmangel führen kann.

Sally Fallon geht ein auf Probleme moderner Sojaprodukte, den gesundheitlichen Nutzen von Saucen und Tunken, die richtige Zubereitung von Vollkornprodukten, das Für und Wider von Milchprodukten, einfach zuzubereitende mit Enzymen angereicherte Dips und Getränke sowie eine angemessene Ernährung für Babys und Kinder. Ein wahrer Kochbuch-Schatz, unterhaltsam, lehrreich und nährend für Körper und Seele.

Katherine Erlich / Kelly Genzlinger

DIE IDEALE ERNÄHRUNG FÜR IHR KIND

So bleibt Ihre Familie gesund

352 Seiten, geb., € 19,80

Eine nährstoffreiche Vollwertkost in den ersten Lebensmonaten und -jahren ist entscheidend für die Gesundheit Ihres Kindes.

In »Die ideale Ernährung für Ihr Kind« machen die Kinderärztin Katherine Erlich (links) und die Ernährungsberaterin Kelly Genzlinger (rechts) deutlich, wie zentral die Bedeutung traditioneller Lebensmittel gerade in dieser Entwicklungsphase ist. Die Autorinnen klären in Anlehnung an die Forschung von Weston A. Price über die besonderen heilsamen Qualitäten von althergebrachten Superfoods wie Leber, Knochenbrühe, Ghee und Rohmilch auf. Sie geben dabei klare Anweisungen, wann und wie Ihr Kind diese am besten zu sich nehmen sollte. Auf dieser Grundlage lassen sich gesunde und robuste Kinder großziehen.

Diesem Leitgedanken folgend versorgt Sie das Buch mit umfangreichem Wissen: • Ein kompletter Wegweiser für die Ernährung Ihres Kindes: von der Muttermilch über die richtige Beikost bis zur Familienkost • Alle wichtigen Informationen zum Kauf und zur Herstellung von Formulamilch, falls diese aus gesundheitlichen oder anderen Gründen beigefüttert werden muss • Die beste Ernährung für schwangere und stillende Mütter: Mit Tipps zu Stillzeit und Schwangerschaftsvorsorge • Strategien zur Verbesserung des Verdauungs- und Immunsystems sowie der Gehirnfunktion von Babys und Kleinkindern • Die größten Gesundheitsrisiken: Umweltgifte, Fertigprodukte, Soja, raffinierter Zucker, Konservierungs- und chemische Zusatzstoffe

Mit ihrem Konzept verbinden Erlich und Genzlinger die Weisheit unserer Vorfahren mit den neuesten wissenschaftlich geprüften Ernährungsempfehlungen und konnten hiermit in einem der größten ganzheitlichen Gesundheitszentren der USA bereits erstaunliche Erfolge erzielen. In Zeiten, in denen sich chronische Krankheiten und Allergien, Adipositas, ADHS und Verdauungsprobleme unter Kindern immer weiter ausbreiten, ist dieses Plädoyer für eine vollwertige Ernährung unerlässlich und nimmt eine absolute Sonderstellung unter den Ernährungsratgebern ein.

Natasha Campbell-McBride

GAPS - GUT AND PSYCHOLOGY SYNDROME

Wie Darm und Psyche sich beeinflussen.

Natürliche Heilung von Autismus, AD(H)S, Dyspraxie, Legasthenie, Depression und Schizophrenie

512 Seiten, geb., € 26,-

Die GAPS-Diät ist das legendäre Ernährungsprogramm für verschiedenste Formen von Autismus, ADHS, Lernstörungen, Depression und Schizophrenie.
Die Ärztin Dr. Natasha Campbell-McBride entdeckte in jahrelanger Forschungsarbeit den direkten Zusammenhang zwischen psychischen Störungen, unserer Ernährung und dem Verdauungssystem. Viele der Betroffenen haben Essstörungen, ernähren sich einseitig und leiden unter einer kranken Darmflora.
Dr. Campbell-McBride entwickelte ein revolutionäres Therapieprogramm, das auf spezifischen naturbelassenen Nahrungsmitteln und ausgewählten Nahrungsergänzungsmitteln basiert, mit welchem sie erstaunliche Heilungserfolge – selbst bei schweren Autismusformen – erzielen konnte. Ihr Buch ist ein praktischer Ratgeber für Eltern und Betroffene, der Schritt für Schritt die Grundlagen und Durchführung der GAPS-Diät erläutert. Die Autorin gibt klare Anweisungen zur Entgiftung, Beginn und Fortsetzung der Diät, Hinweise zur Bedeutung der Darmflora und der Gabe von Probiotika, zur Rolle von Impfungen sowie viele Rezepte für eine nährstoffreiche, naturbelassene Kost.
Das Werk ermöglicht Betroffenen, die Heilung selbst in die Hand zu nehmen. Die GAPS-Diät hat sich mittlerweile weltweit verbreitet, die vielen eindrücklichen Heilungsberichte von Betroffenen sprechen für sich.

Denise Kruger Fantoli

DAS GROSSE GAPS KOCHBUCH

238 heilende Rezepte für das Gut and Psychology Syndrome gegen Autismus, ADHS, Allergien, Depressionen etc. Mit Vorwort von Dr. Natasha Campbell-McBride, Erforscherin des GAPS.

313 Seiten, geb., € 34,80

Mit der GAPS-Diät chronische Krankheiten heilen – wie dies möglich ist zeigt uns Denise Krüger Fantoli in ihrem großen GAPS Kochbuch. Anhand von 238 Rezepten lässt sich das legendäre Ernährungsprogramm einfach und nachhaltig im Alltag umsetzen. Das Kochbuch baut auf der revolutionären Forschung von Dr. Natasha Campbell-McBride zum Gut and Psychology Syndrome (GAPS) auf.
Alle Rezepte – von der Knochenbrühe über die Lamm-Tajine mit Feigen bis hin zum Birnen-Ingwer-Kuchen – sind leicht und schnell umsetzbar. Der Leser bekommt detaillierte Informationen zur Bedeutung von Omega-3- und Omega-6-Fettsäuren, Probiotika und Nahrungsergänzungsmitteln für die gesunde Ernährung. Ausgewählte Rezepte sind reich bebildert. Gleichzeitig steckt das Buch voller Ideen, wie man die GAPS-Diät auch im Urlaub beibehält oder besondere Festtage kulinarisch gestaltet. Außerdem widmet sich Kruger Fantoli speziellen Fertigkeiten, wie man beispielsweise Sauerkraut, Kefir oder sogar Fisch fermentiert.
Das große GAPS-Kochbuch richtet sich an alle, die an psychischen und physischen Erkrankungen leiden, deren Ursache im Darm zu suchen ist. Dazu zählen Autismus, ADHS, Depressionen, Schizophrenie, Zwangs- und Verhaltensstörungen und Panikattacken genauso wie Allergien, Asthma, HNO-Erkrankungen, Gelenk- und Muskelschmerzen, Nahrungsmittelunverträglichkeiten und Autoimmunerkrankungen wie Multiple Sklerose, Zöliakie, rheumatoide Arthritis, Diabetes oder Morbus Crohn. Mit ihrem großen GAPS-Kochbuch gibt Kruger Fantoli allen Patienten eine Perspektive, die nach einem ganzheitlichen Heilungsweg suchen und dabei selbst aktiv werden wollen.

Palmer Kippola

AUTOIMMUN-ERKRANKUNGEN HEILEN

Wie Sie mit 6 Werkzeugen wieder gesund werden. Mit Vorwort des New York Times Besteller Autors Dr. Mark Hyman.

416 Seiten, geb., € 23,80

Palmer Kippola hat es sich zur Aufgabe gemacht, Autoimmunerkrankungen aus unserem Leben zu verbannen. Als bei ihr im Alter von 19 Jahren Multiple Sklerose diagnostiziert wurde, begann sie eine beeindruckende Heilungsreise, durch die sie all ihre Krankheitssymptome auflösen konnte. Das in diesem Prozess entstandene Wissen teilt sie in diesem praktischen Ratgeber, damit auch Sie sich von Ihren Beschwerden befreien können. Untermauert werden ihre bahnbrechenden Erkenntnisse dabei von führenden medizinischen Experten und Therapeuten, beispielsweise von Spezialisten für Immunologie und Funktionelle Medizin (FM). Mit Palmer Kippolas Hilfe identifizieren Sie die 6 zentralen Werkzeuge, mit denen Sie Autoimmunerkrankungen wie Multiple Sklerose, Morbus Basedow, Reizdarmsyndrom oder Hashimoto an der Wurzel packen können: • Finden Sie heraus, welche Nahrungsmittel Autoimmunreaktionen triggern und welche Art der Ernährung Sie gesund macht. • Erfahren Sie, wie die Darmgesundheit zum Schlüssel zur Genesung wird. • Verstehen Sie die Auswirkungen von häufigen, aber oft nicht diagnostizierten Infektionen und entdecken Sie natürliche Wege zur Optimierung von Immunität. • Bekommen Sie Einblicke, wie Hormonungleichgewichte die Heilung beeinträchtigen und was Sie dagegen tun können. • Eliminieren Sie Umweltgifte zu Hause und in Ihrem Körper und führen Sie einen Detox-Lebensstil. • Bauen Sie Stress ab und werden Sie belastbarer und widerstandsfähiger.
Palmer Kippolas inspirierende Heilungsgeschichte, die Patientengeschichten von führenden Ärzten sowie die in diesem Buch gesammelten aktuellsten Forschungsergebnisse bringen die Tatsachen klar auf den Punkt: Es gibt Hoffnung für alle Betroffenen, dass Autoimmunerkrankungen überwindbar sind und dass Heilung möglich ist.

Kellyann Petrucci

DIE KNOCHENBRÜHEN-DIÄT

Verlieren Sie bis zu 7 kg Gewicht, 10 cm Taillenumfang und Falten - in nur drei Wochen

360 Seiten, geb., € 19,80

Stars wie Gwyneth Paltrow, Salma Hayek und Basketballlegende Kobe Bryant schwören darauf: Knochenbrühe als Gesundheitstrank. Auch die renommierte New York Times erklärte Knochenbrühe neben grünen Säften und Kokosnusswasser zum neuen Zauberelexier auf der Suche nach Gesundheit.
Knochenbrühe ist seit Jahrhunderten eine bekannte Wunderwaffe: Sie enthält reichlich Fett verbrennende Nährstoffe, hautstraffendes Kollagen und wirkt außerdem entzündungshemmend. Das Ergebnis: weniger Gewicht, straffere Haut, mehr Wohlbefinden! Und das in kurzer Zeit.
Die Naturheilkundlerin und Abnehm-Expertin Kellyann Petrucci hat dem Heilgericht ein ganzes Buch gewidmet: Der Bestseller DIE KNOCHENBRÜHEN-DIÄT enthält abwechslungsreiche, schmackhafte Rezepte – für Frühstück, Hauptgericht und Dessert – sowie einen grundlegenden Mini-Fastenplan. Kellyann Petrucci hat damit Tausenden Menschen bereits geholfen, auf erstaunliche Weise Gewicht zu verlieren, die Gesundheit zu stärken und eine jüngere, strahlendere Haut zu bekommen.
Fundierte Hintergrundinformationen erklären, warum Knochenbrühe so wirksam ist, und wie Sie ohne Heißhungergelüste ganz leicht abnehmen. Die herzhaften Rinder-, Puten-, Hühner- und Fischbrühen – das »flüssige Gold« wie Petrucci sie nennt –, sind einfach zuzubereiten, halten lange satt und haben viele Nährstoffe.
Kellyann Petruccis Buch ist um Fitness- und Meditationsübungen ergänzt, die sich überall ausführen lassen und das Gleichgewicht zwischen Körper und Seele stärken. Fühlen Sie sich in nur 21 Tagen jünger und besser als jemals zuvor!

Homöopathie
Naturheilkunde
Ernährung
Fitness & Sport
Akupunktur
Mensch & Tier

In unserem Webshop

www.unimedica.de

finden Sie nahezu alle deutschen Bücher – und eine umfangreiche Auswahl an englischen Werken – zu Homöopathie, Naturheilkunde und gesunder Lebensweise. Zu jedem Titel gibt es aussagekräftige Leseproben.

Außerdem stehen Ihnen ein großes Sortiment ausgewählter Naturkost-Produkte sowie Nahrungsergänzungsmittel unserer Eigenmarke »Unimedica« und viele Superfoods zur Verfügung.

Blumenplatz 2 • D-79400 Kandern • Tel: +49 7626 974 970-0 • Fax: +49 7626 974 970-9
info@unimedica.de